德州学院学术著作出版基金资助

房 敏 著

规制与引领
地方新建本科高校教学管理制度研究

中国社会科学出版社

图书在版编目（CIP）数据

规制与引领：地方新建本科高校教学管理制度研究／房敏著 . —北京：中国社会科学出版社，2018.6

ISBN 978 - 7 - 5203 - 2954 - 5

Ⅰ.①规…　Ⅱ.①房…　Ⅲ.①地方高校—教学管理—研究—中国　Ⅳ.①G649.21

中国版本图书馆 CIP 数据核字（2018）第 180620 号

出　版　人	赵剑英
责任编辑	郭　鹏
责任校对	郭　鹏
责任印制	李寡寡

出　　版	中国社会科学出版社
社　　址	北京鼓楼西大街甲 158 号
邮　　编	100720
网　　址	http://www.csspw.cn
发 行 部	010 - 84083685
门 市 部	010 - 84029450
经　　销	新华书店及其他书店

印刷装订	环球东方（北京）印务有限公司
版　　次	2018 年 6 月第 1 版
印　　次	2018 年 6 月第 1 次印刷

开　　本	710×1000　1/16
印　　张	22
字　　数	325 千字
定　　价	89.00 元

序

　　作为高校扩招的生力军，地方新建本科高校在这些年所取得的成绩有目共睹。随着国家政治、经济、社会等各方面的发展以及高等教育自身发展的需要，这类高校开始进入转型发展的关键期。转型发展的内涵式提升所面临的关键任务就是要提高教师的教学质量，而教师教学质量的提高又是以完备的教学管理制度为前提保障。因此，建立完善的、富有特色的教学管理制度，是地方新建本科高校摆脱趋同化发展、实现健康可持续发展的基础。

　　一直以来，实践者和研究者对教学管理制度在实践层面的建设和理论层面的研究都给予了极大的关注。国家教育行政管理部门从顶层设计的角度出发，对高校教学管理制度的建设进行了指导，出台了一系列的政策文件，诸如《高等学校教学管理要点》《关于积极推进"高等教育面向 21 世纪教学内容和课程体系改革计划"实施工作的若干意见》《关于加强高等学校本科教学工作，提高教学质量的若干意见》等。国家政策层面将教学管理制度定位于教学基本建设的范畴，要求从完善教学基本规定和建立必要的工作制度两个方面来建设。在教育集权化行政管理体制之下，各级、各类高校均遵循着国家层面的政策指导和管理逻辑，来加强本校的教学管理机构、管理制度文本以及相关工作制度的建设。这些教学管理制度要素的建设保证了教学秩序的稳定，实现了统一管理和高效管理。但是，各高校教学管理制度的建设也由此出现了同质化倾向。这对地方新建本科高校来讲是不利的。趋同的教学管理制度建设虽然能保证这些学校获得外部生存的合法性，但在教育供给侧结构性改革、特别是在人才培养由学术型向应用型转型的过程中，如果学校不能坚持在顶层指导的基础上，立足校本管理的实际，形成有特色、有内涵、有实效的教学管理制度，那么提高教师参与教学改革的热情、提升教学质量、赢得日趋激烈的竞争将会更难！当然，在此强调教学管理制度的重要性，并不意味着教学管理制度的建设是万能的，是提高教育教学质量的唯一条件，而是想说明，教学管理制度作为教学质量的重要保障条件，其充分建设，对于地方新建本科高校的应用型人才培养具有重要的促进作用。

伴随着国家对教学质量重视程度的增加，学者对教学管理制度的研究热情也十分高涨。近些年，部分学者针对高校教学管理制度建设中存在的诸多问题先后展开研究。这些成果为高校教学管理制度的完善提供了理论指导。但是，以往学者在探讨教学管理制度时，为了研究的方便，往往只是关注正式的、成文的规制性制度要素的研究，忽视了对教学管理制度体系中非正式的、不成文的制度要素的考察，没有将教学管理制度作为一个整体的范畴来解读和研究。这样，虽然能从一个侧面反映当前教学管理制度的情况，但毕竟不是全貌。

房敏的这本著作坚持了客观的态度。在探讨地方新建本科高校教学管理制度时，先从当前学校内部教学管理制度的结构设计入手，梳理制度内容，分析制度构成的线性逻辑，同时，总结归纳了制度设计的四个方面的不足：即以成文制度为主，缺乏非文本性制度的建设；以工具理性为主，缺乏价值理性；以管理者为本位，关注管理对象利益不够；以结果导向为主，过程导向不足。对于这些制度设计缺陷的分析，作者和以往学者不同：没有从内部、外部因素着手进行分析，而是抓住关键因素——制度设计者对教师群体的人性认识、对高校组织属性的认识以及制度本质和属性认识的局限——进行理性剖析，使得对教学管理制度设计缺陷的分析更加深入，更加透彻。

教学管理制度的设计和执行往往是并行的。但是在现实中，制度制订者往往比较关注的是"针对管理的需要，还需要补充或建立哪些规章制度"。与制度的执行相比较，他们更关注制度的制订。同样，教学管理制度的研究者，其研究对象也主要关注制度的实体和制订，而对制度执行环节的研究相对不足。但正如作者在本书中所说："制订再完美、再全面的规章制度，离开实践执行的检验，都是不完美的。"我对这一点非常赞同。作者在著作中，专门以一章的篇幅，选取四个典型的教学管理制度安排对其实际执行情况进行了充分的调查分析。针对制度安排执行中存在的受阻问题，作者分别从制度执行主体的个体视角和制度合理性与合法性结合的制度视角进行了深入分析。这些分析不仅对我们全面地了解地方新建本科高校内部教学管理制度的现状具有启发性，而且也为作者进一步的对策构想提供了充分的实证资料。

地方新建本科高校教学管理制度的设计和执行中存在的问题，给我们理论研究者的启发在于：高校教学管理制度的外延是可以拓宽、延伸的，将教学管理制度视为正式的、成文的规章制度进行建设，实际上是窄化了教学管理制度的范畴，理论上对其内涵的窄化认识会导致在实践中制度建设层面的局限。在学校教学管理场域内，规约教学行为的制度要素其实是多层面的，既有成文、正式的规章制度，也有非成文、隐性、柔性的规范性和文化性制度要素。后者虽然是隐性存在的，但是其体现出来的价值观和信念，教师一旦认可和接受，对教学行为的规约作用将是持久的、自觉的。这种对教学管理制度范畴的认识，其实是跳出教育学或者管理学的视角，对教学管理制度进行的再认识。这不仅有利于教学管理制度的建设和优化，也有利于丰富教学管理制度的理论研究。

在作者对地方新建本科高校的教学管理制度进行重构之前，首先对教学管理制度的逻辑起点——"制度化—利益人"进行了全面阐释。这一假设看似是对教师人性这一单一层面的认识，但是从实际分析来看，这一假设的提出是在综合对教师人性的认识、学校双重系统组织属性的认识以及制度本质的认识等层面的基础上提出来的，不仅关照到了教师作为自然人的利益属性，也关照到了教师作为社会人的制度化属性对利益属性的约束和塑造。由此，引出后面对教学管理制度的重构。

作者在进行教学管理制度的理论重构时，突破传统的"制度即规

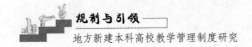

则"的狭隘认识，从"大制度"视角出发，引介了新制度社会学中的制度三要素理论，从教学管理规制性制度要素、教学管理规范性制度要素和文化—认知性制度要素三个方面来搭建教学管理制度的结构框架，并在理论上论证了三者的关系。同时，作者本着对理论构建进行实践检验的目的，借助思辨分析和实证分析的方式，又论证了教学管理制度这一结构框架的搭建，能够在一定程度上克服当前教学管理制度设计的缺陷、规避制度执行受阻问题。我认为这是对教学管理制度理论探究的一次新的尝试，相信读者们也能够从中获得一点启发。

这本著作是房敏在其博士学位论文基础上修改而成的。从选题、构思、调研到写作，作者都在尽心竭力。其博士学位论文的答辩最终也得到了评阅专家和答辩委员会的一致认可。这也说明，对地方新建本科高校教学管理制度进行研究具有重要的实践意义和理论价值。由于我们以往研究大多笼统地关注高校，缺乏对地方新建本科高校内部教学管理制度的研究，因此，我希望房敏的这本著作能够为那些想关注地方新建本科高校发展的同行带去一点启发，也期待能有更多从事相关研究的同行分享研究成果，从而丰富教学管理制度的理论研究，推动地方新建本科高校教学管理制度的改革。这是我愿意向读者推荐这本专著的重要理由。

是为序！

傅树京

2016 年 10 月

目　　录

第一章 绪论

第一节 问题提出

问题的提出是彰显科学研究的理论价值与现实意义的关键所在。对于地方新建本科高校教学管理制度的研究，既源于在理论上制度对保障教学质量、提升学校竞争力之重要性的肯定，也源于在实践中对当前地方新建本科高校教学管理制度设计和实施困境之客观把握。只有明确研究背景，才能从更广阔的视野范围对问题进行深入分析，才能对研究问题的性质、研究意义进行准确定位。

一 研究背景

（一）教学管理制度研究契合高等教育的发展阶段和相关政策

目前，中国高等教育已经从精英教育阶段步入大众化发展阶段，实现了高等教育的大跨越和大发展。但是，大众化发展阶段的提前到来也是喜忧参半。喜的是，高等教育的入学机会越来越多，接受高等教育的人口规模有很大的增长；忧的是，伴随着高等教育规模的扩大，教学质量引起越来越多的社会关注。比较西方国家高等教育大众化实现的路径，反思中国高等教育大众化的实现，可以发现，我们与西方国家还是有质的区别。其关键就在于西方国家高等教育大众化的实现是高等教育发展到一定程度之后水到渠成的结果，而中国高等教育大众化的实现更多体现了行政化、功利化的"人为"推动色彩，具有明显的"先上车，后补票"的补偿式发展的痕迹。因此，自高等学校扩招政策实施以来，高等教育规模急

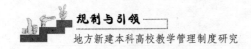

剧扩张，但是教学质量却没有达到预想的标准，其中最有力的证据莫过于大学生供求的结构性失衡、就业困境的持续困扰，等等。

对于这样的发展状况，国家开始要求各高校转变发展思路，从外延式发展逐渐向内涵式提升转变。而内涵式发展的核心是在各高校的办学定位科学规划的前提下，改革人才培养模式，提高教学质量，这也是高等学校获得可持续发展的关键。而科学、合理的教学管理又是教学质量提高的重要保障。为了从上到下引起对提高高等学校教学质量、强化教学管理、加强教学管理制度建设的重视，教育部高等教育司自进入2000年之后，先后在《关于加强高等学校本科教学工作 提高教学质量的若干意见》（教高〔2001〕4号）、《关于进一步加强高等学校本科教学工作的若干意见》（教高〔2005〕1号）等一系列文件中提到强化教学管理，提高教学质量的问题；《国家中长期教育改革与发展规划纲要（2010—2020）》中也重点强调：“提高质量是高等教育发展的核心任务，是建设高等教育强国的基本要求。”① 在提高人才培养质量这一部分中又提到：“要重视高校教学工作，强化教学管理，制订教学质量标准保证教学质量。”从严治教、强化教学管理、提高高等学校的教学质量被写进纲要，使这一思想在一定时段成为指导中国高等教育发展的纲领性精神，足可见国家对强化教学管理，加快教学管理制度建设，提高高等学校教学质量的关注程度之高。因此，本研究以教学管理制度为题进行研究，切合国家的政策指导思想，迎合了国家高等教育发展的趋势。

（二）教学管理制度研究符合地方新建本科高校内涵式发展的阶段要求

教学管理属于学校管理的范畴，不同的学校具有不同的教学管理实际。本研究基于地方新建本科高校来分析教学管理制度是为了突出研究的针对性和有效性。

---

① 国务院：《国家中长期教育改革与发展规划纲要（2010—2020）》，http：//www.china.com.cn/policy/txt/2010—03/01/content_19492625_3.htm。

这里的地方新建本科高校的指代主要基于三个方面的考虑。一是根据高校直属管理机构的层次性来划定。它主要相对于中央部委所属高校。二是根据学校的办学层次、人才培养定位来划定。它主要指普通的本科高校，以区别于以技能型人才培养为主的地方高职高专院校。三是按照地方本科高校建成的时间早晚来划定。其主要是指在20世纪末、21世纪初，政府为了实施扩招政策，满足高等教育规模扩大的需要，以为适龄学生提供尽可能多的接受高等教育的机会，同时也为了加快高等教育资源从省会中心城市向地市级城市的分散配置而成立的地方新建本科高校。此类高校基本上是政府依靠行政性权力，要么将其直接由专科升格为本科，要么由多校分散办学集合成具有多学科的综合高校而形成。目前，这些学校已经基本上通过了教育部对地方新建本科高校办学的合格评估，获得了生存的合法性。它们大多是定位于服务地方的教学型大学，并且有别于研究型大学、教学研究型大学等老牌本科高校，人才培养定位主要是培养高素质应用型人才。这些学校的发展逐渐从外延式发展向内涵式提升转变。但是，从整体来看，它们依然面临可持续发展的困境。

内涵提升的关键是质量，而教学质量的提高关键在于教师。对于教学质量的提高是由什么因素来保证，则见仁、见智。

有人认为，它是由教师的教学观念来决定，只要教师在教学工作中树立正确的教学观、学生观等等，教学质量就能保证。这种观点其实是看到了教师内因的决定性作用，肯定了教师在教学中的主体地位，但是对教师正确的教学观念来自何处，教师具有正确的教学观念与教学质量提高之间是否是简单的线性关系等问题缺乏深入的分析。

还有人认为，教学质量的提高是由充分的投入来保障，只要对教师的教学过程进行足够的财力、物力、信息等的投入，教学质量自然就会提高。这种观点从科特·勒温的场理论来看，是注意到了动力场中驱动力的增加——如待遇的提高、资源的充分提供等对于调动和维持人的积极性的作用。但是，过于狭隘的认为只要具备足够的资源就能带来质量的提高，这一认识背后却遮盖了对动力场中遏制力的关注。遏制力是阻

3

碍人们提高工作积极性的因素——如不良的管理理念和管理方式，较差的工作环境等。与通过增加驱动力调动人们的积极性相比，科特·勒温认为，在动力场中，减少遏制力也能调动人们的工作积极性——如改善管理理念和管理方式、优化工作环境等。从长远来看，减少遏制力比增加驱动力带来的影响还要持久和稳定。因此，从可持续发展的角度看，要提高教师的教学质量，光靠增加驱动力——如加大资源投入、要求教师提高道德觉悟是不够的，还要靠减少遏制力来保证发展的连贯性。减少遏制力的关键之一就是优化教学管理制度环境，构建合理的、有内涵、有特色的教学管理制度。当前，地方新建本科高校教学管理制度建设的滞后却成为教学质量提升的阻力，需要尽快改革。

因此，本研究以地方新建本科高校为研究的样本范围，对其教学管理制度的设计和执行进行研究，这样做不仅符合这类高校当前内涵式发展的阶段要求，也能对高校教学管理制度的研究和实践增加些许的启示。

（三）教学管理制度研究迎合研究者对工作实践关注和反思的兴趣

张新平认为，"只有来源于实践的问题才不是被炮制出来的问题，才是最有价值的'真问题'"。[①] 由此可见，研究问题的确立只有依托对现实实践的反思才会体现出它的现实意义，才会体现出研究的实际价值。本研究选题的确定，也是基于笔者在工作实践中对一些教学管理现象的关注和反思。

作为一名地方新建本科高校的普通教师，在工作的过程中，笔者一直在观察和思考一些现象。比如，部分教师对学校制订的教学管理制度是了解的，但在实际执行过程中并没有达到制度制订者的预期效果。比如，有些教师明知道学校规定不允许提前下课，可有时候还是提前下课；明知道学校规定考试之前不允许给学生划复习范围，可还是有些老师会划出重点；明知道监考教师要严肃考场纪律，不能做和监考无关的事情，可还是有部分老师监考松懈；等等。抛开教师自身素质因素，这些现象出现的原因到底是什么？其背后体现了什么样的教学管理思想？

另外，有些刚入校或入职不久的年轻教师，在走上讲台时，缺乏相应的教学管理培训，对学校的教学管理制度也不太知晓，但是这些年轻教师的教学行为——如上课流程的遵守、授课形式的把握、教学纪律的执行等却大同小异，较为规范。同时，很多入职多年的教师，在不了解学校明确规定的教学管理制度的情况下，也能很好地完成教学任务，并且深受学生的欢迎。对于以上现象，如果从制度和行为的关系角度去分析，那么在这些行为背后的制度要素是什么？仅仅是正式制度吗？抑或是还有其他的制度要素？如果要去探究这一问题，应以什么样的学科视角更合适？

带着对这些问题的思索，笔者产生了对教学管理制度研究的兴趣，试图突破对教学管理本质和教学管理制度认识的局限，从"大制度"视角来寻找规约教学行为的教学管理制度要素，对影响教学的教学管理制度进行重构。

研究对象的选择主要基于地方新建本科高校这样一个特殊的研究环境。之所以强调是这样的研究对象，而没有笼统地说高校，是因为高校群体内部不同的学校是有类型和层次之分的，它们内部制订的成文的教学管理制度，在内容和形式上受教育行政主管部门政策的指导应该是趋同的。但是这种趋同的制度设计对于地方新建本科高校来说已经不能适应竞争性的发展环境。它们需要在教学管理制度的建设上凝练特色、提升内涵。所以，为了保证研究的有效性和针对性，本研究锁定了这样的研究对象。

二 研究意义

本选题以地方新建本科高校作为研究的组织场域，对教学管理制度进行重点研究，不仅有重要的理论意义，而且也富有积极的实践意义。

（一）理论意义

首先，有利于促进多学科的视阈融合。本研究选择多学科视角交叉

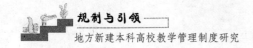

的方法来进行，综合了管理学、社会学与教育学等学科内容。对教学管理制度内涵的认识，突破了受现代科学主义管理思维的影响——以正式管理制度为焦点的研究，从"大教学管理制度"入手来探讨教学管理制度要素，丰富了对教学管理制度内涵和外延的认识，促进了问题研究视阈的开阔。

其次，有利于丰富教学管理制度研究的内容。以往对教学管理制度的研究，大多将教师和学生放在一起进行分析，在更多情况下是对学生学习管理制度的研究，专门对教学管理制度进行研究的并不多见。因此，本研究对教学管理制度的专门探讨，有利于丰富教学管理制度研究的内容。

最后，有利于促进理论研究的本土化，扩大应用范围。本研究所借鉴的制度三要素理论，是美国学者在国外相应的社会、政治、经济、文化环境中探讨制度环境下组织适应性问题时所得出的研究结论，该结论在本研究中是否适用，二者结合的契合点在哪里，这是本研究进行理论借鉴前要考虑的首要问题。通过对比发现，制度三要素理论的研究假设在本研究中也是存在的。因此，运用这一理论进行教学管理制度的研究是适切的。这有利于推进西方理论研究的本土化，同时也有利于扩大理论应用的范围。

（二）实践意义

首先，以地方新建本科高校为对象，研究其教学管理制度，有利于引起这些学校的教学管理制度设计者的研究兴趣，促使其反思现存教学管理制度存在的问题，找到教学管理制度改革的动力与阻力，加快制度的改革与创新，提高教学质量，提升学校竞争力。

其次，对教学管理制度构成要素进行新制度社会学的探讨，引入对规制性制度要素、规范性制度要素和文化—认知性制度要素的关注，有利于引起地方新建本科高校管理者对学校文化制度建设的反思和实践。这对于学校构建有特色、有内涵的教学管理制度会产生促进作用，同时对地方新建本科高校的可持续发展和内涵提升也具有重要意义。

最后，在制度三要素视角下对教学管理制度的重构，其逻辑起点是对"教师人性"和组织属性的合理定位，对这一问题的分析，有利于转变以往管理者对教师"人性"和院校组织属性的认识，更好地尊重教师人性以及松散结合的学术组织属性，积极采取合理的、符合教师人性特征和学术组织属性的管理措施。

第二节　研究现状

文献回顾是进行相关问题研究的基本前提之一，是对相关问题的理论背景和价值的阐明，是在该领域进行创新和探索的前提。为了相对清楚地把握学术界对高校教学管理制度的研究现状，本研究分别以"教学管理""教学管理制度""高校教学管理制度"等为关键词，利用万维网、中国知网、优秀硕博论文、学术谷歌、ERIC、PQEC、JSTOR等网络搜索平台以及校图书馆、国家图书馆等组织机构进行了相关文献的搜索。经过搜集，发现学者对高校教学管理制度的研究比较分散，更多的是经验总结式研究。以下分别对收集到的、有代表性的相关研究成果进行分门别类的整理，以期给本研究奠定扎实的理论基础。

一　文献综述

20世纪90年代末以来，中国高等教育的内外环境发生了巨大变化，高校教学管理的内部关系也发生了深刻的变化，原有的受苏联集权管理模式影响而形成的教学管理制度面临着变革的局面。综观学术界对高校教学管理制度内涵与结构要素的研究，总结高校教学管理制度建设取得的成就与存在的主要问题，对促进高校教学、改善高校教学管理、提高教学质量具有重要意义。

（一）关于高校教学管理制度相关概念的研究

1. 高校分层分类划分方法研究

地方新建本科高校的界定涉及中国高等学校的类型区分与办学定位的划分问题。自《中国教育改革和发展纲要（1993）》提出，"制订高等学校分类标准和相应的政策措施，使各种类型的学校合理分工，在

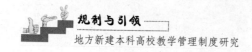

各自的层次上办出特色"以来，学者围绕这一问题进行了一系列的研究。综观目前学术界对高等学校的分类、分层研究，大致有以下几种划分方法。

中国教育行政部门习惯上以学校的隶属关系或管理权限为依据，将高等学校划分为：教育部所属、中央各专业部委所属和地方政府所属三类。

在中国高等教育统计中，一般以学科门类为依据，将高等学校划分为：综合大学、理工院校、农业院校、林业院校、医药院校、师范院校、财经院校、政法院校、艺术院校、体育院校、民族院校以及语文院校12种类型。目前这一划分方法在中国《中国教育事业统计年鉴》《中国教育统计年鉴》中常见。武书连研究员按照学科特点也将高等学校分为13类，在此基础上再按照学校科研规模将其分为4型，即研究型、研究教学型、教学研究型和教学型。[1] 这一观点比较典型。

另外，还有些学者根据学校的学科性质、学校职能定位以及人才培养定位来对学校的类型和层次进行划分。国家教育发展研究中心马陆亭研究员根据学校的学科性质以及人才培养层次将中国高等学校分为四类，即研究型大学、教学研究型大学、教学型本科院校、高等专科学校和高等职业学校。[2] 邓晓春研究员根据学校内部教学与科研的关系以及人才培养层次将高等学校划分为三类，即科研教学型大学、本科教学型大学、专科教学型大学。[3] 戴井冈根据学校学科设置的特征、学生培养层次、教师水平和学校学术活动开展情况等四个方面，将普通高等学校按照学校功能特征分为三类，即研究型大学、教学型大学、高等职业技

① 陈厚丰：《中国高等学校分类与定位问题研究》，长沙：湖南大学出版社2004年版，第115—116页。

② 马陆亭：《高等学校的分层与管理》，广州：广东教育出版社2004年版，第67—68页。

③ 21世纪的中国高等教育课题组：《21世纪初中国高等教育的发展战略及结构布局》，沈阳：辽宁大学出版社1997年版，第37—39页。

术教育类学校。① 张爱龙根据学校学科专业有效覆盖的学科门类数量，将普通高等学校大致分为综合性大学、多科性大学、单科性大学几类。② 刘献君从学科结构和办学层次两个维度分别将高校分为单科性学校、多科性学校、综合性学校三类以及研究型、教学科研型（或以本科教学为主）、职业技术型三个层次。③ 陈学飞教授在提到高等教育系统的重构时指出，基本的发展趋势是"分权、分层、竞争与合作"，其中分层就是将中国高等教育系统分为带有层次等级的金字塔式结构，包括顶层（进入创办世界一流大学行列的 9 所大学）、第二层（进入 211 工程计划的除以上 9 所大学以外的约 50 所大学）、第三层（教育部所属的其他全国性重点大学以及中央政府业务部门和各省、直辖市重点支持的大学）、第四层（其他四年制本科大学和学院）、第五层（专科性普通高等学校）、第六层（社会力量举办的其他高等学校）以及第七层（自学考试系统）。其中第一到第三层是研究型大学，第四、五层是教学型大学，第六层是带有培训性质的大学，第七层可以归结为大众性和普及性高等教育系列。④

　　还有些学者综合研究高等学校的分类标准及指标体系。陈厚丰从培养目标及学科专业、人才培养、科学研究、社会服务、学生成分、教师队伍、经济（地理）区域、宏观管理八个维度来设计中国高校的多元分类标准及指标体系。⑤ 这一研究具有一定的概括性和实用性。

　　总之，目前，学者对高校类型、层次的划分缺乏一致的观点，他们大多以学术研究的方便为标准来进行划分，缺乏权威性。理论研究的欠

---

　　① 戴井冈：《我国普通高等学校布局结构的现状分析》，《教育发展研究》2000 年第 3 期，第 20—25 页。
　　② 张爱龙：《我国高等学校的一种分类法》，《中国高等教育》2001 年第 3、4 期，第 62 页。
　　③ 刘献君：《论高等学校定位》，《高等教育研究》2003 年第 1 期，第 24—28 页。
　　④ 陈学飞：《高等教育系统的重构及其前景——1990 年代以来中国高等教育管理体制的改革》，《高等教育研究》2003 年第 17 期，第 9—12 页。
　　⑤ 陈厚丰：《中国高校分类标准及指标体系设计》，《高等教育研究》2008 年第 6 期，第 8—14 页。

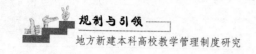

缺导致实践中高校定位模糊和趋同。

2. 关于教学管理的认识

教学管理与教学是相伴相生的，有教学活动一定会伴随着教学管理活动。目前，学者对教学的概念界定是比较一致的，而对什么是教学管理则是见仁、见智。

叶澜教授认为："教学是以学生掌握知识为直接目标而展开的师生双边的交往活动。"王道俊教授从实践意义上对教学进行界定，认为"教学是教育目的规范下的、教师的教与学生的学共同组成的一种教育活动。……所以，教学是学校实现教育目的的基本途径。"上述两位学者的观点与《辞海》对教学的定义基本一致，"教学是由教师的教和学生的学共同组成的活动。是学校进行德育、智育、体育和美育的主要途径，是学校的中心工作。通过教学，学生在教师有目的、有计划和有组织的指导下，掌握各类知识和技能，发展能力和体力，陶冶性情和审美情趣，形成良好的思想品德"[1]。由此可以看出，从目前教学活动涉及的主体角度看，学者对教学活动的认识基本是一致的，包括教师的教和学生的学这样一个双边过程。教师的教在教学过程中起主导作用，学生的学对教师的教起到反馈制约作用。应该说，学生的学习质量受教学质量的决定性影响。

研究者对教学管理的界定，大致可以分为两种思路，一种思路是现代科学主义管理的思路，将教学管理视为从上而下的刚性管理过程；另一种思路是后现代人文主义管理的思路，将教学管理视为多极主体之间交往实践的相互影响过程，尤其重视自下而上的柔性管理。

在现代科学主义管理思想的影响下，有些学者认为，教学管理就是对教学过程的管理，强调通过若干管理职能的发挥来实现教学目标。顾明远教授认为："教学管理是按照教学规律和特点，对教学工作进行的计划、组织、控制、监督的过程。"[2] 它包括教师的教和学生的学。其

① 《辞海（第六版彩图本）》，上海：上海辞书出版社 2009 年版，第 1101 页。
② 顾明远主编：《教育大辞典》，上海：上海教育出版社 1990 年版，第 303 页。

中，针对教师教学包括对教师的教学思想、业务水平、工作态度、教育素养和备课、授课、实验实习、作业批改、课外辅导、成绩考查、教学研究等提出质量标准和具体要求。张念宏主编的《中国教育百科全书》对高等学校教学管理的界定为："按照高等学校培养目标的要求，使学校教学活动顺利进行的管理工作。……要根据高等教育的客观规律，对高等学校的教学工作制订切实可行的计划，组织落实、检查监督和控制质量，以实现培养目标。"[①] 王焕勋教授认为："教学管理就是按照教学规律对教学活动进行计划、组织、指导、协调、监督和检查的过程。教学管理的途径一般为：安排好活动日程表、作息时间表、课程表和教学进度表、听课、指导教研室工作、组织观摩课和评优课、组织教学科研活动、实施教学评估。"[②] 这些观点均将教学管理视为在目标导引下的职能管理活动，活动的最终指向是人才的培养质量。

还有些学者将教学管理的核心归为对教学资源的优化配置。

不管是将教学管理视为过程管理，还是视为资源的优化配置，都是将其作为学校内部的事务管理，进行微观层次的界定。吴志宏教授不仅从微观角度，而且从宏观角度进行了界定，认为："从宏观层次看，教学管理是指教育行政机关对各级各类学校和其他教育机构教学的组织、管理与指导；从微观层次看，教学管理是学校管理者遵循管理规律和教学规律，科学地组织、协调和使用教学系统内部的人力、物力、财力、时间、信息等因素，确保教学工作有序、高效运转的决策和实施。"[③] 该观点对教学管理主、客体的认识较全面，但是依然没有突破传统科学管理的认识局限。

以上学者在解释教学管理的内涵时，无论从管理者、管理对象、管理手段、管理任务以及管理目标看，都体现出明显的现代科学主义管理的色彩，对教学管理就是管理者通过对管理对象的控制和约束以实现管

---

① 张念宏：《中国教育百科全书》，青岛：海洋出版社1991年版，第506页。
② 王焕勋主编：《实用教育大辞典》，北京：北京师范大学出版社1995年版，第216页。
③ 吴志宏等：《新编教育管理学》，上海：华东师范大学出版社2000年版，第255页。

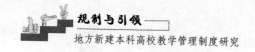
理效率最大化这一思维定式依然没有突破，导致教学管理过程充斥"自上而下"的刚性，教学管理的人文主义色彩被遮蔽。

后现代主义管理思想的发展，促使学者对教学管理本质的理解也开始发生变化。有些学者转变对教学管理传统的认识，从交往实践的角度界定教学管理，认为："从根本上说，大学教学管理是一个以人为中心的交往实践过程，而不是一种主体改造客体的生产实践活动。"① 对教学管理本质的这种认识突破了以往封闭、单向管理认识的局限，将教学管理视为一个开放的活动，是多元主体相互作用的过程，重视管理中的对话、交往、合作、理解等人文性因素。这个教学管理过程涉及的主体包括学校管理者、教学管理者、教师、学生、后勤管理者等多元主体，侧重追求权力在不同主体之间的流动以及主体之间的对话与沟通。

教学管理内涵的界定，不管是科学主义视角的研究，还是后现代人文主义视角的突破，都有其社会政治、经济、文化背景，都有其合理性。但是从科学和人文有机结合的角度看应该促进两者的融合，既要重视"管"，更要重视"理"；既要重视外控规制的作用，更要凸显柔性引导的价值。

3. 关于制度内涵和构成的研究总结

（1）制度的内涵

从制度的语义学来看，《辞海》中对"制度"一词的定义为："在一定历史条件下形成的政治、经济、文化等方面的体系，如经济制度、剥削制度，或者要求大家共同遵守的办事规程或行动准则，如工作制度或者规格、格局。"② 这里强调的制度是一种程序或准则，同时也是由众多关系构成的体系。在西方英语语境中，"制度"一词通常由"System""Institution"或者"Regime"三个词来表示，三个词的具体指代还是存在较明显的区别。"'System'侧重于制度含义中'系统、体系'

---

① 王桂林：《大学教学管理的本质是一个交往实践过程》，《教育评论》2008 年第 6 期，第 32—34 页。

② 《辞海（第六版彩图本）》，上海：上海辞书出版社 2009 年版，第 2449 页。

这一层面；'Institution'侧重于制度含义中'规则、条文'和'组织'这两个层面的意思；而'Regime'更侧重于制度的社会性色彩和强制性色彩，更多的时候指宏观性的制度形态。"① 从语义分析来看，中国和西方国家对制度的理解虽有一致之处，都认为制度应该包括规则、规制标准和组织结构，但是西方国家对制度的理解比我们宽泛，这与其法治传统有很大关系。

制度研究者从不同学科视角对制度的界定也不尽相同，甚至存在矛盾之处。正如德国学者柯武刚、史漫飞所说："不同学派和时代的社会科学家赋予这个词如此之多可供选择的含义，以至于除了将它笼统地与行为规则联系在一起以外，已不可能给出一个普适性的定义来。"② 综合不同学者的定义，他们的观点大致可分为如下几种。

制度是一种规则。新制度经济学家道格拉斯·C. 诺思认为："制度是一个社会的游戏规则，更规范地说，它们是决定人们的相互关系的系列约束。……制度是由非正式约束（道德的约束、禁忌、习惯、传统和行为准则）和正式的法规（宪法、法令、产权）组成的。"③ 从中不难看出，诺思理解的制度，其本质是规范人行为的规则，并且是一种公共规则。T. W. 舒尔茨对制度本质的认识与其相似，也将制度视为"一种行为规则，这些规则涉及社会、政治及经济行为"。④ 经济学家将制度视为规则是为了指导个体行为，节约交易费用，从而实现自我利益的最大化。除此，马克斯·韦伯认为："制度应是任何一定圈子里的行为准则。"⑤ 并将这个行为准则称之为惯例和法律。他是从法学角度对制度

---

① 辛鸣：《制度论：关于制度哲学的理论建构》，北京：人民出版社2005年版，第28页。
② ［德］柯武刚、史漫飞：《制度经济学——社会秩序与公共政策》，韩朝华译，北京：商务印书馆2000年版，第32页。
③ ［美］道格拉斯·C. 诺思：《制度、制度变迁与经济绩效》，杭行译，韦森译审，上海：上海三联书店1994年版，第3、4页。
④ ［美］R. 科斯等：《财产权利与制度变迁》，刘守英等译，上海：上海三联书店1994年版，第253页。
⑤ ［德］马克斯·韦伯：《经济与社会（上卷）》，林荣远译，北京：商务印书馆1997年版，第345页。

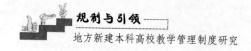
本质进行了界定。其中惯例作用的发挥更多依靠的是"圈内人"的道德指责，而法律作用的发挥则主要依靠的是外在强制机构的惩罚机制。罗尔斯从政治学的角度将制度理解为一种公开的规范体系。① 中国学者林毅夫认为："从最一般的意义上讲，制度可以被理解为社会个人遵循的一套行为规则。"② 由此总结，规则对于制度来讲确实很重要，甚至是核心，但不能包含制度的所有层面。

制度是一种思想习惯。凡勃仑（Veblen，Thorstein·B）是这一观点的典型代表。他认为："制度（在）实质上就是个人或社会对有关的某些关系或某些作用的一般思想习惯；而生活方式所由构成的是，在某一时期或社会发展的某一阶段通行的制度的综合，因此从心理学的方面来看，可以概括地把它说成是一种流行的精神态度或生活理论。"③ 凡勃仑的定义，更多的是强调制度的内在性与人的行为的内在契合，即所谓的"上瘾"，把制度的外在性强制色彩淡化了不少。④ 他从心理学视角对制度的形成和作用发挥形式进行了解析。

制度是一种组织或机构。制度社会学家斯宾塞提出，制度是使社会这个有机系统不断进化的"器官"，是实现社会与环境之间适应的重要系统。康芒斯（Commons，John·R）认为："买卖的交易、管理的交易和限额的交易合在一起成为经济研究上的一个较大的单位，根据英美的惯例，这叫作'运行的机构'。这种运行的机构，有业务规划使得他们不停地运转；这种组织，从家庭、公司、工会、同业协会、直到国家本身，我们称之为制度。"⑤ 这个定义将制度的外延扩大了，认为制度不

① ［美］罗尔斯：《正义论》，何怀宏、何包钢、廖申白译，北京：中国社会科学出版社1988年版，第50页。

② ［美］R. 科斯等：《财产权利与制度变迁》，刘守英等译，上海：上海三联书店1994年版，第375页。

③ ［美］凡勃仑：《有闲阶级论——关于制度的经济研究》，蔡受百译，北京：商务印书馆1997年版，第138页。

④ 辛鸣：《制度论：关于制度哲学的理论建构》，北京：人民出版社2005年版，第42页。

⑤ ［美］约翰·康芒斯：《制度经济学》，于树生译，北京：商务印书馆1962年版，第86页。

仅包括规制性的规则以及规则体系，而且还将各类组织机构也视为制度，这种认识有助于扩大我们对制度的认识视野，尤其是能看到制度实体性的一面。

制度是一个博弈的过程。日本学者青木昌彦认为："制度的本质是对均衡博弈路径显著和固定特征点的一种浓缩性表征，该表征被相关域几乎所有参与人所感知，认为是与他们策略决策相关的。制度就以一种自我实施的方式制约着参与人的策略互动，并反过来又被他们在连续变化的环境下被不断再生产出来。"① 该界定从动态角度对制度如何在主体之间博弈形成以及如何发挥制约作用进行剖析。

制度是一个内容综合的框架。新制度主义社会学家斯科特综合了新制度经济学家、政治学家与社会学家的观点，认为："制度包括为社会生活提供稳定性和意义的规制性、规范性和文化—认知性要素，以及相关的活动与资源。"② 这是一个综合的概念，由此说明制度的内涵不仅包括符号性要素，而且还包括与符号性要素相关联的活动与资源，同时也说明任何制度制订的效果如何，都离不开实施活动的检验。制度的建构和实施不可分割。较之其他学者，斯科特不仅承认规制性和规范性制度对行为的规约，还强调文化—认知层面的观念制度对组织或个人行为的建构，它为组织或个人的行为在特定的制度环境中提供意义，产生规约作用。

总之，制度研究者对制度内涵的认识是多元化的，多元化的认识来源于各自所不同的学科背景和方法论依据。新制度经济学和历史选择新制度主义以个体主义方法论为指导，将制度视为进行理性选择的规则、组织机构和博弈的过程，由此会发生制度的路径依赖；新制度社会学家从整体主义的方法论出发，将制度视为一套系统，认为制度先于组织和个体而存在，组织和个体为了获得合法性必须要适应制度环境。

----

① ［日］青木昌彦：《比较制度分析》，周黎安译，上海：上海远东出版社2001年版，第28页。

② ［美］W. 理查德·斯科特：《制度与组织——思想观念与物质利益》（第3版），姚伟、王黎芳译，北京：中国人民大学出版社2010年版，第56页。

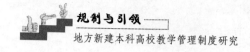

（2）制度类型的研究总结

制度类型的划分是从外延来理解制度。不同的划分标准会产生不同的划分结果。根据制度作用的性质和外在表现形式的不同，可以将其分为正式制度和非正式制度。以诺思为代表。他认为："制度可以分为正式制度与非正式制度：正式制度是指人们自觉发现并加以规范化和（制定）一系列带有强制性的规则。正规规则包括政治（及司法）规则、经济规则和合约。……非正式制度包括行为准则、伦理规范、风俗习惯和惯例等，它构成了一个社会文化遗产的一部分并具有强大的生命力。非正式制度是正式制度的延伸、阐释或修正。它是得到社会认可的行为规范和内心行为准则。"① 西方经济学制度学派对制度类型的这种划分方法得到了中国学者的基本认可。

按照制度形成的路径，可以将其分为内生制度与外生制度。制度经济学家柯武刚、史漫飞等持这样的观点，他们认为："内在制度是从人类经验中演化出来的。它体现着过去曾最有益于人类的各种解决办法。……违反内在制度通常会受到共同体中其他成员的非正式惩罚。"② "外在制度是被迫自上而下的强加和执行的。它们由一批代理人设计和确立。这些代理人通过一个政治过程获得权威。外在制度配有惩罚措施。这些惩罚措施以各种正式的方式强加于社会并可以靠法定暴力的运用来强制实施。"③ 美国学者哈耶克也是内生秩序理论的代表，其提出："制度是由风俗习惯演化而来的一种规则，这种规则（主要）由内部规则和外部规则构成。内部规则是由社会成员在长期的交往过程中通过文化以及世代相传而逐渐形成；外部规则是由组织制订并强制成员遵守，

① ［美］道格拉斯·C.诺思：《制度、制度变迁与经济绩效》，杭行译，韦森译审，上海：上海三联书店 1994 年版，第 64 页。

② ［德］柯武刚、史漫飞：《制度经济学——社会秩序与公共政策》，韩朝华译，北京：商务印书馆 2000 年版，第 36 页。

③ ［德］柯武刚、史漫飞：《制度经济学——社会秩序与公共政策》，韩朝华译，北京：商务印书馆 2000 年版，第 37 页。

而非正式制度就包含于内部规则之中。"① 中国学者辛鸣也提出："从本体论的角度看，制度可分为内在制度和外在制度。内在制度是群体内随经验而演化的规则，外在制度是设计出来并依赖正式的、有组织的机制来实施。"② 由此看出，中国学者对制度类型的划分和西方制度研究者的类型划分有相通之处。甚至可以说，是在借鉴西方学者观点基础上而进行的本土化研究。

除此之外，新制度社会学家斯科特也提出了制度类型的划分方法。他提出，依据制度研究者所强调的制度基础要素侧重点的差异，制度可以划分为规制性制度、规范性制度和文化—认知性制度三种类型，这三种类型的制度各自的秩序基础、扩散机制、指标和合法性基础等是有差异的。三种类型之间的关系是比较复杂的，可能是相互补充、强化功能的发挥，也可能是彼此产生矛盾。如果三种类型之间能够协同作用的话，无疑，制度的作用强度是最大的。

（3）制度构成的研究总结

近年来，学者对制度研究的热情不断高涨。很多学科的学者逐渐将制度视为复合体，对其构成进行研究总结，取得了许多研究成果。其中有些学者的研究结论，为本研究的教学管理制度的多层面的探讨提供了借鉴。

有些学者从制度哲学的视角出发，认为："制度其实是一个系统，绝不仅仅是一些规则的集成与组合。制度系统是由规则、对象、理念、载体四大要素组成。"③"制度系统中四个要素之间是相互联系、互相依存的关系，四个要素共同作用才使得制度具有了实质性的内容、实质性功能和实质性的意义。任何一个要素缺失，制度系统都是不完备的，都

---

① ［英］哈耶克：《自由秩序原理》，邓正来译，上海：上海三联书店 1997 年版，第 38 页。

② 辛鸣：《制度论：关于制度哲学的理论建构》，北京：人民出版社 2005 年版，第 105 页。

③ 辛鸣：《制度论：关于制度哲学的理论建构》，北京：人民出版社 2005 年版，第 84 页。

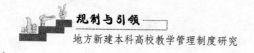
会使制度丧失其应有的功能，进而失去存在的可能。"①

有些学者从经济学的视角出发进行制度研究，取得成果最多，影响也最显著。新制度经济学家诺思提出："创建一种能带来可靠承诺的制度环境，意味着必须建立起一个包含正式规则、非正式约束以及实施在内的复杂的制度框架。"② 这一观点很有代表性。也就是说，在诺思看来，制度包括正式规则、非正式规则与实施机制三部分。三个因素相互影响、相互制约，由此构成了制度的有机结构。其中，非正式规则又是制度绩效的关键因素，是制度体系耦合的黏结剂。美国经济学家约翰·L. 坎贝尔（Campbell, J. L.）也认为："制度包含正式和非正式规则、监控和实施机制，以及意义系统，这些要素构成了个体和组织间交往互动的制度环境。"③ 中国很多研究制度的学者也采用了这样一种制度要素划分的方法，比如林毅夫、郑航生等。这种划分方法将制度要素细化，使非正式规则脱离出来，以区分于正式规则。

有些学者从政治学的视角出发进行制度研究。旧制度主义政治学一般是在整体主义方法论指导下，来研究制度层面的政治机构和法律条文对组织和个体的作用，属于静态的制度研究，忽视动态的过程性。在把制度根据外在表现形式划分为正式制度和非正式制度之后，有些学者提出："正式的制度主要包括四大结构系统，即概念系统——为制度提供价值支持与合法性说明；规范系统——确定如何行为的具体规范用以调整社会关系和社会行为；组织系统——负责某项制度的具体实施；设备系统——为制度运行提供物质保证。"④

有些学者从社会学的视角出发进行制度研究。新制度社会学家视

---

① 辛鸣：《制度论：关于制度哲学的理论建构》，北京：人民出版社2005年版，第92页。

② ［美］道格拉斯·C. 诺思：《制度、制度变迁与经济绩效》，杭行译，韦森译审，上海：上海人民出版社2008年版，第81页。

③ Campbell, J. L., *Institutional Change and Globalization*, Princeton：Princeton University Press，2004，p. 1.

④ 许和隆：《冲突与互动——转型社会政治发展中的制度与文化》，广州：中山大学出版社2007年版，第57页。

"文化也是一种制度"。① 随着他们对制度研究成果的整合，有的学者已经将制度提高到了"制度体系"的高度来研究，认为"制度体系主要由目标系统、规则系统、组织系统和设备系统四个方面构成"。② 新制度主义社会学家斯科特也综合了不同的制度研究学者的研究结论，构建了一个综合的制度框架。他认为："不同的社会理论家先后把规制性、规范性和文化—认知性系统定为制度的关键要素。实际上，这三大基础要素构成了一个连续体。……我们可以采用的一种方法是，视所有这些制度要素或制度层面，以相互独立或相互强化的方式，构成一个强有力的社会框架，这种结构框架既能容纳又能展现这些结构性力量，是一种具有弹性的框架。"③ 框架中构成或支撑制度的三大基础要素是：规制性制度要素、规范性制度要素和文化—认知性制度要素。"在稳定的社会系统中，很多实践非常持久和稳固，因为这些实践被人们视若当然而接受，得到了规范的许可和权威化权力的支持。这些制度基础要素结合在一起而产生的强大力量是十分惊人的。"④ 该制度框架显示出了组织社会学新制度主义学者对制度的文化—认知层面的关注。

4. 教学管理制度之内涵与构成的研究总结

（1）教学管理制度的内涵

学术界目前关于教学管理制度的内涵研究，主要有以下几种说法：

学年制或学分制说。有些学者认为，教学管理制度是衡量和计算学生学习活动的数量和质量的制度，涉及教学的基本进程、学生学习的时间与内容、学生学习成绩评定与记载、学生学习内容与毕业之间的关系等方面。在此，学者"将教学管理制度分为学年制和学分制两种，或

---

① Hall P. , Taylor R. , Political Science and Three Institutionalism, *Political Studies*, 1996 (44), pp. 936 –957.

② 贺培育：《制度学：走向文明与理性的必然审视》，长沙：湖南人民出版社 2004 年版，第 17 页。

③ ［美］W. 理查德·斯科特：《制度与组织——思想观念与物质利益》（第 3 版），姚伟、王黎芳译，北京：中国人民大学出版社 2010 年版，第 59 页。

④ ［美］W. 理查德·斯科特：《制度与组织——思想观念与物质利益》（第 3 版），姚伟、王黎芳译，北京：中国人民大学出版社 2010 年版，第 71 页。

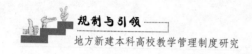
者是学年制、学分制、学年学分制三种"。① 这种将高校的教学管理制度按照学年制和学分制的标准来划分的方法，主要考虑的是学生学习方面，教师的教学方面则隐含了制度实施层面，将教学管理制度的外延缩小了。

行为准则说。有些学者认为："教学管理制度是为强化教学管理，稳定教学秩序，加强教学质量控制而制订的教学规章、制度、条例、规则、细则、守则等。它具有一定的法治效应和约束力，是全体师生和教学管理人员必须共同遵守的教学行为准则；它是教学管理系统的重要组成部分，是实现教学管理科学化和教务工作规范化的基础。"② 这种观点，从狭义的制度概念出发，认为教学管理制度是实施大学教学管理、稳定教学秩序、提高教学质量的手段，是教学管理活动的行为规范，强调了规范的显性和强制性。这种界定比较符合我国学校教学管理制度的实然状态。

规则说。有些学者将高校教学管理制度理解为大学教学管理系统中规范和协调人与人之间关系的规则（或规则体系），主要关注教学管理者与被管理者（教师与学生）之间关系的协调，而不把教学管理制度仅仅看作教学管理的系统或体制（System），也不把它仅仅看作教学管理活动的行为规范，将它视为大学教学管理组织制度和各种操作性制度的总和。③ 与之类似的观点认为："大学教学管理制度是大学在充分尊重教学客观规律的基础上，以一定的教育管理思想和理念为指导，根据人才培养目标要求所制订的对大学教学活动进行计划、组织、协调、控制和评价的基本制度的总和。"④ 还有些学者从运动、联系的角度看高校教学管理制度的内涵，认为它不仅是一个"规范"的范畴，而且也

---

① 李巧林：《我国高校几种教学管理制度演变与比较》，《机械工业高教研究》1996 年第 3 期，第 48—51 页。

② 吴志宏等：《新编教育管理学》，上海：华东师范大学出版社 2000 年版，第 262 页。

③ 郭冬升：《大学教学管理制度论》，北京：高等教育出版社 2005 年版，第 30 页。

④ 梅小珊：《大学教学管理制度公正性研究——基于罗尔斯的公正观》，山东师范大学硕士论文，2012 年，第 10 页。

是一个"历史"的范畴。高校教学管理制度表现为按照大学教学的规律和特点，对大学教学工作进行计划、组织、实施、监控和反馈的这一过程的行为规则或规范，以及由此表现出制度的制订、实施、监控和反馈的存在方式和相互关系。① 类似观点还有刘根厚（2012）的研究结论。他指出："教学管理制度是调整教师、学生和教学管理者之间以及各种教学部门之间利益关系的权威性规则体系。"②

机制说。周兴国等人结合机制的制度观与机制的博弈观来研究教学管理机制，蕴含着将教学管理机制等同为教学管理制度的意味，并且将教学管理机制理解为教学组织系统为激发和约束教学组织系统内部的个体与群体的行为而进行的制度安排。该学者在定义中提到的制度是在严格意义上使用的——即在人为设计出来的正式规则的意义上来使用。③

手段或方法说。有些学者从广义和狭义两个角度对教学管理制度进行界定。从广义上讲，教学管理制度就是在一定教育发展条件下形成的教学管理体系，它包括教学思想管理、课程计划管理、教学过程管理、评价与考试管理、教研科研管理和教学行政管理等。从狭义上讲，教学管理制度就是指在教学过程中，为了规范教学活动和实现学校的教学目标而制订的系统的教学管理方法。④ 这一内涵的界定与尤伟（2007）⑤的观点近乎一致。

综上，学者对教学管理制度的内涵研究，从不同角度出发得出的结论不尽一致。有的将教学管理制度视为实施教学管理的手段和方法，有的将其视为大学教学管理的体制或机制，有的将其视为处理教学过程中

---

① 张波：《大学教学管理制度结构性失衡的社会学分析》，《高等教育研究》2008 年第 12 期，第 78—83 页。

② 刘根厚：《基于制度分析理论的高校教学管理制度研究》，徐州：中国矿业大学出版社 2012 年版，第 93 页。

③ 周兴国、李子华：《高校教学管理机制研究》，合肥：安徽人民出版社 2008 年版，第 35—36 页。

④ 杨盛花：《制度分析理论视角下我国高校教学管理制度研究》，湖南大学硕士论文，2008 年，第 20 页。

⑤ 尤伟：《大学本科教学管理制度审视：以 W 大学为例》，汕头大学硕士论文，2007 年，12。

关系的规则或规则体系，也有的将其视为测量和控制教学活动量的制度。

（2）教学管理制度的类型

目前，学者对教学管理制度类型的划分大多借鉴新制度经济学对制度类型的划分方法，以正式制度与非正式制度来划分。

吉标在考察教学制度的结构时，认为教学制度的载体主要是教学规则，包括正式教学规则和非正式教学规则。其中正式教学规则主要由针对教师的教学日常行为规定和针对学生的课堂常规构成，非正式教学规则主要包括教师的教学习惯、学生的课堂仪式（礼仪）等。同时，该学者进一步指出，不表现为教学规则、不规范教学行为的内容均不应该视为教学制度。因此，他将诸如意识形态、传统文化、价值观念等归为文化的范畴，在教学管理制度中予以剔出。[1]

秦小云认为："大学教学管理制度涵盖了大学教学管理中的正式制度及其所隐含的价值倾向、非正式制度以及在教学管理过程中起作用的规范化的隐性约束机制等。"[2] 并且，该学者还从广义上去理解大学教学管理的概念，认为不仅包括微观的学校层面的教学管理，而且也包括宏观层面的国家教育行政部门对各级各类学校的教学管理。该学者侧重对正式的高校教学管理制度的研究。

郭东升认为，大学教学管理制度可以划分为显性制度（条文性制度）和隐性制度（非条文性制度）两种基本类型。对于显性制度（即条文性制度），根据制订主体的不同，高校教学管理制度可以分为由国家教育主管机关制订的宏观教学管理的法规和制度、由各大学及其下属院（系）制订的实施性教学管理制度两种。[3] 该学者以显性制度为研究对象。

综上，学者对教学管理制度的类型划分大多局限在正式与非正式这

---

① 吉标：《教学制度的结构考察》，《教育理论与实践》2012 年第 6 期，第 57—60 页。

② 秦小云：《大学教学管理制度的人性化问题研究》，华中科技大学博士论文，2005 年，第 15 页。

③ 郭冬升：《大学教学管理制度论》，北京：高等教育出版社 2005 年版，第 106 页。

一普遍的划分方法上，并且将研究的侧重点放在正式或显性的教学管理制度上。可以说，目前学者对显性教学管理制度的研究相对比较全面，但是作为显性制度的延伸甚至起实质性作用的隐性制度的研究却很少。这也为本研究从显性与隐性结合的角度进行研究提供空间。

（3）教学管理制度的构成

对教学管理制度构成的研究，其实就是对制度的要素或构成层面的研究，大致可以分为两大类，即内容论与程序论。

内容论主要从静态的角度探讨教学管理制度包括哪些内容。有些学者认为："教学管理制度主要包括学生学籍管理条例；学生学业成绩考核与管理制度；教学常规；教材管理制度；校、处、教研室的职责权限等的规定等。"① 此处的教学管理制度针对的对象主要有学生、教师、各层级教学管理者等，针对不同的对象有不同的制度内容。还有些学者认为："教学管理制度是一项系统性的规则体系，包括涉及机构设置及其权限的组织制度、各工作岗位具体工作制度和综合性工作制度以及为了促进工作更有效开展的激励制度，通过多层次、多形式的制度建设，来提高教学管理的效能。"② 也有些学者认为，高校教学管理制度包括教学管理体制和教学管理制度两个方面。③ 该学者主要研究显性制度（即条文性制度），包括由国家教育主管机关制订的宏观教学管理的法规和制度、由各大学及其下属院（系）制订的实施性教学管理制度两种。对教学管理制度存在问题的总结主要是从教学管理组织机构及其职能的履行情况以及条文制度存在的问题来结合做出。另外，根据制度的应用范围和功能，按照制度分析的结构化分析要求，有些学者提出："教学管理制度分为教学管理基本制度和教学管理具体制度。"④ 教学管

① 吴志宏等：《新编教育管理学》，上海：华东师范大学出版社 2000 年版，第 262 页。
② 时伟：《现代大学教学管理制度的缺失与构建》，《中国高教研究》2006 年第 9 期，第 70—71 页。
③ 郭冬升：《大学教学管理制度论》，北京：高等教育出版社 2005 年版，第 106 页。
④ 刘根厚：《基于制度分析理论的高校教学管理制度研究》，徐州：中国矿业大学出版社 2012 年版，第 95 页。

理基本制度包括教学管理系统内的组织制度和工作制度，教学管理具体制度包括具体的教学行为规范、对各种教学专项工作的相关规定以及各种激励制度。

程序论主要从教学管理制度动态运行的角度来探讨制度的结构构成。有些学者以学校中正式制度为研究的对象，从结构功能主义的系统运行角度出发，认为教学管理制度的结构要素包括制度的制订、实施、监控和反馈四者，并且认为教学管理制度是四者之间紧密联系、相互作用而构成的完整的、动态平衡的结构性制度，并且，为保障不同的结构要素的作用发挥，需要相应的运行机制支持。①

综上，对于教学管理制度构成的研究，有些学者将制度等同于对行为进行约束和规范的条文性规定，从工作行为的不同领域进行规则的制订；有些学者是从管理学的角度出发，将制度与机制视为同义，对教学管理蕴含的过程所包含的制度或者机制进行分析；有些学者是从结构功能主义的角度出发，将教学管理制度视为结构性系统，对其包含的结构要素来进行研究。总之，学者的研究视角是多样化的，但是缺乏从"大制度"视角对教学管理制度构成进行剖析，尤其是对非文本性制度的具体研究不够。这也为本研究提供了空间。

（二）关于高校教学管理制度存在的问题与原因综述

目前，研究教学管理制度的学者，不乏对高校教学管理制度存在的问题进行总结研究，并对存在的主要问题之原因进行不同角度的解析。

1. 高校教学管理制度存在的问题研究

（1）高校教学管理制度形式与内容上存在的问题

形式是内容的载体，内容是形式的实质。有些学者对高校教学管理制度文本形式不规范问题提出了批评，认为："教学管理制度的名称一般为'规定''办法'，但仍然存在使用'条例'的情况；部分规章长期停留在'暂行''试行'阶段；个别规章条文过细反而在实际中无法

---

① 张波：《大学教学管理制度结构性失衡的社会学分析》，《高等教育研究》2008 年第 12 期，第 78—83 页。

操作；制度显得过于零散，没有突出基本法律性规章，致使规章与一些政策性文件、工作制度等相互交叉。"①

关于教学管理制度内容存在的问题，主要集中在这样几个方面：内容的刚性太强，缺乏柔性；重行政控制，缺乏学术自由；重学生学习管理研究，缺乏教学管理研究；制度内容存在不合法、不科学的规定等。针对于此，下面具体结合学者的研究进行总结。

有些学者通过调查与访谈，结合教学管理制度的文本分析，总结出现行大学本科教学管理制度的三大缺陷：以控制为中心，弹性和选择性不足；以管理者为中心，平等性和服务性不足；以学校为中心，院（系）管理活力不足。② 该学者还进一步针对学生的学习自由状况进行调查分析，并发现，在学生学习管理上，多以控制为中心，学生的选择性不足，主要表现在选专业难、选课不自由、课堂管理制度僵化、考试和学籍管理制度不合理等几个方面，并且针对学生学习自由的控制进行了深入分析。③

也有些学者基于教师的教学行为与制度的关系指出，当前集权刚性的高校教学管理制度在引导教学行为方面存在的简单化、僵化、粗暴化的教学管理规范，削弱了大学教师的教学热情；逐渐偏重教学研究的教学评价制度，诱导了大学教师课堂教学投入的不足；教学管理制度中教学培训措施和要求的虚化，致使大学教学水平提升乏力；教学自由权力保障在教学管理制度体系中的缺位，制约了大学教学能力的发挥。④ 有些学者以新建本科高校为分析对象，认为这类学校在教学管理制度上存在严重的路径依赖，纵向上依赖于传统计划体制下形成的教学管理制

① 苏雷、陈立中：《高校内部规章制度建设：实践与思考》，《中山大学学报论丛》2005年第4期，第453—455页。
② 郭冬生：《我国大学教学管理制度的三个缺陷及改革》，《现代大学教育》2004年第5期，第45—49页。
③ 郭冬生：《我国大学本科教学管理制度的反思与重建》，《清华大学教育研究》2004年第3期，第65—70、83页。
④ 王向东：《大学教师教学管理制度的反思与完善——基于教学行为与制度关系的视角》，《现代大学教育》2011年第3期，第97—102页。

度，横向上依赖于重点大学的教学管理制度。这些学者还总结了这类学校内部教学管理制度存在的问题：以控制为中心，学生自由选择的弹性不足；以学校为中心，院（系）活力不足；以管理者为中心，服务性和平等性不足。① 并从刚柔相济的角度指出，高校教学管理制度既要体现刚性的一面，也要保证柔性的另一面，由此从学术自由、个性化教育和人性化教育的角度阐述了柔性管理的必要性，同时列举了教学管理制度刚性过强、柔性不足的表现：即在教学管理中规范很多，牵涉实质性内容太少；集权管理导致院（系）缺乏应负之质量责任；过于重视控制和监督，忽略质量提高这一根本目标。② 这些学者还从权力合理配置的角度探讨了高校教学管理制度中所涉及的三种权力：行政权力、学生权力和学术权力。进而指出了三种权力协调过程中存在的问题：行政权力泛化且效率低下，学生权力得不到足够的重视且维权意识差，学术权力不彰且缺乏责任。③

尹岳从伦理视角对大学教学管理制度进行了研究，针对高校的教学管理制度指出，当前高校教学管理制度刚性过强、弹性不足，学生选择课程、教师的权利和学习时间的自由相对有限，各专业之间壁垒比较森严，有着难以逾越的鸿沟。此外，现有体制不能充分展示挖掘教师的教学能力，教学自由受到限制。④

时伟认为，现代高校教学管理制度研究主要围绕行政权力与学术权力的关系展开，侧重构建以学术发展为核心的管理体制与运行机制，而学生权力则被弱化与搁置，致使以学生权力为取向的教学管理制度存在理论研究的不足和实践有效性的缺乏。他提出，要从组织制度、工作制

---

① 陈新民：《新建本科院校教学管理制度改革的思考与实践》，《中国大学教学》2005年第12期，第47—49页。
② 刘根厚：《刚柔相济之高校教学管理制度的创新建构》，《科技管理研究》2009年第7期，第257—259页。
③ 刘根厚：《三权统筹：创新高校教学管理制度的新举措》，《现代教育管理》2009年第10期，第53—56页。
④ 尹岳：《伦理视角下的大学教学管理研究》，湖南大学硕士论文，2006年，第27—28页。

度和激励制度三方面来构建相应的策略。①

马廷奇从控制与自由辩证存在的关系角度出发，探讨高校教学管理制度的创新，并指出当前高校教学管理制度存在的主要实践困境是：自由与控制的失衡，教学控制太多太频繁。具体表现为：教师参与教学决策的权利被剥夺；教学过程管理机械化；教学评估行政化；可利用教学资源有限等。②

（2）高校教学管理制度价值取向存在的问题

韦巧燕等人从应然角度指出，高校教学管理制度应该坚持人性化的价值取向。同时，她又从实然角度归纳了当前制度人性化缺失的表现：学生难以根据自己的兴趣或市场的变化自主选择专业；人才培养整齐划一，学生学习缺少弹性选择空间；教学评价方式单一、呆板，只注重教学评价的奖惩功能，忽视促进发展功能的实现；注重课堂考勤制度的执行，忽视学生学习效果；以管理者为中心，管理行政色彩浓厚；等等。③

项金枝在探讨教学管理执行力缺失的因素时，提到了管理制度、管理理念、管理意识与执行方法和执行力文化等方面的问题，认为，管理制度的缺失主要是指教学管理制度的科学性和延续性的缺失，管理理念的缺失主要是指人本理念的缺失，管理者从个体出发，以"我"为本，忽视了被管理者的主动性、能动性、积极性与创造性，体现出集权的行政本位管理意识。教学管理仍处于上令下行的单向流程状态，造成高校学术自由的缺失。④ 同样，秦小云以人性化价值观为指导，以文本分析的方法分析现行教学管理制度存在的人性化问题，认为，大学宏观教学管理是高度统一的，守旧的文本化倾向依然存在，这使得管理者成了文

① 时伟：《现代大学教学管理制度的缺失与构建》，《中国高教研究》2006 年第 9 期，第 70—71 页。
② 马廷奇：《教学自由与大学教学管理制度创新》，《现代教育管理》2009 年第 1 期，第 68—71 页。
③ 韦巧燕、李瑞贵：《高校教学管理制度人性化问题探讨》，《黑龙江高教研究》2009 年第 6 期，第 32—34 页。
④ 项金枝：《高校教学管理执行力的缺失与建设》，《教育探索》2008 年第 1 期，第 72—73 页。

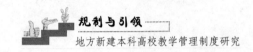

本主义者。管理者强调规划整齐，缺乏对环境的适应能力，使得大学无法根据学生的愿望和选择安排教学，只能根据教育主管部门的要求与规定来安排教学；在微观学校范围内，对学生的学习兴趣、学习选择的自由、学生利益和教学的自由给予极大地限制，存在着人性缺陷。[①]

别敦荣教授提出：首先，改革高校教学管理制度要以学生为本，并总结出了当前不符合以学生为本的主要表现。其次，教学管理制度应该保护学术自由，当前教学管理制度侵犯学术自由主要表现在：行政包办代替，教师作用无从发挥；集权管理导致院（系）难以自主办学；学术评议重量不重质，教师考核流于形式；按课时计酬导致学术精神力量式微等几个方面。最后，教学管理制度应该促进资源共享和促进教学质量的提高，并由此总结出相应存在的问题：专业壁垒太高，资源利用率低；以控制为主，促进功能偏弱，等等。[②]

胡建华认为，高等教育价值观主要有社会本位价值观、知识本位价值观和个人本位价值观，由此总结了与计划经济时代相适应的社会本位价值观的教学管理制度的表现：统一管理、严密计划、刚性控制。[③] 认为这种价值观当前受到了严重的冲击。

梅小珊从罗尔斯的公正论视角出发，探讨了高校教学管理制度公正性缺失问题，即大学教学管理权力分配人性化不足，权利分配比例失调，责任和义务分配的主体自觉性不高等。[④]

（3）高校教学管理制度设计和运行机制存在的问题

有些学者认为，教学管理制度设计是教学管理的起始环节，制度设计的合理与否直接关系到教学管理的质量和水平。当前教学管理制度设

---

① 秦小云：《大学教学管理制度的人性化问题研究》，华中科技大学博士论文，2005 年，第 58—70 页。

② 别敦荣：《以现代理念改革高校教学管理制度》，《中国高等教育》2007 年第 20 期，第 44—46 页。

③ 胡建华：《论高校教学管理制度改革的价值取向》，《中国高等教育研究》2007 年第 20 期，第 47—49 页。

④ 梅小珊：《大学教学管理制度公正性研究——基于罗尔斯的公正观》，山东师范大学硕士论文，2012 年，第 20—24 页。

计中存在的主要缺失主要有：在制度设计中人本关怀理念缺失；管理制度设计、出台过于随意，必要性论证缺失；对执行成本预期缺失；科学性缺失；民主性缺失等。[①] 与此相似，还有些学者将制度视为人的相互关系的存在方式，认为结构性制度概念包含制度的制订、实施、监控和反馈四个环节，并且详细分析了当前高校教学管理制度结构性要素的缺失：重视制度的制订和实施，忽视制度的监控与反馈，缺乏相应的运行机制的保证，导致制度的功能失调，产生结构性失衡。[②] 除此之外，还有些学者针对大学本科教学管理制度面临的挑战进行研究，即外部社会转型为动因的制度环境的改变带来本科教学管理制度的强制性变迁；政府主导的高等教育大众化导致大学的性质与功能的转变；教育部本科教学评估对大学本科教学管理制度评估指标体系设计的结构性要素缺失，重制度的制订与执行，轻制度的监控与反馈；学校内部行政权力超越教学管理制度的价值，制度没有内化为教师特定知识因素形态的意识，没有内化为教师的学术理性等。[③]

总之，学者对高校教学管理制度存在的问题，尤其是对制度内容和制度设计中的刚性问题做了较为全面、深入的研究。但是，以往研究者对教学管理制度存在问题的研究多集中在制度的实体上，而对制度执行中存在的问题总结不够——比如对教学管理制度的制订与执行"脱钩"、教师对制度执行的阻抗等问题的研究没有引起重视。这也为本研究提供了思考空间。

2. 高校教学管理制度存在问题的原因解析

对高校教学管理制度存在的问题进行原因总结，大致可以分为外部因素和内部因素两种，或者分为硬因素和软因素两种。

---

① 张芊、刘海燕：《论高校教学管理制度设计中的缺失》，《江苏高教》2006 年第 6 期，第 57—59 页。

② 张波：《大学教学管理制度结构性失衡的社会学分析》，《高等教育研究》2008 年第 12 期，第 78—83 页。

③ 张波：《重构与再建：大学本科教学管理制度略论》，《国家教育行政学院学报》2009 年第 9 期，第 61—64 页。

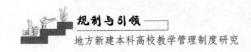

　　有些研究者认为，造成高校教学管理制度缺陷的原因可以归结为内外两个方面。主要的内因包括教育思想观念、苏联模式的影响、大学教学资源紧张、学生的自主学习能力偏低；主要的外因是指宏观的教育管理体制和"官本"的文化传统。① 此外，也有些学者专门从外部因素去分析高校教学管理制度面临的挑战：以社会转型为动因的外部制度环境的改变要求高校教学管理制度进行强制性变迁；高等教育大众化导致精英教育阶段的大学性质与功能发生转变；教育部开展的教学评估对高校教学管理制度的评估指标体系设计的结构性要素缺失，重制度的制订和实施，忽视制度的监督和反馈；行政权力集约化运行模式下教学管理制度价值的缺失。②

　　另外，还有些学者提出，现代高校教学管理制度存在问题的原因在于理论研究的不足和实践活动的缺失。理论研究的不足使得高校教学管理制度的建立一直在迷茫中探索，缺乏明确的方向；实践活动的缺失导致教学管理和学术管理糅合在一起，对教师的管理具有双重性，对学生的期望不切实际，致使目标发生置换。教学管理本应该为师生服务，最后变为师生应该自觉地服从管理以实现教学管理人员所要达到的目标，以组织目标代替大学中人的发展目标。③

　　除此，也有些学者认为："大学教学管理制度存在问题的原因是多方面的：高校超越国家法律规定的限制来制订制度；高校管理中'人治'传统的惯性造成高校个性化的竞争，这一竞争客观上为高校规范化、制度化和以约束为主要内容的管理设置了障碍；高校没有形成一套规范化的制度建设理念与措施，缺乏制度建设的规划，没有形成制度配套建设的有效机制，普遍存在轻视制度执行的现象。"④

---

　　① 郭冬升：《大学教学管理制度论》，北京：高等教育出版社2005年版，第141—154页。

　　② 张波：《重构与再建：大学本科教学管理制度略论》，《国家教育行政学院学报》2009年第9期，第61—64页。

　　③ 时伟、吴立保：《现代大学教学管理制度研究》，合肥：安徽大学出版社2006年版，第169—175页。

　　④ 谭秀森：《高校内部管理制度建设存在的问题、成因及对策分析》，《教育发展研究》2006年第10期，第65—68页。

还有些学者针对高校教学管理制度存在的结构性失衡问题，以社会学视角进行研究并总结为：缺乏对高校教学管理制度本质的理解和认识，将制度仅仅看成是规范的范畴，而没有看成是历史的范畴，没能完整地辨识高校教学管理制度是由制度的制订、实施、监控和反馈等环节有机构成；对制度"功能相关性"理解存在局限性，没能辩证地看待结构与功能之间的关系——结构失衡会造成功能失调，功能失调也是结构失衡的因素，结构和功能是耦合的；对人自身有限理性认识存在局限，表现为对高校教学管理制度理性选择不充分，同时对高校教学管理制度的功能存有太多的理性寄托，导致高校教学管理制度结构要素的缺失以及功能实现的失调。①

也有些学者从经济学的成本和收益比较的角度出发对高校教学管理制度的路径依赖问题进行分析，从大学面临的发展环境和自身的发展现状分析教学管理制度的组织趋同问题以及从学理和法理的契合程度去分析合法性机制缺失问题。②

总之，以往研究者在分析高校教学管理制度存在问题的原因时，较多地关注到了问题形成的外部因素——如宏观的教育管理体制、文化传统、教育价值观等，同时也分析到高校内部的某些原因——如管理价值观、学校内部的资源限制、教学管理人员的素质等。从教师层面看，学者大多认为，教学管理制度执行不到位主要是由教师观念有待更新、素质有待提高，以及教师资源紧张等因素造成，忽视了制度自身的合法性、合理性的缺失对制度执行个体和群体的影响。另外，对教学管理制度执行的效果如何，最直接体会的是学生，以往在研究教师的教学管理制度的执行情况时，只重视来自学生的证据，而忽视了对教师的调查。这些都为本研究提供了思考空间。

---

① 张波：《大学教学管理制度结构性失衡的社会学分析》，《高等教育研究》2008年第12期，第78—83页。

② 杨盛花：《制度分析理论视角下我国高校教学管理制度研究》，湖南大学硕士论文，2008年，第22—25页。

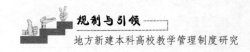

（三）完善高校教学管理制度的建议综述

综观学者的研究，对完善高校教学管理制度的建议主要集中在教育思想观念的转变、教学管理制度自身的完善、教学管理队伍素质的提高、权力分化以及运行机制和配套制度的建设等几个方面。

有些学者提出："大学应该在以院（系）为本、以师生为本、以服务为本等理念的指导下降低教学管理的重心，增强制度的弹性，强化制度的平等性和服务性，抓好制度变革的环境建设，逐步形成学校统筹协调、院（系）管理为主、师生自主发展、服务体系健全的教学管理新机制。"[1] 也有的学者提到，教学管理制度的改革要以师生为本，坚持"法理"和"学理"的统一；以院（系）为本，增强院（系）教学管理的活力；以服务教学为本，坚持管理和服务的统一；并结合某大学的经验来验证改革的必要性。[2] 还有些学者提出，教学管理制度的改革要树立人本理念、柔性理念和质量提升理念，重视学术自由，促进资源共享，促进教学质量的提高。[3] 此外，更有些学者针对教学管理制度人性化缺失进而提出，要坚持弹性管理和硬性管理相统一，以师为本与依法治教相统一，加强教学管理人员的队伍建设，创造和谐的教学环境等。[4] 秦小云将人性化管理上升为大学文化建设的高度，认为人性化管理的实现，先要修正非人性化的管理制度，并按照弹性、开放、重点的建设原则去建设人性化的高校教学管理制度。[5] 针对教学管理制度刚性过强、柔性不足等问题，有些学者提出要适度分权，给院（系）相应权力和责任，实施价值观管理、权变管理和分类管理，尽可能地做到刚

① 郭冬升：《大学教学管理制度论》，北京：高等教育出版社 2005 年版，第 186—226 页。

② 陈新民：《新建本科院校教学管理制度改革的思考与实践》，《中国大学教学》2005 年第 12 期，第 47—49 页。

③ 别敦荣：《以现代理念改革高校教学管理制度》，《中国高等教育》2007 年第 20 期，第 44—46 页。

④ 韦巧燕、李瑞贵：《高校教学管理制度人性化问题探讨》，《黑龙江高教研究》2009 年第 6 期，第 32—34 页。

⑤ 秦小云：《大学教学管理制度的人性化问题研究》，华中科技大学博士论文，2005 年，第 141—149 页。

柔相济。①

　　还有些学者从教学管理制度的配套制度建设的角度提出建议：加强教学培训制度的建设使大学教师"会教"，通过分配制度对教师利益分配的调整使教师"愿教"，通过监管制度的创新设计使大学教师树立"要教好"的意识。② 同时，还要加强组织制度、工作制度和激励制度的建立，促进教学管理制度体系的完善。③ 张波针对教学管理制度的结构性失衡问题指出，制度改进依赖于机制的改进，应完善设计机制、实施机制、监控机制和反馈机制。④

　　此外，有些学者从提高教学管理制度收益的角度提出，要降低教师在执行教学管理制度过程中的机会成本，要尊重和信任教师，提高制度的合理性。⑤ 还有些学者针对高校教学管理制度创新的文化障碍提出，要改革大学的教学观念文化，构建以人为本的管理理念，加强制度文化建设，深化院校两级管理结合的制度，促进制度的信息化和队伍的专业化，同时，还要加强行为文化建设，改革教学管理工作的现状，促进团结、协作的行为的养成。⑥

　　有些研究者针对制度分析理论的框架认为，中国高校教学管理制度的改革和创新要从以下几个方面来考虑：即以观念创新为主导推进高校教学管理制度变迁，解决路径依赖问题；建立完善的教学管理制度体系，形成制度的特色，解决制度的趋同问题；增强教学管理制度的"合

---

① 刘根厚：《刚柔相济之高校教学管理制度的创新建构》，《科技管理研究》2009 年第 7 期，第 257—259 页。

② 王向东：《大学教师教学管理制度的反思与完善——基于教学行为与制度关系的视角》，《现代大学教育》2011 年第 3 期，第 97—102 页。

③ 时伟：《现代大学教学管理制度的缺失与构建》，《中国高教研究》2006 年第 9 期，第 70—71 页。

④ 张波：《大学教学管理制度结构性失衡的社会学分析》，《高等教育研究》2008 年第 12 期，第 78—83 页。

⑤ 颜蕾：《从制度经济性角度认识高校教学管理制度的合理性》，《重庆工学院学报》2005 年第 9 期，第 140—142 页。

⑥ 王中华：《高校教学管理制度创新的文化障碍分析》，《当代教育科学》2008 年第 1 期，第 11—15 页。

法性"，解决制度的合法性机制缺失问题；营造良好的制度环境，为教学管理制度的实施提供良好的外部保证。①

总之，针对教学管理制度中存在的问题，研究者提出了许多很有价值的思考和建议，但也存在研究的不足。比如，有很多学者提出了应该转变教育思想观念，如管理观、价值观、师生观等，加强制度改进。也有些学者提出要完善制度环境，但是对制度环境的分析仅局限于实体的、正式的制度环境，缺乏对观念背后深层次的规范因素和文化—认知因素等非正式制度环境的分析。还有些学者认为，教学管理制度要改革，要树立人本的、柔性的理念，但对这些理念所代表的弹性管理制度和原有的刚性管理制度之间的关系以及二者各自的边界缺乏认识。另外，还有些学者将教学管理机制作为教学管理制度的外延进行研究，造成概念认识的模糊。应该说，大学本科教学管理制度中最本质的要义还在于制度自身。② 因此，要弥补原有制度的缺陷，还需要从制度结构要素的有机结合视角去促进制度自身的完善。

（四）高校教学管理制度的研究视角和研究方法综述

1. 高校教学管理制度研究的多学科视角

以往研究者所采用的研究视角主要包括管理学、经济学、文化学、社会学以及哲学价值观等学科视角。

从管理学的视角进行研究的学者比较多，成果比较丰富，相关的理论研究也比较成熟。刘根厚的学术论文《刚柔相济之高校教学管理制度的创新建构》和《三权统筹：创新高校教学管理制度的新举措》，郭冬升的学术著作《大学教学管理制度研究》，别敦荣的学术论文《以现代理念改革高校教学管理制度》，马廷奇的学术论文《教学自由与大学教学管理制度创新》，张芊等人的学术论文《论高校教学管理制度设计中的缺失》以及张波的学术论文《重构与再建：大学本科教学管理制度

---

① 杨盛花：《制度分析理论视角下我国高校教学管理制度研究》，湖南大学硕士论文，2008 年，第 40—46 页。

② 张波：《大学本科教学管理制度研究十年回顾》，《高等工程教育研究》2009 年第 5 期，第 127—131 页。

论略》等，采用的研究视角就是管理学的视角。管理学的视角注重管理理念的创新、教学管理组织机构的建设、教学管理队伍素质的提高、权力的统筹以及运行机制的完善等。

有些学者从新制度经济学视角进行研究。从经济学的角度研究制度，基本的人性假设是"有限理性经济人"，注重提高制度的效率和效益——通过制度的成本与收益的比较分析来选择制度，同时从制度执行力的微观基础出发，对个体追求自身利益最大化的目的进行承认。颜蕾分析了高校教学管理制度的供给与收益的关系，认为，只有在收益大于成本时，制度才是合理的，并且主要从教学的角度分析了高校教学管理制度的机会成本和制度效益，认为应该为教师创造一个充分发挥能量的空间，以体现对教师的充分信任和尊重，这样才符合高等教育的规律。[1] 周兴国等人运用新制度经济学的相关理论——比如委托—代理理论、博弈论、理性选择理论和信息不对称理论——来研究高校教学管理机制问题。[2] 王向东基于教师个体的教学行为和制度的关系，反思高校教学管理制度存在的问题，并且提出应通过制度对教师利益分配的调整使教师"愿教"。[3]

还有些学者从文化学的视角进行研究。如姜凌分析高校教学管理文化建设中制度文化的建设问题，认为制度文化的构建，要关注人际关系的研究；要注重领导方式的研究；要注重制度设计的科学性，对教学管理流程进行重组和优化，采用科学的方法进行量化管理，提高管理的效率等。[4] 王中华对高校教学管理制度创新的文化障碍因素进行分析，并

---

① 颜蕾：《从制度经济性角度认识高校教学管理制度的合理性》，《重庆工学院学报》2005年第9期，第140—142页。

② 周兴国、李子华：《高校教学管理机制研究》，合肥：安徽人民出版社2008年版，第52—67页。

③ 王向东：《大学教师教学管理制度的反思与完善——基于教学行为与制度关系的视角》，《现代大学教育》2011年第3期，第97—102页。

④ 姜凌：《学校教学管理制度文化的构建》，《教学与管理》2009年第2期，第20—21页。

探寻不同的文化障碍产生的背景，提出建设教学管理制度文化的策略。①

也有些学者从社会学的视角进行研究。他们注意将高校教学管理制度的研究放在开放的社会环境中进行，同时注意区分权力与权威的关系。权威是建立在合法性基础上的权力。有些学者引入布迪厄的场域理论对当前高校教学管理体制建立过程中存在的问题进行社会学的反思，认为其主要是由场域内制度设计和政策制订的关系主体的关系互动不足造成的。② 还有些学者对高校教学管理制度结构性失衡进行社会学分析，并提出改进相关的运行机制来保证教学管理制度功能的有效发挥。③ 此外，还有些学者借用社会学的分析视角对高等学校教学管理制度创新的特殊性、创新主体和创新路径等进行分析，将教学管理制度的创新放在社会环境中，依托政府、学校、社会个体等主体，通过强制性变迁和诱致性变迁结合的方式促进制度创新。④

从哲学价值观角度进行研究的学者，多论述教学管理制度的价值取向问题。韦巧燕的学术论文《高校教学管理制度人性化问题探讨》、秦小云的学术论文《大学教学管理制度的人性化问题研究》、胡建华的学术论文《论高校教学管理制度改革的价值取向》、梅小珊的学术论文《大学教学管理制度公正性研究——基于罗尔斯的公正观》等，均论述了教学管理制度的价值取向应该向"人本"转变，应坚持"人性善"的判断，努力追求制度的"公正"。

除此之外，结合制度社会学和经济学的视角，有些学者提出了高校教学管理制度存在制度趋同、合法性机制缺失、路径依赖问题等不足，最后指出：应以观念创新为主导推进高校教学管理制度变迁；应建立完

---

① 王中华：《高校教学管理制度创新的文化障碍分析》，《当代教育科学》2008 年第 1 期，第 11—15 页。

② 傅瑜慧：《当前高校教学管理的社会学反思：问题与对策》，《高教研究与实践》2012 年第 4 期，第 40—43 页。

③ 张波：《大学教学管理制度结构性失衡的社会学分析》，《高等教育研究》2008 年第 12 期，第 78—83 页。

④ 石利萍：《高等学校教学管理制度创新的特殊性、主体和路径》，《现代教育管理》2010 年第 4 期，第 71—73 页。

善的教学管理制度体系；应增强教学管理制度的"合法性"；应营造良好的制度环境。① 也有些学者从制度分析的视角对中国高校教学工作长效机制进行了探讨，用制度逻辑、组织趋同和合法性机制理论对教学思想更新缓慢、教学改革急功近利、人才培养机制缺乏创新等问题进行了分析。②

总之，对高校教学管理制度多学科视角的探索，推动了研究的多样化和深入化。不同的研究视角，其研究过程中所采用的研究范式是不一样的。经济学的研究注重的是效率的提高，注重的是成本和收益的比较，在方法论上是个人主义的。因此，从经济学的视角对教学管理制度的研究注重自下而上的分析，注重从微观个体的动机出发来研究制度的执行。而社会学的研究注重的则是整体性和开放性，注重将教学管理制度放在一定的社会环境中考察，注重环境中不同的利益相关者对制度的制订和执行的影响，其方法论是整体主义的。从管理学的视角进行的研究，注重的是教学管理制度系统内部不同要素之间的协调，包括权力的协调、职责的协调和运行机制的协调等，侧重从制度的动态运行去分析制度的执行。而运用哲学的价值分析要探讨的关键问题是如何在社会本位与个人发展之间做到兼顾。因此，教学管理制度价值取向的研究主要解决价值观的融合问题。总之，不同的研究视角对高校教学管理制度的研究不是泾渭分明的，最好的研究是以多学科融合的视角来进行研究。

2. 高校教学管理制度的研究方法

综观高校教学管理制度的研究成果，可以发现，研究者运用的具体的研究方法大致包括问卷调查法、访谈法、文本分析法、比较分析法、历史分析法、案例研究法和文献研究法等方法。

有些学者在对高校教学管理制度研究的过程中综合运用了多种研究方法：通过文献研究确定前人研究的成绩和存在的不足；通过问卷和访

① 杨盛花：《制度分析理论视角下我国高校教学管理制度研究》，湖南大学硕士论文，2008 年，第 40—46 页。
② 龙跃君、隋旺枚、翁秀珍：《制度分析视角下我国高校教学工作长效机制探讨》，《中国大学教学》2012 年第 2 期，第 63—65 页。

谈调查广泛了解大学教学管理工作者、大学教师和大学生的愿望，问卷结束后使用统计软件对数据进行分析处理；在了解高校教学管理制度的现状时还运用了文本分析的方法，通过网络资源获得十几所大学的教学管理制度的文本文件，据此进行相关的文本分析；同时，还用历史分析和比较分析的方法对中国不同历史时期的教学管理制度的基本特点和六个不同国家的高校本科教学管理制度进行总结介绍，为中国高校教学管理制度改革提供参照。① 另外，秦小云在研究高校教学管理制度的人性价值观、梅小珊在探讨高校教学管理制度的公正性问题、时伟在对现代高校教学管理制度进行相关研究之时，也综合运用了多种具体的研究方法，如文献研究、历史分析、案例分析、文本分析和比较研究等方法。同时，时伟还注意从马克思主义哲学方法论的高度以及中观层面——如人种志研究等——对其研究进行具体解读。这和其他学者相比，具有了更高的研究视野。②

　　还有些学者专门用案例分析的方法对高校教学管理制度在建设过程中存在的问题和取得的成就进行总结，并提出，高校教学管理制度建设是长期的系统化工程，需要在制度设计、制度执行与制度评估等环节不断创新和完善，从而为全面提升本科教学质量提供制度保障。③也有些学者用典型案例分析法来研究某所大学内部的某些教学管理制度的制度趋同、合法性机制缺失和路径依赖问题。④ 此外，还有些学者专门用调查的方法对当前高校教学管理制度与制度执行情况进行调查分析。⑤

---

　　① 郭冬升：《大学教学管理制度论》，北京：高等教育出版社2005年版，第16—17页。
　　② 时伟、吴立保：《现代大学教学管理制度研究》，合肥：安徽大学出版社2006年版，第33—35页。
　　③ 罗儒国、王姗姗：《本科教学管理制度建设的探索与思考——以武汉大学为例》，《黑龙江高教研究》2011年第3期，第13—16页。
　　④ 杨盛花：《制度分析理论视角下我国高校教学管理制度研究》，湖南大学硕士论文，2008年，第22—25页。
　　⑤ 唐点权：《关于大学生对当前高校教学管理现状满意度的调查》，《现代教育科学》2002年第5期，第62—63页。

综观以上研究可知，在对具体研究方法的选择使用上，学者们的选择基本符合各自研究的规范性要求，但仍存在一些不足之处：研究范式多以定性研究为主，定量研究不足；多以批判研究为主，建构式研究不足。如在上述问卷调查、访谈研究法中涉及数据的分析处理，而研究者却没有运用统计学的原理和方法对数据做出合理的统计和理论分析。还有，对以往高校教学管理制度的弊端批判有余，但是对高校教学管理制度该如何改革和创新则建构不足。如很多研究者都提到了当前高校教学管理制度刚性太强，缺乏人性化，因此，要加强柔性管理，以人为本，但是，对柔性管理和刚性管理各自的边界在哪里以及刚柔之间如何实现融合，缺乏有针对性的阐述，研究视角大多集中在管理学上。这就为本研究从管理学与社会学相结合的视角去解释这些问题提供了思考空间。

二　文献简评

随着国家对提高高校教学质量的重视和相关政策的逐渐出台，以及社会各方面对大学人才培养质量的问责，针对为教书育人提供服务和保障的高校教学管理制度研究日益成为了相关研究的重点和热点，从研究者丰富的研究成果可以看出学者的研究热情。虽然前辈学者对中国高校教学管理制度的研究取得了很大的成绩，但是依然存在研究的不足。这为本研究的开展提供了机会。

第一，以往对教学管理制度内涵与构成要素的研究，主要是借鉴管理学、新制度经济学等相关学科观点来进行分析。将制度的本质看成是约束行为主体的基本规则——包括组织机构的设置、权力的划分和运行机制的完善，或者是由正式制度和非正式制度构成。对教学管理制度的内涵和结构要素缺乏新制度社会学意义上的解读。没有认识到文化—认知层面的制度要素在教学管理中的重要性。因此，本研究试图对教学管理制度的内涵和结构要素进行新的探索，既承认传统的理性管理模式下规制性制度要素存在的意义，也关注规范性制度要素和文化—认知性制度要素的价值，寻找多层面内在结合的逻辑线索，以期对教学产生协调

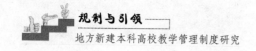

的促进作用。

第二，以往对教学管理制度的研究多是针对教师的"教"和学生的"学"进行笼统研究，对学生学习的管理制度研究较多，而针对教师的教学管理制度研究相对不足。在教学活动中，教师和学生虽是不可或缺的两大主体，但是所处的地位和作用却不是平行的，学生作为不成熟的个体，相对于教师来说还不是居于主导位置。要保证教学质量，第一位的还是要考虑教师的工作行为和工作态度是否有利于教学质量的提高，而对教师的教学行为和态度产生外部规约作用的关键就是教学管理制度。因此，本研究以教师的教学管理制度为研究对象，不仅符合现实的需要，也合乎理论的逻辑。

第三，以往对教学管理制度的实证研究，调查的对象主要是学生，通过学生的反馈来衡量教师的教学管理制度执行情况。制度的执行情况固然离不开来自学生的反馈，但是作为直接责任人，教师对教学管理制度执行的反馈信息也不能忽视，脱离教师的实证分析是不完整的。因此，本研究在对教学管理制度实施情况进行调查的过程中，既有来自学生对教学管理制度教师执行效果的调查反馈，也有来自教师对教学管理制度执行结果的反馈，同时还有相关领导者的反馈，这样才符合信息搜集的完整性要求。

第四，以往对教学管理制度存在问题的分析研究，多集中在对制度实体的刚性、惩罚性、权力分配不均、运行机制不健全等方面，侧重于从管理学视角去分析，而对成文制度在实施中存在的执行阻抗问题则缺乏深入的分析，尤其是对制度自身的合法性缺失等因素缺乏认识。这里的合法性，不单纯指的是韦伯所说的符合法律法规要求的合法性，更多指的是在社会认可基础上建立的一种权威。教学管理制度作为学校内部的制度安排，其合法性，不仅体现在符合学校外部的国家行政职能部门要求的合法性、受文化传统影响的合法性，还体现在学校内部的教师、学生等主体对其认同的合法性，而这主要取决于教学管理制度与教师需要的满足程度、与学校文化的契合程度。除此之外，规范性制度要素和文化—认知性制度要素这样的虚体性存在，因为它们是隐性的，不好量化研究，以往学者大多将其排除在外，而恰恰是这些隐性的制度要素对教学质量会产生实质性作用。本研究认为，要想系统地研究教学管理制度，如果避开隐性制度要素的研究会降低研究的说服力。因此，本研究认为，不仅要去研究它，而且有必要理顺不同类型制度要素间的关系，以促使其发挥协调作用。

总之，以往研究的结论不仅为本研究提供了研究的灵感，其研究的不足也为本研究的逻辑展开提供了机会。

第三节　研究内容与方法

一　研究目的

以地方新建本科高校教学管理制度的规制和引领为题进行研究，目的有二：一方面是想从理论上突破以往研究的思维定式，拓展教学管理制度外延的研究；另一方面是想要优化教学的制度环境，调动教师教学的积极性和自主性，提高教学质量。换句话说就是：

要从理论上突破传统的以现代科学管理的视角研究教学管理制度的惯性思维，从社会学开放的、交互的视角探讨教学管理制度的要素，并借鉴制度三要素理论框架来重构教学管理制度及具体的研究维度，拓宽制度研究的视阈。

要从实践上克服现行教学管理制度结构设计的缺陷，优化地方新建本科高校教学的制度环境，提高教学管理的合法性，保障教学的质量。

研究内容具体如下。

第一，了解当前地方新建本科高校内部教学管理制度的现状以及存在的主要问题。包括静态制度结构设计存在的缺陷以及具体的制度在执行中的问题，从而了解现行教学管理的不足。

第二，挖掘学校场域内对教学工作产生规约作用的非正式的教学管理制度要素——如主流价值观、责任规范，认知图式等，分析其在理论上与正式的制度要素之间的应然关系。

第三，探索重构教学管理制度。教学管理制度的逻辑起点在于对教

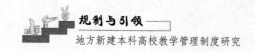

师人性、院校组织属性和制度本质的合理认识。因此，本研究以"制度化—利益人"假设、双重组织属性为逻辑起点，强调教学管理制度应该向"弱教务、强文化"① 方向推进，以期优化教学的制度环境。

二　研究思路

本研究的思路遵循着从提出问题到分析问题，再到通过理论构建解决问题，最后通过理论分析或者实证方式关照问题是否解决来进行逻辑安排。

首先，问题的提出和分析。问题的提出需要建立在对现状分析的基础上。本研究对地方新建本科高校当前教学管理制度现状的把握，主要从两个角度进行：一是从静态制度设计的角度把握当前教学管理制度构成的现状，并对教学管理制度设计的缺陷进行归纳；对教学管理制度设计缺陷的分析重点是从教学管理制度设计价值取向偏差的角度阐述。二是从动态执行的角度把握当前教学管理制度设计的实践困境，并从教学管理制度执行的个体角度和制度角度进行关键要素解析。

其次，通过理论构建来解决问题。借鉴制度三要素理论中制度内涵和作用关系的有关观点，结合对高校组织属性和教师群体人性的合理把握，尝试对教学管理制度进行重构，以期通过教学管理制度重构来解决总结出的问题。

最后，通过理论分析和实证方式说明教学管理制度重构的价值，并针对实证分析的结果提出不同层面制度要素优化完善的建议。

研究思路主要针对以下焦点问题展开。

一是当前教学管理制度的设计如何？存在什么样的设计缺陷？为什么？

二是当前教学管理制度的执行怎样？存在的主要问题是什么？原因何在？

三是制度三要素理论能否在教学管理制度重构的研究中加以应用？

---

① 注释：此处的"弱教务、强文化"是指要弱化教学管理部门的管制，增强主流价值观和积极的文化认知制度的营造，使其有机结合。

为什么?

四是在制度三要素理论视角下,教学管理制度的构成维度有哪些?具体体现在哪些方面?它们之间的关系应该如何认识?

五是教学管理制度的重构能否克服当前制度设计的缺陷,规避制度执行中的问题?

围绕以上问题,本研究按章顺序展开,共分六章。

第一章,绪论。对选题提出的背景以及研究意义给予说明,并就以往学者对相关问题的研究成果进行全面综述,为本研究提供丰富的文献基础。在此基础上,对本研究的目的、思路与方法等进行具体阐释。

第二章,相关理论问题的阐释。对本研究的核心概念进行界定,同时对主要的理论基础——制度三要素理论以及制度与人的关系的一般理论进行介绍和分析,为本研究奠定理论基础。

第三章,现状的静态描述。主要针对地方新建本科高校当前教学管理制度结构设计的现状进行客观的梳理和思考,包括对国家的高校教学管理制度设计的顶层指导以及对高校内部教学管理制度构成的梳理。其中对高校内部教学管理制度的具体安排进行梳理,主要是基于对教学任务模块的划分来进行,主要分析制度构成的线性逻辑,并从制度设计价值取向偏差的角度对现存制度设计的缺陷进行分析。

第四章,现状的动态把握。了解地方新建本科高校当前教学管理制度的执行现状,分析主要存在的问题。由于研究精力和能力的有限,本研究没有将所有的制度安排都作为调查对象展开现状研究,只是根据对教学管理者和教师群体的非正式访谈结果,选择了四个一致认为比较重要的教学管理制度安排——包括教学日常行为规定、教学督导制度、学生评教制度以及课堂教学改革政策——来进行调查研究。通过实证方式总结教学管理制度执行存在的主要问题,结合个体视角和制度视角做出归因分析。

第五章,制度三要素理论的应用。基于制度三要素理论,对地方新建本科高校教学管理制度进行重构,将研究视角与研究问题进行结合。先从理论上阐明"制度化—利益人"这一教学管理制度的逻辑起点,然后对制度三要素视角下的教学管理制度的多维构成进行探讨,并对多

维制度要素之间既相互独立、又相互依赖的关系进行解析。在此基础上，对制度重构的价值进行理论分析和实证分析，并提出不同制度要素优化建设的建议。

第六章，研究总结与展望。对本研究进行简单总结，包括主要的研究结论，主要的创新点与不足，并对后续研究的方向进行展望。

各章节关系如图1-1所示。

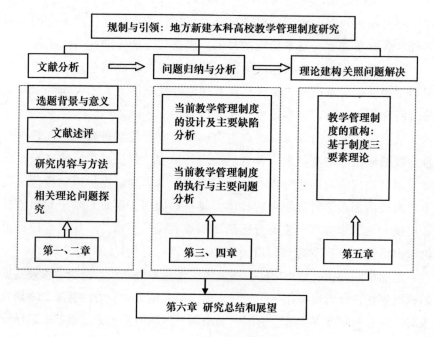

图1-1 各章节结构图

三 研究方法

问题的确定是研究方法选择的依据。肖川认为："问题就是事物发展中影响其发展变化的变量之间的我们要去探索的某种关系。"① 对研

---

① 肖川：《人文—社会学术研究中的感悟、思辨与实证》，《北京师范大学学报》（社会科学版）2009年第1期，第29—37页。

究问题所涉及的不同要素之间关系的明确是研究方法正确、合理选择的前提。对于研究方法的选择，不仅要清楚具体的研究方法，而且要从哲学方法论层面弄清楚具体方法选择的依据。只有研究问题的方法论明确，才能有针对性、有实效性地选择研究方式和研究方法。教育管理学的研究方法体系是分层次的，分为方法论层次、研究方式层次和具体的研究方法或者技术层次。① 下面就按照这样的层次划分来探讨一下本研究的研究方法体系。

（一）研究方法论

研究方法论是选择某一研究方式和具体研究方法的依据，有什么样的方法论就有什么样的研究方式的选择，有什么样的研究方式的选择就会有相应的、具体的研究方法的选择。一般来说，研究方法论的考量主要包括"研究方法是否合理？从怎样的研究角度来探讨问题？使用概念框架在逻辑上是否严密？"② 对这些问题的追问和反思有利于明确研究的方法论。研究方法论是由研究课题的本体性质决定的。本研究的主要问题为教学管理制度的重构，具体分为两个方面：一是地方新建本科高校当前教学管理制度的构成和执行是什么状态，有什么问题；二是在制度三要素视角下，教学管理制度的重构应该是什么结构，能否克服当前制度设计的缺陷，规避执行中的问题。

第一个问题，是对当前教学管理制度构成的静态梳理以及对其动态执行情况的研究，侧重发现现行科层管理范式下教学管理制度设计的不足以及实施的困境，为后面引出制度三要素视角下的制度重构提供现实基础。这是对制度实然状态的研究。在对制度设计缺陷进行分析时，我们主要从制度设计者的价值取向偏差角度来进行阐述，以肯定制度设计者在制度形成中的权力主体身份。在对制度执行中存在的问题进行分析时，我们没有将教师视为完全被动的管理对象，而是看到个体的能动选

---

① 张新平、陈红燕：《论教育管理学的"两层面三层次"方法体系》，《教育研究》2012年第10期，第12—18页。

② 肖川：《人文—社会学术研究中的感悟、思辨与实证》，《北京师范大学学报》（社会科学版）2009年第1期，第29—37页。

择对制度有效执行的影响。这些分析体现了制度分析的个体主义方法论思想。因此，在研究的方法论上侧重实证主义性质。

第二个问题，主要借鉴制度三要素理论的基本观点来重构地方新建本科高校教学管理制度，体现了制度分析的整体主义和个体主义结合的思想。

制度三要素理论是在综合各学科的制度研究成果的基础上，提出的一个相对完整的制度框架。所以，在方法论上呈现多学科系统整合的研究范式，既体现了经济学制度分析的个体主义方法论，重视个体对制度的理性选择以追求利益最大化的实现；也体现了社会学新制度分析的整体主义，兼顾了制度结构中的主流价值观（道德规范）和共享观念等对组织和个体的规约。

其中，经济学制度分析的个体主义方法论把个体的有目的性放在了第一位，充分关注个体对制度执行的理性选择。这里的理性选择更多体现在成本与预期收益的对比上，可以利用实证数据的对比来做出选择，体现了科学实证主义的范式特点，对于分析规制性制度要素具有重要的意义。新旧社会学制度分析重视规范性和文化性要素对行为者的制约作用，其整体主义的方法论思想肯定了制度的核心地位，并认为制度对组织结构和个人行为的规约是结构决定行为的基本体现，继而分析组织和个人的应对逻辑，具有人文主义研究的范式特点，对于探析规范性和文化—认知性制度要素对组织结构和个人行为的影响具有重要的价值。因此，制度三要素理论综合了制度分析的整体主义和个体主义的方法论思想。这种方法论思想对我们重构教学管理制度提供了方法论指导。因此，本研究在制度三要素理论的启发下对教学管理制度的重构，具有明显的人文思辨研究的特点。

总之，本研究在方法论层面上体现了制度分析的整体主义和个体主义的结合。

同时，本研究提到的教学管理制度，既承认从现代科学管理视角出发建构的由行政权力拥有者形成的教学管理规制性制度要素的存在，也关注其他权力主体在与教师非正式互动中所形成的道德规范和文化—认知性制度要素的存在，体现了社会学、教育学、后现代教育管理学等多学科视角的交叉。

因此，从哲学方法论的角度看，对教学管理制度设计和执行的研究遵循的正是系统整合的研究思想，注意将静态一般的制度思辨分析和动态的制度执行的实证研究相结合，既避免了单纯静态研究的刻板和僵化，同时也避免了纯动态研究缺乏理论反思的局限。另外，借鉴多学科的相关理论来进行研究、分析、解释，避免了对问题分析的单一性和盲目性。

本研究方法论层面的构思，如图 1-2 所示。

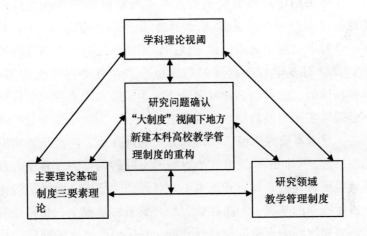

图 1-2　本研究方法论思路图

（二）研究方式

研究方式位于研究方法论与具体研究方法的中间地段。研究方法论主要是确定研究和工作的方向，研究方式主要确定研究和工作的主要途径和路线。[①] 研究方式的选择取决于研究方法论的确定，在以上对研究方法论的分析中，提到了以系统整合的思想为指导，既注意制度分

---

① 林聚任：《社会科学研究方法》，济南：山东人民出版社 2004 年版，第 20 页。

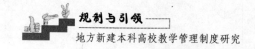

析的整体主义思想的运用，也注意制度分析的个体主义思想的兼顾；既注意对当前教学管理制度设计进行静态研究，也注意对其具体执行情况进行动态分析，为后续理论构建提供实践依据；既注意对制度进行事实问题的研究，也注意对事实问题背后的价值选择问题进行理性探究。

其中，对当前教学管理制度执行情况的研究，注意以事实材料为依据，将研究结论建立在调查实践基础上，依托丰富的数据和相关资料来证实问题的客观和真实。因此，在研究方式的选择上需要借助实证研究方式，以求结果的客观性和可靠性。

对制度三要素理论的引介以及在此理论视角下对教学管理制度重构的探讨，主要采用了思辨研究的方式。"思辨研究的本质是操作概念而不是操作事实。……但是这并不意味着经验事实在研究中不能出现。……经验事实扮演的角色就是试图证明所研究的概念或命题的真实性。"① 因此，对教学管理制度的重构也不是纯粹的抽象认识的结果，而是一种具体的、面对教学和教学管理的现实以及矛盾困惑而进行的思考，不是脱离实际的纯粹抽象的空洞思辨。

总之，对于本研究来说，在研究方式的选择上，注意思辨研究和实证研究相结合，不同的研究方式侧重研究不同的内容，二者没有截然分开。因为实证研究的开展，首先离不开对问题的把握，而问题的把握就需要在以往经验的基础上，站在他人研究成果的基础上，超越经验、超越他人，对观测到的现象进行整理分析，并提出要研究的问题。从发现问题到提出问题，这需要借助思辨研究方式来实现。同时，对于当前教学管理制度设计的缺陷以及在执行中存在的问题进行理论分析也要进行思辨研究。因此，虽然实证研究的领域在不断地扩大，但是无论如何不会将思辨研究取而代之。在本研究过程中，本研究尽量将实证研究和理论思辨研究进行相互结合。

（三）具体研究方法

在方法体系中，最下层的是具体研究方法，它是指那些在研究过程

① 张新平等：《教育管理学的方法体系》，北京：科学出版社 2012 年版，第 65 页。

中使用的具体的收集资料、分析资料的方法——如文献法、问卷法、访谈法及统计分析法等。风笑天曾经提出过十分有启发性的见解：世上没有最好的方法，只有最合适的方法。换言之，研究方法本身没有好坏之分，只存在运用的是否合适的问题。本研究的具体方法可以分为收集资料的方法和分析资料的方法两个方面。

1. 收集资料的方法

（1）文献研究

此方法就是对相关文献进行查阅、搜集、整理并力图探寻事物本质属性的一种研究方法。文献研究可以较全面地掌握课题的研究进展，帮助研究者选定研究课题和研究方向；为研究提供科学的论证依据和研究方法的启示；还可以避免重复劳动，在别人研究的成果基础上展开研究，提高课题研究的学术层次和研究效益。本研究查阅的文献包括专著、硕士学位论文、博士学位论文、核心期刊学术论文、英文教育数据库（ERIC、JSTOR、ASP 等）、调查报告、档案材料、《中国教育百科全书》等。文献研究为本研究提供了背景知识以及相关数据。

收集资料的范围主要有：一是关于地方新建本科高校办学定位研究的文献。目的在于通过文献的掌握进一步凸显将教学管理制度研究放在地方新建本科高校来进行的必要性和重要性；二是关于高校教学管理制度研究的相关论文和著作，有助于进一步深化对高校教学管理制度问题研究的认识，同时，也有助于把握当前中国高校教学管理制度的研究状态，了解研究背景；三是关于制度研究的文献和著作，主要包括组织社会学领域对制度研究的成果以及新制度经济学的相关研究成果，把握制度的内涵和结构要素、制度的影响机制以及组织和个人的应对策略等问题，对制度研究文献的分析有助于对高校教学管理制度进行视角的融合和方法论的整合；四是关于研究方法的文献，主要包括哲学系统论的方法论、制度分析的方法论以及具体教育研究方法等的文献。

（2）问卷研究

此方法是在研究方法论和相关教育理论的指导下，根据研究目的编制问卷，然后发放问卷、回收问卷，经过统计分析得出调查结果，获得

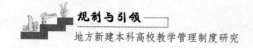
关于研究问题的事实依据，进而对研究问题形成科学认识和理性分析的一种研究方法。由于笔者的研究精力和研究能力有限，加上要对有关教学管理者和教师进行访谈调查，所以本研究没有以所有的教学管理制度为对象来对其执行情况开展调查，只是选择了几个有代表性的、较具体的制度安排作为问卷调查项目。因此，在选择测量指标的时候主要参照高校出台的制度文本的相关规定进行。同时，为了能够了解规范性制度要素和文化—认知性制度要素的接受情况，本研究也将其进行了指标的分解，分解为可以测量的认知和行为指标，以期通过对结果的统计了解制度要素被教师接受和认可的情况。

本研究问卷调查的目的：了解当前教学管理制度的执行情况，以及对规范性制度要素和认知性制度要素的接受现状，为后面进行理论构建提供事实依据。

本研究问卷调查的对象：以地方新建本科高校为研究范围，选择校内的专职教师、学生等为主要调查的对象。

本研究编制《地方新建本科高校教学管理制度执行情况》问卷（教师问卷和学生问卷）。

问卷的内容与编制依据：

《地方新建本科高校教学管理制度执行情况》问卷（教师问卷），其中对正式的教学管理规制性制度中教学日常行为规定的测量指标的设置，主要参考被调查学校相关的文本规定，以理论教学为对象，分为教学纪律、作业辅导、考试等环节；而其中对教学督导制度和学生评教制度的执行的测量指标的设置，主要是采取第三方督导和评价的方式来进行，教师是被督导和评价的对象，因此，对这两项制度执行情况的调查主要通过教师对这两种制度的熟悉程度、接受程度和行为改变程度来侧面了解其执行情况。

关于教学管理规范性制度要素和文化—认知性制度要素，相对来讲没有文本可以依据，但是可以通过被调查者适当的行为表现和主观认知等指标来衡量教师对其的接受和认可情况。

教学管理规范性制度要素，"应该对学生负责"的维度，被进一步细化为教师是否在教学中应该对学生进行学习规划引导、职业取向引导以及思想引导三个方面；"应该对学校负责"的维度，被进一步细化为教师是否支持学校教学改革政策、对教学中发现问题的研究兴趣以及提供建议的积极性、在教学中对学校历史和文化的宣传三个方面；"应该对学科负责"的维度，被进一步细化为对学科前沿的关注、对学科疑难问题解答所持的态度、用学科理论分析教学中发现的问题等三个方面。

教学管理文化—认知性制度要素，教师身份图式的维度，主要考察教师对教育者和研究者两种身份的认知倾向，从而推知对教学的影响；教学图式的维度，主要考察教师对教学的习惯认知与制度对教学的影响差异；管理图式的维度，主要考察教师对教学与管理的关系认知倾向，从而推知对教学的影响。

《地方新建本科高校教学管理制度执行情况调查问卷（学生问卷）》，主要了解学生对教师执行教学管理规制性制度的评价，将其与教师问卷中对规制性制度要素执行的结果进行对比，看结果是不是一致。如果不一致，对不一致的问题再进行访谈调查，找出问题的原因。

两个问卷均采用伦西斯·利克特（Rensis Likert）的五点量表，依次为"完全符合、比较符合、不确定、比较不符、完全不符"，得分分别对应为"5、4、3、2、1"。

（3）访谈研究

对于制度三要素视角下教学管理制度构成中的后两者来讲，不管是规范性制度要素还是文化—认知性制度要素，它们没有明文的制度文本可给研究提供调查的依据。再者，这两种都是隐性的制度要素，教师对其接受和内化的情况只能通过教师对具体事件的态度和行为表现来推断。因此，通过问卷调查的方法获得准确可靠的数据是有难度的，前面通过问卷调查获得的关于这两者的基本情况也仅是参考，因为这样做可以方便后面的实证分析。但是，为了更深入地了解隐性制度要素对当前制度执行受阻问题的关照情况，本研究采取了现场观察与深入访谈相结合的方法来获得更多的数据，以支撑论文的论点。

访谈目的：获得更真实、有效的数据资料，了解教学管理规范性制

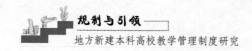
度要素以及文化—认知性制度要素在教师那里的接受情况、对教学的作用情况以及对当前制度执行的影响情况。

访谈对象：主要是高校内的一线教师和教学管理者。

访谈类型：正规访谈和非正规访谈。正规访谈主要采取半结构式访谈。在访谈前，访谈者与被访者约好时间和地点，并且根据研究需要，制订一个简单的访谈提纲。在正式访谈过程中，适当的根据实际情况对问题顺序和内容进行灵活调整，时间大约为30分钟。非正规访谈就是没有事先约定被访谈者，而是在与对方一起活动时，根据临场情况进行交谈，获得实质性信息。非正规访谈是在一种互相信任并且较为轻松的氛围中进行，可以获得比较深入的信息，对研究的帮助较大。

2. 分析资料的方法

是指对通过各种途径得来的数据资料进行分类整理，得到有用的信息。对文献资料的分析：主要采用文献归类、综述的方法，以不同研究的重点为标准，审视学术领域对这一问题的研究现状，从而找到研究的突破口；对实地问卷调查得到的数据分析：先进行有效性分辨，剔除无效问卷，然后利用 SPSS19.0 和 EXCEL 等统计数据分析软件进行相关的数据加工，从而得到能够支撑本研究的数据信息；对于访谈得到的录音材料的分析：先进行文字转录，从中找到访谈者对问题理解的共性信息，然后推导出信息与研究论点之间的关系。

第二章 理论探究：地方新建本科高校 教学管理制度的相关理论问题

在开展对地方新建本科高校教学管理制度的研究之前，我们有必要对其进行基本的理论探讨，包括对本研究核心概念的界定以及对理论基础的一般内容和适用性的分析。其中，理论基础的合理引介为提高研究的理论高度奠定了基础。

第一节 何为地方新建本科高校教学管理制度

核心概念的界定是任何学术研究逻辑展开的起始点。本研究基于地方新建本科高校对"教学管理制度"进行研究，首先要对"地方新建本科高校""教学管理""教学管理制度"等核心概念进行研究和界定，唯此才可能将本研究顺利展开。

一 地方新建本科高校的内涵与外延界定

从不同学者关于中国高等学校分类与定位的研究结果中可以看出，从不同的标准出发，所得出的高校划分结论是有差异的。总的来看，对高校的划分无外乎类型和层次两个方面。类型侧重的是高校的水平类型差异，而定位则更侧重于高校的垂直层次差异。[①] 类型的划分是层次定

---

① 陈武元、洪真裁：《关于中国高校分类与定位问题的思考》，《现代大学教育》2007 年第 2 期，第 56—59 页。

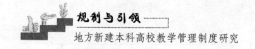

位的基础，层次定位准确有利于明确办学定位和人才培养目标的定位，也有利于找到办学的特色。

本研究所提到的地方新建本科高校主要涉及三个方面的因素：一是从宏观的管理关系角度看，以主管部门的行政层次为标准，将高校划分为中央各部委所属高校与地方高校两种。地方高校主要归其所在的省、自治区、直辖市或者地市管理。本研究提到的地方新建本科高校在管理主体上主要是以省市共管或以省管为主。二是从办学以及人才培养层次的定位看，本研究提到的地方新建高校主要以本科办学为主，兼顾专科办学，研究生教育缺乏。以此区别于以研究生培养为主的研究型大学，或以本科生培养为主兼顾研究生教育的教学研究型大学，以及以职业技能教育为主的高职高专院校。三是从地方新建本科高校形成的时间来看，主要指在 20 世纪 90 年代末 21 世纪初，伴随着高等教育大众化的到来而出现的一批地方新建本科高校，它相对于那些在 20 世纪 50 年代国家在大发展高等教育时举办的地方老牌本科高校来说是新建。

本研究没有将所有的高校作为研究的对象，而只以地方新建本科高校作为研究的样本范围，是出于研究实效性的考虑。由于中国在教育行政管理体制上采取的是中央集权化的管理模式，各高校内部管理制度的制订主要依据的是国家制订并颁布实施的各种教育法律法规、条例、政策文件等。因此，各高校的教学管理制度从显性的制度文本的内容和形式上看基本上是同形的，只是某些方面的具体表述有很小的差别而已。但是，对教学发挥规约作用的教学管理制度，除了显性的规制性制度以外，还有隐性的规范性制度和文化—认知性制度。后两者的作用较之前者更深入，更明显。而后两者的具体要素维度和作用发挥情况在不同类型、不同层次的高校中具有差异性，这与学校在长期办学过程中形成的文化制度环境以及管理模式的选择直接有关。如果笼统地研究"高校"，而不是聚焦到某一类型的高校中，恐怕研究的结论会具有很大的局限性。因此，基于研究的有效性，本论题对教学管理制度的研究选择的对象范围主要是地方新建本科高校。

二　教学管理的内涵释义

目前，从教学活动涉及的主体角度看，学者对教学活动的认识基本是一致的，包括教师的教和学生的学这样一个双边过程。教师的教在教学过程中起主导作用，学生的学对教师的教起到反馈制约作用，应该说学生的学习质量受教学质量的决定性影响。本研究提到的教学概念没有直接包括对学生学习的研究，只是将教师的教学提取出来，从制度视角分析影响教学的因素，但是，教学制度环境的优化最终还是指向学生的学习。因此，以教促学的目的潜在地蕴含于研究之中。

再者，本研究提到的教学概念除了从教学活动主体的角度进行界定以外，从教学活动的内容形式看，主要是以理论教学为主，尤其是课堂教学。实践教学由于研究精力、能力有限，暂时没有包括在讨论范围内。

前文对教学管理概念的研究综述中提到，目前，对教学管理内涵的认识大致可以分为两种思路，一种是现代科学主义管理的思路，将教学管理视为从上而下的刚性管理过程。在这一过程中，管理主体通过计划、组织、指挥、协调、控制等职能的履行对管理客体施加影响，以促使其按照管理者的要求实现组织目标；另一种是后现代人文主义管理的思路，将教学管理视为多极主体之间交往实践的相互影响过程，尤其重视自下而上的柔性引导。两种思路都有其合理性。本研究对教学管理的认识试图将两者进行结合，强调对教学的管理既要重视刚性的规制，更要重视柔性的价值引导和文化塑造。

具体来说，本研究对教学管理概念的认识借鉴了孙绵涛教授对教育管理活动主体和客体的认识观点，是一种"大教学管理"的概念。孙教授认为："教育管理活动的主体指的是教育管理活动中的人。……只有在教育管理活动中对自己所作用的对象有影响作用的人才是教育管理活动的主体。……这些主体一定是在具体的教育管理活动中的主体。这种具体的教育管理活动有有组织的正规的教育管理活动，也有无一定组

织形式的非正规的教育管理活动。"① 并且认为："在教育管理活动中，主体之所以能发挥主体的作用，主要是因为主体能对自己所作用的对象主动地施加影响。不能主动地施加影响的主体即使是在具体的教育管理活动过程中也不可能成为主体。主体要具有一定的权力（职位权力与非职位权力）、相应的能力和知识。"② 教学管理作为教育管理的一部分，对其主客体的认识可以借鉴这一个观点，对教学管理主客体界定的差异就影响到对教学管理概念的界定。

基于此，本研究认为，对地方新建本科高校教学管理可以从广义和狭义两个方面界定。从狭义上理解就是指学校内部各级主管教学的领导和相应的职能部门对教学工作进行的计划、组织、协调和控制等正式管理活动；广义的教学管理是指管理主体（职位权力拥有者和非职位权力拥有者）通过适当的途径、采取相应的手段对教学发挥影响作用的活动总和。这样的教学管理主体包括传统的学校教学管理者，如主管教学的学校领导、教务部门的领导、院（系）相关的管理者等。除此之外，广义上的教学管理主体还应该包括教学督导委员会、教学骨干、朋辈同事等。虽然学生也会对教师的教学产生影响作用，但是，从管理主体应具备的条件来看，学生的权力拥有、能力结构以及知识掌握都不能保证使其发挥实质的作用，再加上学校教学管理一直以来对学生所处的客体位置的固化思维更决定了学生对教学的反作用其实是很难真实发生的。因此，本研究对教学管理主体的认识是广义的，包括正式权力拥有者和非正式权力拥有者，如教学管理者、教学骨干、同事、同行等。

三 教学管理制度的内涵释义

（一）制度

随着学科的发展，不同学科的制度研究者们对制度内涵的认识趋于逐渐扩大，不再局限于将制度理解为规则、规范、组织机构、运行机制

---

① 孙绵涛：《教育管理学》，北京：人民教育出版社 2006 年版，第 149 页。
② 孙绵涛：《教育管理学》，北京：人民教育出版社 2006 年版，第 150—151 页。

的范畴，而是将文化、价值观、认识假定也纳入到制度构成中来进行研究。因此，借鉴学者们的研究结论，本研究对制度的理解也进行广义和狭义的界定。狭义的制度概念主要指在一定范围内由正式组织通过正式程序制订的对组织和个人的行为产生直接制约作用的明文的制度。广义的制度概念是指在一定范围内规约社会成员活动的行为框架，为成员提供进行相关活动需要遵循的公共规则和文化价值取向；包括正式的明文的制度，也包括默示的、隐性的约束因素，如价值观、规范、认知图式等。本研究在探讨教学管理制度的定义时，主要采用广义的制度概念。

2. 教学管理制度

目前学术界对教学管理制度的界定基本上都是将教学和学生学习放在一起笼统的界定，没有单独对教学管理制度进行界定。从教与学的关系看，二者确实不可分割。但是，本研究旨在研究学校场域中教学管理制度的构成要素，没有将学生的相关管理制度作为研究对象。也就是说，本研究中提到的教学管理制度只是针对教师的教学管理制度研究。

目前，学者们对教学管理制度内涵的认识主要受管理学、新制度经济学的影响较大。从管理学视角出发，受现代理性管理思维的影响，学者们将教学管理制度视为制约教学行为、提高教学管理效率的手段，侧重显性的教学管理制度的制订和实施研究。从新制度经济学视角出发，学者们受新制度经济学中对制度内涵认识的启发，对教学管理制度的认识相比管理学的认识要宽泛。从制度存在的形态以及作用机制出发将其分为正式的教学管理制度和非正式的教学管理制度以及运行机制等。由于非正式的教学管理制度体现了非理性管理的色彩，很难把握，因此，学者们大多仅局限于对正式的教学管理制度进行研究，这样的研究思路与管理学的研究殊途同归。

本研究参考以往学者们对教学管理制度的界定，依据前文对制度和教学管理的界定，对教学管理制度也从广义和狭义两方面来认识。狭义的教学管理制度是指学校中拥有教学管理行政权力的部门和人员通过正式的程序制订的对教学产生直接制约作用的明文的制度；广义的教学管理制度是指在地方新建本科高校的教学管理活动中多元主体之间互动形

57

成的规约教学活动的行为框架，它为教师提供进行教学活动需要遵循的公共规则和文化价值取向。本研究选择广义的概念界定，即本研究中的教学管理制度不仅包括规制性的行为规则，还包括规范性的价值观、程序性规范以及群体认知图式和行为模式等，是一个包括多层面制度要素的综合概念。

3. 教学管理制度多层面构成何以存在

在对教学管理制度的概念界定之后，需要对教学管理制度的多层面构成何以存在，亦即是否存在教学管理制度的多层面这一问题做理论与实践上的思考。

无论对制度做哪种解释，有一点是确定无疑的，即制度是场域中利益相关者交往实践而形成的一种关系的存在。它为关系中的存在者提供行为的意义框架，包括缔结而成的显性的制度规则，也包括隐性的价值观、文化认知、意识形态等。两者共同构成作用于行为者的制度环境。在显性制度要素没有出现之前，关系者之间的交往依赖的往往是共享的价值观、道德规范等。显性制度要素的出现也没有替代隐性制度规范的作用，只是依据其强制力更好地促使关系者之间的关系得以稳定。

从这个角度说，教学管理制度作为一种处理教学管理场域中教师、学校、教学管理者、同事等利益相关者关系的存在，自身也蕴含着制度的一些特征，尤其是制度的多面性特征，包括成文制度和非成文制度这样两种制度形态。这里，关键问题是教学管理场域相对于其他的组织管理领域来讲有无独特的制度构成。这取决于教学管理场域中关系体的角色和工作与其他组织管理中的对象是否存在显著的差异。如果高校教师的教学工作和其他的组织成员工作存在很大差异的话，那么教学管理制度的构成也应该与其他的组织成员管理制度的构成存在差异性。

美国组织社会学家艾兹奥尼（Etzioni, A. W.）根据组织依赖的、使成员服从组织管理的手段的差异将社会组织分为强制性组织、功利性组织和规范性组织，并且认为，学校是一个规范性组织，主要依赖道德规范使成员服从组织管理，实现组织目标。

高校作为培养专业人才的组织也具有一般学校的共性特质，即高校从本质上看也是规范性组织，不同于强制性组织和功利性组织，其内部，教师作为一个特殊的职业群体，相对于其他行业，具有较高的知识层次、较强的专业自主性、较明显的学科背景，其教学行为更多体现的是一种个体性、艺术性、道德性等特点。① 罗伯特·伯恩鲍姆在《大学运行模式》一书中提到："影响学校教学行为的主要因素是，学术自由和道德行为等已经得到内化的原则、被视为共享其价值的与同事的沟通，而不是工资的增加或惧怕管理人员的惩罚。"② 因此，对教学行为的管理提供的行为框架不能仅依靠硬性的成文规则来控制，因为教学活动涉及了人以及人的情感与价值，这些东西都大大超出了科学控制的范围。③ 对教学行为的制约和引导还要体现隐性的群体伦理道德规范的作用，以及共享的积极文化氛围对教学的引导。因此，只有刚柔相济，不仅重视刚性的、成文的教学管理制度的作用，而且重视柔性的教学管理制度要素的作用，才能有利于促进教学积极性的提高和教学质量的提升。从这一角度看，教学管理制度应该是多面的存在，不同层面的教学管理制度要素共同构成教学活动开展的制度环境。

另外，从实践中发现的若干有趣的现象，也能说明在地方新建本科高校内部对教学产生规约作用的不只是学校制订并实施的一系列明文的制度文本和工作制度。诸如，在学校中，很多教师对教学管理部门制订并实施的制度文本并不是很熟悉，但是，他们却能够在不触犯制度的情况下按部就班地完成教学任务；学校新引进的年轻教师在没有获得充分的教学管理制度培训的情况下，也能够不违背学校的制度，完成教学任务等。这些现象说明，在学校教学管理场域中对教学行为产生制约作用

---

① 谢维和：《教育活动的社会学分析——一种教育社会学的研究》，北京：教育科学出版社2000年版，第111—113页。

② ［美］罗伯特·伯恩鲍姆：《大学运行模式——大学组织与领导的控制系统》，别敦荣主译，青岛：中国海洋大学出版社2002年版，第15页。

③ ［美］罗伯特·伯恩鲍姆：《大学运行模式——大学组织与领导的控制系统》，别敦荣主译，青岛：中国海洋大学出版社2002年版，第113页。

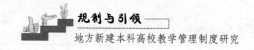

的不单纯有明文规定的制度文本、相应的组织机构，还有隐性的在教师间不自觉传递的主流价值观、程序规范、认知图式或者行为模板等制度要素。后者往往比前者的作用更直接、更有效。但是，前者的制订和执行也为后者的作用发挥提供了秩序保证。因此，不管是从理论上依据高校的组织属性、教师的工作特性，还是从实践的现实把握上都能充分地证明，在地方新建本科高校教学管理场域中对教学行为产生规约作用的教学管理制度应该是多面的存在。所以，教学管理制度的重构优化需要扩宽研究视阈，从"大制度"视阈下来研究这一问题。

第二节　制度三要素的构成与关系解析

教学管理制度是不是仅仅体现为一系列正式制度？教学管理复杂的现实一再的证明：仅凭规制性的成文规则实施教学管理往往会使制度设计者们处于尴尬的境地。因为，常常会出现这样的情况：制度制订者一般会对他们设计和推行的制度安排抱有很高的期望，但是制度实际带来的作用效果却与他们的预期存在差距。问题症结在哪里，是不是仅仅由于制度执行者的利益未满足而导致的？如果把原因归结于此，那么在学校与教师的关系定位上就仅限于经济关系。显然，这是欠妥当的。学校对教师进行教学管理的目的除了经济关系的考虑，还是人才培养、文化传承等公共职能和道义的体现。如何在肯定教师基本利益需要的基础上实现教师社会身份的建构？这就需要反思教师身份建构所依赖的教学管理制度环境。传统的科层管理模式，为了保障教学行为符合学校的需要，往往制订多样的制度，忽视价值规范、文化符号等对人的约束和规范作用。但是，在强制度规约之下，教师"经济人"的人性被激发，极易诱发教师的功利主义倾向。为此，在研究教学管理制度时，需要对以往简单化、单向度、线性化的科层管理思维模式进行反思，代之以广义的制度观念来审视教学管理制度的构成。新制度社会学中制度三要素理论的基本观点为本研究带来了重要启示。

一 制度三要素理论的基本观点

W. 理查德·斯科特（Scott, W. Richard）是新制度主义社会学的代表，他认为："尽管新制度主义有自己的强调重点和独特见解，但它并不是和旧制度主义完全断裂的，新制度主义是在旧制度主义的基础上发展起来的。"[①] 因此，斯科特教授没有刻意地区分制度主义的新与旧，而是把制度看作是一个从过去到现在的连贯过程[②]，并提出了综合性的制度概念和制度分析框架。

（一）什么是制度

斯科特认为："制度包括为社会生活提供稳定性和意义的规制性、规范性和文化—认知性要素，以及相关的活动与资源。"[③] 由此看出："斯科特将新旧制度主义对制度的理解给以综合，既突破了旧制度社会学中制度即规范（道德）的简单认识，又拓展了制度的含义，不仅向上拓展了其法令的层面，而且向下拓展了其认知的层面。"[④] 在他看来："制度具有多重面相，是由符号性要素、社会活动和物质资源构成的持久社会结构。"[⑤] 其中符号性要素是核心。根据制度研究者对制度要素研究的侧重，符号要素可以分为规制性制度要素（Regulative）、规范性制度要素（Normative）和文化—认知性（Cultural-Cognitive）制度要素三种。[⑥] 规制性制度要素主要指那些需要行为者明确遵守的法律规章；规范性制度要素指那些在场

---

① W. 理查德·斯科特：《比较制度分析的若干要素》，《北京大学教育评论》2007 年第 1 期，第 2—14 页。

② 陈超：《中国重点大学制度建设中的政府干预研究》，广州：广东高等教育出版社 2009 年版，第 14 页。

③ ［美］W. 理查德·斯科特：《制度与组织——思想观念与物质利益》（第 3 版），姚伟、王黎芳译，北京：中国人民大学出版社 2010 年版，第 56 页。

④ 罗燕：《教育的新制度主义分析——一种教育社会学理论和实践》，《清华大学教育研究》2003 年第 6 期，第 28—34、72 页。

⑤ ［美］W. 理查德·斯科特：《制度与组织——思想观念与物质利益》（第 3 版），姚伟、王黎芳译，北京：中国人民大学出版社 2010 年版，第 56 页。

⑥ Scott, W. Richard, *Institutions and Organizations*, California: Sage publication, 2001, pp. 49 – 58.

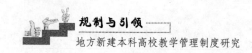

域内部被行为者感知到的应该这么做的价值期待；文化—认知性制度要素主要指被人们共享的认知图式和行为惯例。这三大基础要素构成了一个连续体，"其一端是有意识的要素，另一端是无意识的要素；其一端是合法地实施的要素，另一端则被视为当然的要素"。① 它们以相互独立或者相互强化的方式构成一种具有弹性的行为框架。而在一套复杂的制度结构中，这三种制度形态一般是同时存在的，共同构成制度分析的框架，即制度的三根支柱（Three Pillars of Institutions）。②

（二）制度的三大基础要素

斯科特不仅提出了一个综合的"制度"概念，而且对制度构成的三个层面的多维特征进行总结概括。具体见表2-1。

表2-1 制度的三大基础要素③

	规制性要素	规范性要素	文化—认知性要素
遵守基础	权宜性应对	社会责任	视若当然、共同理解
秩序基础	规制性规则	约束性期待	建构性图式
扩散机制	强制	规范	模仿
逻辑类型	工具性	适当性	正统性
系列指标	规则、法律、奖惩	合格证明、资格承认	共同信念、共同行动逻辑、同形
情感反应	内疚/清白	羞耻/荣誉	确定/惶惑
合法性基础	法律制裁	道德支配	可理解、可认可的文化支持

1. 规制性制度要素

规制性制度要素的秩序基础是规制性的规则，这些规则必须去遵守，否则就会受到规则的处罚。新制度经济学家道格拉斯·诺思归纳了

① ［美］W. 理查德·斯科特：《制度与组织——思想观念与物质利益》（第3版），姚伟、王黎芳译，北京：中国人民大学出版社2010年版，第59页。

② 房敏、傅树京：《新制度主义理论对学校组织发展的启示》，《教学与管理》2014年第6期，第1—4页。

③ ［美］W. 理查德·斯科特：《制度与组织——思想观念与物质利益》（第3版），姚伟、王黎芳译，北京：中国人民大学出版社2010年版，第59页。

规则系统的特征和作用机制："（制度）完全类似与竞技体育运动的比赛规则……如果运动员违反正式的规则与非正式的律令，就会被制裁和惩罚。因此，制度运行的实质内容之一，就是确保违反规则与律令会付出沉重的代价，以及受到严厉的惩罚。"① 可见，为了保证竞争性群体的竞争有秩序，就需要建立规制性规则，而利益个体或群体要追求自己的利益就要权宜应对规则，将遵守规则视为达到获取利益的工具或手段。由此可知，规制性制度对行为对象的作用机制是强制，强制的前提假设是制度制订者认为制度本身是有效的，并且遵守制度与利益的获得直接有关。因此，行为者只要遵守制度就可以获得必要的资源。它强调约束的外在性。但是，社会学家认为法律、法规等制度如果仅以强制性和外生性的方式运行，会存在很多争议和模糊性，实际执行力受限。如果把法律规则看成建构意义与集体理解的场合，依靠认知性和规范性要素而非强制性要素来实施其影响则更为恰当。②

2. 规范性制度要素

旧制度社会学家比较强调制度的这一个层面，认为制度就是通过道德或者责任、主流价值观等来制约人们的行为。规范性制度要素包括价值观和规范。所谓价值观，是指行为者所偏好的观念或者所需要的、有价值的观念，以及用来比较和评价现存结构或行为的各种标准。③ 规范则规定事情应该如何完成，并规定追求所要结果的合法方式或手段。④ 简单地说，规范性制度要素主要是指那些大家认为应该这么做的、恰当的、合理的规范、义务和责任，对组织或社会成员具有规约性，但是没有强制性，如果不遵守不会受到制度的制裁，只会受到圈内人的道德谴

---

① ［美］W. 理查德·斯科特：《制度与组织——思想观念与物质利益》（第3版），姚伟、王黎芳译，北京：中国人民大学出版社2010年版，第60页。

② ［美］W. 理查德·斯科特：《制度与组织——思想观念与物质利益》（第3版），姚伟、王黎芳译，北京：中国人民大学出版社2010年版，第62页。

③ ［美］W. 理查德·斯科特：《制度与组织——思想观念与物质利益》（第3版），姚伟、王黎芳译，北京：中国人民大学出版社2010年版，第63页。

④ ［美］W. 理查德·斯科特：《制度与组织——思想观念与物质利益》（第3版），姚伟、王黎芳译，北京：中国人民大学出版社2010年版，第63页。

责、关系排斥以至于失去在圈内生存和发展的合法性资源。① 这其中，行为者被假设为"社会人"，而非理性计算者。② 较之有形的经济利益，他们会更关注自己与社会生活圈之间的关系及其身份的确认。因此，组织或社会成员出于"适当性的逻辑"而非"工具性逻辑"逐渐内化社会责任，使行为符合社会性的期待。与从外部强加的规则和法律不同，规范性要素虽然在形式上也是外在的，体现了外在利益相关主体的价值期待，但是它的作用发挥却没有强制性，它依靠的是行为主体对价值期待的认同和内化，从而产生符合价值期待的行为表现，伴随产生的情感，有因遵守规范而产生的荣誉感与自豪感和因违背规范而产生的羞耻感。

3. 文化—认知性制度要素

关注制度的文化—认知性维度，是社会学与组织研究的新制度主义最显著的特征。③ 文化—认知性制度要素是指那些被广泛接受的知识和特定看问题的思维方式和行为逻辑。④ 个人在行为过程中没有过多的考虑利益和规范，一切都是"理所当然"（Take It For Granted）的，制度为行为者提供了一套特定的意义加工系统，行为者据此可以并且只能对外部刺激进行特定的理解，并做出程序化了的行为反应。共享的文化信念外在于给定的个人，但运行于每个人的内心，为他们提供"思维软件"。⑤ 也就是说，参与者内在的理解是由外在的文化框架所塑造的。个体在共同理解的、大家视若当然的文化意义的影响下，主动地建构自己的认知，使自己的认知符合共享意义。人们遵守文化—认知性制度，

---

① 房敏、傅树京：《新制度主义理论对学校组织发展的启示》，《教学与管理》2014 年第 6 期，第 1—4 页。

② W. 理查德·斯科特：《比较制度分析的若干要素》，《北京大学教育评论》2007 年第 1 期，第 2—14 页。

③ ［美］W. 理查德·斯科特：《制度与组织——思想观念与物质利益》（第 3 版），姚伟、王黎芳译，北京：中国人民大学出版社 2010 年版，第 65 页。

④ 房敏、傅树京：《新制度主义理论对学校组织发展的启示》，《教学与管理》2014 年第 6 期，第 1—4 页。

⑤ ［美］W. 理查德·斯科特、杰拉尔德·F. 戴维斯：《组织理论：理性、自然与开放系统的视角》，高俊山译，北京：中国人民大学出版社 2011 年版，第 244 页。

遵守某种惯例，是因为人们将它视为理所当然的恰当方式，强调行为模板或者说是榜样对于特定种类的行为者所具有的力量。与文化—认知要素相适应的情感包括因与主流文化信念相亲近的确定感与信心，以及因与主流文化相左的困惑感与迷失。

4. 三种制度要素的关系

在现实的社会生活环境中，三大制度基础要素应该是同时存在的。在任何发育完全的制度系统里，都存在三方面的力量或要素，他们互相作用促进有序的行为。① 文化—认知要素位于最深层次……包含一些无意识的信念和想当然的基本假定，是最固执的。相反，受制度论学者最大关注的管制要素则位于表层，容易设计或更改，与规范要素和文化—认知要素相比，也更加肤浅。② 它被人们视若当然而接受，得到规范的许可和权威化权力支持的实践更持久和稳定。但是，三种制度要素之间如果出现错误的结合，比如，规制性制度太烦琐、刚性太强，与成员接受的理所当然的基本假定不相适应的话，就可能会引发成员的认同危机，遭到抵制，甚至极有可能导致制度的变革。再比如，组织中被大部分成员视为理所当然的实践活动，如果不能得到规范的认可和权威化权力支持的话，就意味着认知存在危机，潜藏着变革的需要，同时也说明组织共同体文化建设的缺失。因此，制度构成的三根支柱应该是有机结合的关系，否则就会出现制度认同的合法性危机。

（三）能动性与制度的传递载体

新制度理论的突出特征在于优先强调社会结构的连贯性和制约性，但并不必然排除对个体行为者和集体行为者创造、维持和转换制度的各种行动方式的关注。即新制度在强调制度对行为者和组织的制约性的同时，依然承认行为者在制度中的能动性对制度作用效果以及制度变革的影响。

---

① ［美］W. 理查德·斯科特、杰拉尔德·F. 戴维斯：《组织理论：理性、自然与开放系统的视角》，高俊山译，北京：中国人民大学出版社 2011 年版，第 242 页。

② ［美］W. 理查德·斯科特、杰拉尔德·F. 戴维斯：《组织理论：理性、自然与开放系统的视角》，高俊山译，北京：中国人民大学出版社 2011 年版，第 245 页。

1. 关照行为者能动性的理论依据

新制度社会学者对制度行为者在制度约束和其能动性之间相互联系的关照，主要理论依据是吉登斯的结构化理论。他认为，社会结构是作为模式化的社会活动而存在的，并且整合了在社会实践中被不断再生产出来的规则、关系和资源。同时，他还提出："社会结构具有二重性，即社会结构既是社会行动的产物，又是社会行动的平台。"① 行为者进行社会实践，既受到社会结构的制约，也具有能动性。这样的行为者，从理性选择模型角度可以视为是追求已有的确定偏好的行为者，或者是利益与口味会随着行动的进行而不断变化和发现的个人。② 既然行为者"能够采用'如果不这样，就采取其他行动'的应对策略，也就说明他们可以对社会活动进行干预，并且能够控制这样的干预，从而影响特定过程的结果或特定事件的状态"。③ 这一背后的逻辑假设是：具有感知理解和选择能力的行为者是其行动反应与社会结构之间的中介。行为者在一定的社会结构中，会依据其对社会结构的感知和判断来采取应对策略，如默认或遵守策略、妥协策略、回避策略、反抗策略以及操纵策略等。通过能动性的发挥，实现个体或者集体在社会结构中的结构化，即新制度学者提出的制度化，从而获得制度中的自由。

在肯定了在制度形成过程中的行为者具有能动性的基础上，新制度学者总结了制度性的能动者的特点：他们以不同的面目出现，可能是个体行为者，也可能是集体行为者，比如：政府，它天然就具有合法的制订规则的特权；专业人员，主要依靠设计新的规范标准来运行文化—认知性制度；精英，他依托掌握的资源或者在关系网络中的位置来发挥影响力；普通参与者，他主要通过自下而上的方式影响制度的形成和作用发挥。虽然

① ［美］W. 理查德·斯科特：《制度与组织——思想观念与物质利益》（第 3 版），姚伟、王黎芳译，北京：中国人民大学出版社 2010 年版，第 86 页。

② ［美］W. 理查德·斯科特：《制度与组织——思想观念与物质利益》（第 3 版），姚伟、王黎芳译，北京：中国人民大学出版社 2010 年版，第 87 页。

③ Giddens, Anthony, *Central Problems in Social Theory: Action, Structure and Contradiction in Social Analysis*, Berkeley: University of California Press, 1984, p. 14.

他们有时候不能起到直接的决定作用，但是却可以有意无意地参与到制度的再生产和重构中。正是因为在制度形成过程中有如此多样化的制度性能动者的存在，所以对其利益满足就不得不考虑，不得不进行适当的激励。

2. 制度的传递载体

在制度形成之后不会自动地产生作用，它需要借助一定的传递者进行扩散，从而促使自身能够合法的再生产。不同的制度要素需要不同的传递载体，在总结前人的基础上，斯科特提炼了四类制度传递者，即符号系统、关系系统、惯例以及人工器物。具体见表 2 - 2。

表 2 - 2　　　　　　　　**制度的基础要素与传递载体**①

制度要素 载体	规制性要素	规范性要素	文化—认知性要素
符号系统	规则、法律	价值观、期待	范畴、图式
关系系统	治理系统、权力系统	政体、权威系统	身份，同形
惯例	协议草案、标准运行程序	工作角色，义务的遵守	脚本
人工器物	遵守命令性规定的客体	整合惯例、标准的客体	拥有象征价值的客体

由表 2 - 2 可知，每一种制度要素都可能采用四类传递载体，但是他们在四类载体的具体选择上还是有很大的区别。比如，在符号系统这一载体上，规制性制度要素倾向于明文的规则、法律；规范性制度要素倾向于价值观与责任期待；文化—认知性制度要素倾向于共享的概念范畴和认知图式。在关系系统载体上，规制性制度要素主要依靠权力系统；规范性制度要素主要依靠权威系统；文化—认知性制度要素依靠强烈的身份意识和行为同形来传递等。通过不同载体的传递，制度到达组织和个体，经过组织和个体的剪辑和过滤从而对行为产生相应的规约作用。

---

① ［美］W. 理查德·斯科特：《制度与组织——思想观念与物质利益》（第 3 版），姚伟、王黎芳译，北京：中国人民大学出版社 2010 年版，第 88 页。

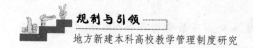

二 制度三要素理论之于教学管理制度研究的价值

（一）运用制度三要素理论重构教学管理制度的适切性

制度三要素理论框架是综合了西方众多制度理论研究者的研究结论而构建的。它对于分析组织在制度环境中的适应问题以及政策的执行问题是非常契合的。目前，很多研究组织问题和政策执行问题的学者已经开始将研究的视角放在制度上，放在场域层面来分析。比如柯政（2011）对基础教育阶段新课程改革政策实施行为的新制度主义分析，就应用了制度三要素理论框架，分别从规制性、规范性以及文化—认知性制度要素入手探讨不同制度要素对新课程政策实施行为的影响，进而提出完善制度环境的策略。陈超（2009）对中国重点大学制度建设中的政府干预问题进行研究，也应用了这一理论框架构建政府干预重点大学制度建设的方式，并对干预的合法性进行实证分析。罗燕（2006）对教育产业化的制度分析等，均是对政策或制度执行的场域外部的宏观分析。另外，罗燕（2005）对2003年北京大学人事制度变革的分析以及史璞（2012）对大学实施绩效管理的制度基础的探析等又是依托该理论框架进行的场域内部的微观分析，从规制性制度、规范性制度以及文化—认知性制度要素的缺失探讨北京大学人事制度改革为何失败以及大学绩效管理实施的困境。

综观这些研究，尤其是利用制度三要素理论进行的微观研究发现，他们基本上是从"大制度"视角探讨制度实施的困境。学者们在三要素理论的启发下，对制度的理解没有局限在正式的成文规则上，而是将责任规范、认知图式、意识形态等要素也纳入到制度结构中来探讨制度的实施。那么，这样一个理论能否迁移到本研究中来为研究提供理论的启示和结构搭建的基础作用，这是在运用理论框架进行本研究之前要充分考虑的问题，即理论运用的适切性分析。适切性的分析不仅需要从理论上分析该理论形成的理论逻辑在本研究中是否存在，还要从教学管理制度的执行现状中寻求证据支持。

首先，从理论适用的逻辑起点来看，制度三要素理论在分析组织适应性问题和政策执行问题时，都意识到组织的发展和政策的执行不是在真空中进行的，而是受到技术环境和制度环境的双重约束。相比较而言，制度环境的影响更广泛和彻底。它是通过利益选择的激励机制来发挥制约作用。也就是说，在制度环境下，组织的结构设置和策略选择以及相关政策的执行都是在一定激励机制作用下的制度化行为，唯此，组织才能获得生存和发展的合法性，只不过不同类型的制度其影响机制不同而已。由此，这样的行为逻辑起点在本研究中是否存在就成为能否借用此理论的关键。如果能推断出教学行为也是制度化行为，受制度环境的影响，那么该理论的逻辑起点在本研究中就是存在的，进而这样的制度环境由什么制度要素构成就成为理所当然要探讨的首要问题。

那么，教学受什么环境的影响呢？教学行为同样受到技术环境和制度环境的约束，技术环境包括教师的专业素质、学生的整体素质、学校提供的资源保证、硬件设施等物质环境因素，这些因素在客观上在教学过程中起了一定的制约作用，但是这些因素的满足不一定就能带来教学的高质量。教师的教学行为并不是制度真空的，也是在制度环境影响下的制度化行为。制度因素是影响教学活动和制约教学行为的重要因素，它已经成为维持学校教学活动运行的主导力量。[①] 不管是教师对学校教学管理规定的遵守、教学程序的执行，还是对教师身份的文化—认知，都要受周围制度环境的影响。也就是说，在学校中，教学行为的选择不仅是理性的利益追求行为，也是一定的道德规范、主流价值观、习俗、惯例塑造的行为。从学校场域内来看，这些隐性的制度要素与那些显性的制度要素共同作为制度实在而存在着。因此，对于学校中存在的教学管理制度要素的挖掘，除明文规定的正式制度以外，如果确有一些规范性要素和认知性要素也在实质地影响教学行为的话，那么制度三要素理论框架的借鉴就可以实现。本研究通过前期深入学校内部与部分教师的非正式访谈，发现在被调查的学校中，教师

---

① 吉标：《规范与自由——教学制度价值研究》，山东师范大学博士论文，2008 年，第 2 页。

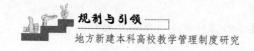

群体的教学活动除了学校明文规定的教学管理制度以外，确实存在着隐性的制度要素，如教师共同感受到的对学生的责任、对学科发展的责任以及他们对教师身份的认知、对教学模式的认知、对教学与管理的认知等。这些都在不同程度上对教学发挥实质性的制约作用。因此，对这些制度要素进行维度的划分，尤其是认识到文化—认知性制度要素对成员行为的制约，正是斯科特制度三要素理论框架的内容。因此，本研究可以借鉴该理论。

其次，从证据搜集角度看，也就是要回答制度三要素理论的理论假设验证的结果在本研究中是否存在，如果也存在类似的行为结果的话，就说明理论的借鉴是适切的。斯科特的理论假设就是，制度是结构化存在的，制度可以有效地影响身处其中的个体和组织的行为。①在场域层次上，受制度因素的影响，绝大部分个体或组织的行为大多策略性地趋于一致。② 基于这样的观点，本研究可以推知：如果具有异质性的个体或群体身处一套制度环境下，能够看到他们的行为有相似之处，并且相似度很高的话，就能说明制度影响力的客观存在，但是，这种类似行为并不一定是制度规定的或允许的。由此，可以将推知迁移到学校场域内教学管理活动中来。如果在教学管理制度实施过程中，学校中具有异质性的教师个体和群体的实施行为具有较高的相似性，但是这种类似行为又不完全是制度设计者所期望或所规定的话，就能为理论的借鉴提供实践证据。

本研究的第四章通过对当前教学管理制度设计中四个有代表性的制度安排的执行调查发现，地方新建本科高校的教师虽然具有明显的个体差异，但是，他们在教学管理制度实施过程中却有着相似的行为表现，即大部分教师都能从形式上遵规守制。但也存在隐性阻抗问题，这在后面会有详细说明，此处不再赘述。这恰恰是管理者所没有发现，没有期

① Sotten K. , Uslaner E. M. , Hauler, V. , *Institutions and Social Order*, Ann Arbor: The University of Michigan Press, 1998, pp. 3 – 14.

② DiMaggio P. J. , Powell W. W. , The Iron Cage Revisited: Institutional Isomorphism and Collective Rationality in Organizational Fields, *American Sociology review*, 1983（48）, pp. 147 – 160.

待的。恰恰是那些责任期待、行为习惯、认知图式等成为规约教师行为的重要因素。也就是说，在学校教学管理场域中，似乎有一个多样化、多层面的制度在作用于教师。而对这一现象的解释，传统的科层管理视角似乎不能自圆其说，因为按照"自上而下"方式形成的制度安排并没有像制度设计者预期的那般被规范地、彻底地执行，所以，本研究需要引入"大制度"的视角来对制度结构做出新的解析。制度三要素理论可以为我们提供借鉴。

总之，制度三要素理论借鉴的适切性，不在于它提供了解决复杂问题的现成的方法，或是提供了"怎样做"的简单路径，而是在于为本研究提供了分析地方新建本科高校教学管理制度要素维度以及相互关系的思路。

（二）制度三要素理论之于教学管理制度研究的方法论意蕴

将制度三要素理论引介到教学管理制度的研究中，不仅为我们提供了"大制度"的思维方式，而且也为本研究进行具体问题的分析和处理提供了方法的指导。

1. 它为教学管理制度研究带来启发性的新视角

从文献综述中以往学者对教学管理制度的界定以及本书第三章对当前教学管理制度构成的梳理发现，学者们对教学管理制度的研究，囿于管理学"工具理性"或者"效率理性"的影响，一般将制度等同于成文规则，制度的构建细致地体现出现代科学主义的教育管理观。事实上，这种教育管理观对学校各方面管理的影响都非常普遍，甚至已经成为学校管理制度化的表现。它崇尚管理者的理性管理，将管理视为外部控制的过程，认为领导者拥有足够的知识和智慧，通过训示、指导和监督等管理策略能充分发挥领导力，实现管理的目标。其对教学管理的影响主要体现在教学管理决策主体的行政化、评估体系的指标化、管理方法的可测化等方面。虽然这些理性管理倾向带来教学管理形式上的高效率，但是，随着后现代主义思想的发展，尤其是现象学"回归生活世界"理论在教育管理领域的渗透，加上在制度执行中制度的制订和执行的离散、执行中的隐性阻抗问题的出现，说明这种理性管理思维逐渐面

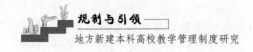

临变革的危机，凸显了单从管理学"工具理性"视角对教学管理制度进行探索和实践的局限。

既然管理学工具理性视角的研究和实践在教学管理领域中遭遇理性设计和现实实践不合的尴尬，那么，我们就需要转换视角，在尊重教师人性和学校组织属性的基础上，重新探讨制度的本质和结构。制度三要素理论的研究结论为我们探讨教学管理制度结构要素带来了启发性的新视角。它启发我们从"大制度"视角切入，既不要放弃在科层模式下对正式制度的研究，也要加强对组织中隐性的规范性制度要素和文化—认知性制度要素的关照，从制度整体主义的方法论视角去把握教学管理制度，这样既可以弥补以往只关注正式制度研究的不足，也可以促进管理学、社会学、教育学等多学科视角在教学管理制度研究上的融合，从而促使对制度本质的理解从管理学的"工具"范畴走向多学科融合的"文化"范畴。

2. 它为重构教学管理制度带来方法指导

对教学管理制度做"大制度"视角的理论探讨不是目的，我们的目的是为了优化教学的制度环境，提高教学管理的合法性，从而保障教学质量。那么，教学管理制度的要素有哪些？教师与制度要素之间的关系如何？如何优化不同层面的制度要素？制度三要素理论框架给这些具体问题的探讨带来了方法的指导。

首先，在对教学管理制度构成的探讨上，制度三要素的分析框架给我们提供了借鉴。在对当前教学管理制度的构成进行梳理之后发现，这些制度规则虽然给教学行为提供了具体的参照标准和行为指针，但是，在实践中对教学行为发挥规约作用的要素并不能全部划归其中，组织中那些对教师也产生实质性规约作用的隐性的价值期待、责任规范、认知要素等并没有引起学者们和管理者的关注。制度的文化—认知性维度，是社会学与组织研究的新制度主义最显著的特征。①

---

① ［美］W. 理查德·斯科特：《制度与组织——思想观念与物质利益》（第3版），姚伟、王黎芳译，北京：中国人民大学出版社2010年版，第65页。

因此，制度三要素框架为本研究探讨教学管理制度结构提供了重要启示，即我们可以从"大教学管理制度"视角来分析其构成，将学校教学管理场域中对教学产生规约作用的制度要素纳入其中来做综合考虑。这样，既照顾了人们对制度内涵的认知惯性，也扩大了人们对制度内涵和外延认识的视野。

其次，在制度与人的关系探讨上，制度三要素理论突破了以往的认识局限，没有将人视为完全被动的等待制度去制约和塑造的对象，而是关注到在社会结构中行为者的能动性对制度形成和变迁的影响。这一研究结论对我们探讨教学管理制度的实施和完善的启示是：虽然教学行为在一定程度上看是制度化的结果，但是教师选择制度化并不是被动的，而是在利益权衡之下有限理性的体现。教师个体或者群体作为教学管理制度的直接执行者，其主观的价值认定和行为取向会影响到制度作用的实际效果。因此，在完善教学管理制度时，应该对教师"利益人"的本性给予尊重，完善激励机制，通过多维制度要素的优化组合，尤其是文化—认知性制度的建设来规约教师人性中的"恶"，引导其在人才培养、学生和教师全面发展上"至善至美"。

再次，在制度三要素理论中对制度性传递载体的研究主要是为了探讨如何实现制度的再生产或者扩散，以实现制度的合法化。这对本研究的启示在于：在探究教学管理制度的完善时，不仅要关注不同类型制度的最终实施效果，而且还要考虑到多元化的制度传递载体对制度要素实施或作用发挥情况的影响。在探讨如何完善教学管理制度时，应提出开辟多元化的制度传递途径以提高制度实施的效果。

最后，在制度三要素理论中，对三种类型的制度形态的关系探讨说明，在一套完整的制度结构中，往往并不是某一类制度要素在发挥作用，而是不同制度类型的组合甚至是共同存在作用于行为者，从而促使其制度化。这个结论不仅强调制度要素对制度环境中行为者的建构作用，而且也关注到这种建构是行为者发挥能动性基础上的主动建构；不仅提出三种制度要素的相互独立、相互区别，而且也强调三者的相互强化、相互依赖。这在教学管理制度重构的探讨上给我们的启

示是：应该坚持"制度化—利益人"的假设，在肯定教师群体具有利益人本性的前提下，通过教学管理制度结构的立体化设计来优化教学的制度环境。

总之，从制度三要素理论的视角对教学管理制度进行研究，不仅能在研究视角上为其提供启示，而且能在方法上为其优化整合提供借鉴。它向教学管理制度的研究者和实践者提供了这样一种观点：教学管理制度的内涵是丰富的，它不仅是一个工具范畴，也是一个文化范畴。从工具理性到文化价值的关照需要从单一管理学范式中走出来，走向管理学、社会学等多学科的融合。

第三节　高校教学管理制度与行为主体的互动关系

研究教学管理制度问题，不可回避的一个理论基础就是教学管理制度与行为主体之间的互动关系问题。而探讨这一问题的前提是对制度与人之间互动关系的一般理论的阐释。

一　制度与人之间互动关系的一般理论

制度与人之间的互动关系的研究是制度研究和哲学研究领域的普遍话题。制度与人之间的互动关系应该是互依、互存的关系。制度的产生是人与人之间交往的必然结果，制度对社会中的个体和群体具有同化作用。但是，人在制度环境下也不是绝对的被动听令。随着人与人之间的交往所形成的需要的变化、环境的变化，新的契约就会形成，或对原有制度进行补充完善，或推翻重建。具体来看，制度与人之间的互动关系体现在三大方面：

（一）制度的为人性

制度是生活于一定社会环境中个体和群体需要遵守的一套行为规则，这套规则从形式上看，既有正式的制度、法规条例，也有非正式的文化传统、价值观念、道德规范、风俗惯例等。制度的形成源于人与人、人与社会的互动，是为了确保互动和谐展开而建构起来的一种规范与保障自身行为合理性的手段。因此，制度对于生活其中的人来讲，具有为人性。所谓制度的为人性是指制度对人的本性、活动表现以及社会关系等具有限定、规范和塑造的作用。对此，康芒斯曾说："人是一种制度里的公民。"① 换言之，人是制度的存在物。制度一旦在人们之中形成，不仅在维护人与人之间互动关系的过程中具有维稳和合法的功能，而且成为人们本体的存在方式和发展方式。

1. 制度塑造人们的价值偏好

制度从形式上看，既有正式的，也有非正式的。不管是正式制度还是非正式制度都对人们的价值偏好具有决定性的塑造作用。

从正式制度要素看，制度为人们的行为选择提供了基本的实践框架和有限的信息。它界定了人们可以选择和活动的范围，告诉人们什么能够做、应该做、必须做，同时也告诉人们哪些是不能去做、不应该去做的，借此规范人们的行为方向，改变人们的价值偏好，影响人们的价值定位。凡是人们在制度划定的框架内活动，就会得到社会的认可、鼓励和支持，反之就会受到排斥、谴责和惩罚。一言以蔽之，人们在制度范围内的价值选择要具有合法性，需要得到制度场域内主要相关者的认可与支持。有了合法性，就有资源的保障，人们就会获得更好的发展。因此，正式制度虽然在一定范围内限定了人们的自由，但是却保证了人们在制度范围内可以尽享其他的自由。从对人们自由限定的角度看，似乎制度是恶的，但是，这种对自由的局部限定恰恰是为了保证绝大多数人在制度范围内普享更大的自由。因此说，制度的恶是一定程度上的善。正是因为制度具有一定的激励效应，所以绝大多数人在制度环境下的价值偏好都向主流价值偏好倾斜。

就非正式制度来说，承认非正式制度是制度结构不可忽视的构成部分，就意味着在制度研究的视阈内，人们已经将意识形态和文化价值观

_____

① ［美］约翰·康芒斯：《制度经济学（上）》，于树生译，北京：商务印书馆1962年版，第93页。

念这些变量考虑进来了。非正式制度根植于特定社会的文化观念中，深刻地影响到了人们的意识形态。另外，制度能否得到社会成员的认同，进而形成共同的认知，是制度正式生成的前提。如果既定的制度不能很好地满足人们的价值偏好，制度在社会成员中就很难形成共同认知，制度执行的效率也就难以保证。

2. 制度约束人们的行为选择

制度不仅影响到人们的价值取向，还为人们的交往提供了一套行为的实践框架和基本秩序。通过抑制人们活动过程中可能出现的机会主义行为，可以使别人的行为更加可以预见，也可以使自己的行为更加具有可信任性。

不同制度学派在制度约束主体行为方面的认识具有一定的差异：

新制度经济学对制度与人的行为之间关系的分析是最严格和精致的。其前提假定是：人们行为的根本动力是利益的最大化，而制度的遵守能最大限度地保证利益的最大化。其作用机理是：制度通过为追求个人利益最大化的互动行为中的策略算计提供确定性的信息，对行为者的心理期望形成影响，最终导致不同的行为选择。[①] 简言之，在新制度经济学中，制度对人行为的影响主要基于利益的理性考量，将制度中的人视为理性的"经济人"，制度通过利益的调整诱导人们的行为发生制度预期内的变化。

新制度社会学对制度与人的行为关系认识采取了一种与制度经济学不同的视角，认为行为者是深深地嵌入制度世界之中的，行为是在特定的世界观、价值观所形塑的文化环境中展开的。[②] 个体的行为并不是基于利益最大化就可以实现充分的策略性。在利益因素之外，文化价值对人行为的形塑不可忽视。一方面，制度提供的认知模板可以影响人们的身份认同和自我概念，进而使人们对自身行动产生合理的认识，形成合

---

① 曹胜：《新制度主义视野中的制度与行为关系——一种比较的观点》，《黄河科技大学学报》2009 年第 4 期，第 67—69、77 页。

② 曹胜：《新制度主义视野中的制度与行为关系——一种比较的观点》，《黄河科技大学学报》2009 年第 4 期，第 67—69、77 页。

适的行为目标。另一方面，制度还为人们提供道德模板，为生活于其中的人们提供不同的角色规范，促使个体的行为受到道德规范的制约。也就是说，在规范制度环境中，人们的行为具有了道德属性的判断依据。遵守规范制度的行为是合适的，反之就不合适，或者说具有道德的劣势。

历史制度主义对制度与行为关系的分析采用一种现实主义的态度，将其置于特定的历史事件中来进行考察。制度通过构造政治行为者非对称性权力关系，来影响人们的行为表现。不同的制度结构意味着不同的非对称性权力结构，不同的权力结构支配人们的行为方向和行动方式。在特定的制度结构中，人们根据自身在特定位置上的特定责任确定自己的利益所在，并选择与其他行为者的互动关系。

由此看出，不同制度学派都承认制度对行为具有约束和塑造作用，只不过是因制度的本质和形式不同，行为者在接受制度形塑时的动机有所不同而已。这启示我们，在制度与行为的关系认识上，要具有"大制度"的宽广视野：既承认正式制度的价值，也关注非正式制度的重要性；既承认制度对行为的制度化作用，也承认主体行为对制度变迁的推动作用。

3. 制度影响人们的行为绩效

制度具有激励功能，在通过规定鼓励什么、压制什么，实际规范人们行为方向的同时，还激发或制约着人们能力的发挥，进而带来不同的行为绩效。正如霍奇逊所言："制度除了可以约束人们的行为方式以外，还通过提供别人如何行为的可靠信息来对人们的行为发挥能动的引导作用。"实践证明，不同的制度可以产生不同的激励效应，同样的人在不同的制度环境下被激励的程度也是具有很大差异。制度对人们行为绩效的影响关键在于：在固化人们行为的同时，将人们的行为努力导入特定的轨道，激发人们的生产性努力（这种努力的着眼点在工作效率的提高上），压制人们的分配性努力（这种努力的着眼点在既得利益的分配上）。

一项制度的优劣不应该仅仅通过它是否营造了统一而有序的管理环

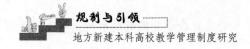

境来评价，还要通过制度中人的行为绩效来体现。因为，统一有序的环境体现了制度外在的工具理性，而制度中人的行为绩效则体现了制度内在的价值理性。仅有前者，后者如果没有保证，这项制度仅仅算是管理者达到目标的一种手段和工具而已，它的约束功能远远强于激励功能，所以，由此带来的行为绩效也是有限的，是可以预见的。但是，如果制度在成员中的认可程度较高，在制度规约之下，大家心甘情愿地积极付出，并形成一种赶帮比拼的竞争发展环境，就说明制度在成员中凸显了较高的价值理性，此时，制度在人们的头脑中已不简单的是冷冰冰的规则，而是具有激励功能的一只策鞭。

（二）制度的人为性

1. 人的价值取向影响制度的价值定向

就其本质来说，制度是人们在实践活动中通过实践互动不断形成、并反作用于人们的实践活动的一种客观实在。因为，一方面，人们在混乱无序的状态中，无法获得充分发展的机会，同时也无法保障在活动范围内的充分自由。另一方面，人们在互动交往中，由于资源的稀缺、价值取向的冲突，其间常常伴随矛盾和冲突，如果没有共同认可的规则加以限制，矛盾和冲突就不会获得有效的遏制。因此，制度是人的制度，其形成具有明显的属人特性。从发生学上看，制度的出现是在社会合作基础上秩序化、民主化及凝聚力增强的产物。①

制度的形成反映了在一定场域内交往互动的绝大多数人的利益追求和价值取向以及道德规范的倾向。制度明确规定行为主体可以做什么，不可以做什么，做了什么会有什么结果，充分体现出制度设计者们的意识形态、价值取向。而制度受众接受制度约束，按照制度要求做出的行为表现，不仅说明制度受众接受制度规定，关键还说明制度受众对制度规定所反映出来的主流价值观的认可和接受。因为制度有效发挥作用的前提在于人们对制度的接受和内化，所以，不管是制度的形成也好、作

---

① 赵泉民、井世洁：《从"断裂"走向"互构"——转型社会中制度与人的协同构建论》，《人文杂志》2011 年第 5 期，第 173—181 页。

用的发挥也罢，好的制度、被社会成员接受和拥护的制度一定是在价值取向上获得认可的制度。这类制度能够保证人们的基本权利，满足人们的需求，激励人们不断释放生产性能量。

2. 人的行为选择影响制度的功能发挥

我们强调制度对人们行为的约束和塑造作用，不等于否认人们的自由选择权力。新制度经济学中制度与人们行为的约束和塑造恰恰就是建立在人们优先自由选择的基础之上的。人之所以在某个程度上被看是自由的，是因为人具有相对稳定的价值选择偏好和理性反思能力。制度中的人会根据价值观偏好、利益得失和理性反思能力，对生活于其中的制度进行评判，决定是遵守制度、抗拒执行制度还是变革制度。当制度范围内有自由反思意识和能力者对既定制度持排斥和否定态度的数量逐渐增多，认为他们在制度中的既得利益受到影响，想获得比目前更多的收益或更大的进步时，这一制度就会面临调整。当然，这种调整、变革不是一次性的，它需要根据环境的变化、制度中人对制度的反应，不断地进行动态调整。

另外，制度本身可以作为一种激励制度，激发人们的行为绩效。但是，人们的行为绩效是否与制度设计者的预期一致，取决于制度的合法性认同。如果人们内心认同制度设计，并能够在最大程度上内化为个人的行为偏好和行为信念，那么人们在被激励的情况下，行为绩效就会大大提升。反之，如果制度不能很好地内化为个体的价值偏好，无法获得人们的认同，在对人们行为的刺激上就会出现目标置换行为，即将遵守制度，按制度底线要求获得工作结果视为行为目标，降低制度的激励作用，甚至可能出现"反向刺激作用"，即行为主体采取与制度规定相左的行为表现，如偷懒、"搭便车"等机会主义行为，由此既影响到行为绩效的提高，也影响到制度功能的有效发挥。在这种情况下，制度就要进行调整和变革。

3. 人的发展程度影响制度的创新

促进人的发展应该是制度建设的应有之义，也是最高旨意，更是评判制度建设合理与否的根本标准。有些学者指出，制度评价的坐标应该

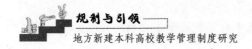

确立在人的全面发展内涵的三个层次上：一是满足于人自身的内在需要；二是提升人的能力、张扬人的个性以及拓展人的自由等；三是促进人自身的完善、完美。① 人的需要和发展是制度建设和创新的主体条件和根本动力，没有人的一定发展，没有发展着的人的客观需要，制度建设与创新就不可能，也没有实际意义。②

对人的需要和发展的关注影响到制度的变革和创新。这一点从管理学历史发展的过程中能明显地体现出来。管理学中从经验式管理到古典管理，再从古典管理到行为科学管理，后续到管理的丛林和管理的新发展阶段，从表面上看，似乎在不同阶段，管理的基本模式发生了不同的变化，但是从模式变化的本体探究，贯穿其中的主线是对人的需要和人的本质认识不断深化的必然结果：从物本管理这种没有人存在的经验式管理模式，到关注员工的物质需要并给予满足的古典管理模式，再到关注员工的社会需要并给予尊重和满足的行为科学管理模式，又到关注员工的全面需要实施权变管理模式，最后到关注管理双方的需要实施变革式管理、互动式管理等。在管理模式转变的过程中，管理理念的落实所要依托的制度载体也在不断地发生动态变化，从一开始不重视建章立制，到过分依赖强制性的制度，再到重视非正式组织、文化惯例、价值观等非正式制度的作用，最后走向科学管理和人文管理的融合。由此证明，人的发展程度与制度的建设和创新是互为条件、相互促进的。

（三）人与制度的互动机理

在前文分析的基础上，本研究将人与制度的互动机理做一简写。如图 2 - 1。③

---

① 陈纯仁：《制度与人的发展关系论略》，《社会科学战线》（社会学研究）2006 年第 1 期，第 195—198 页。

② 陈纯仁：《制度与人的发展关系论略》，《社会科学战线》（社会学研究）2006 年第 1 期，第 195—198 页。

③ 人与制度的互动机理图是参考朱旭光《制度的人与人的制度：人与制度互动机理研究》一文中对制度与人之间互动机理的图例而形成的。见朱旭光《制度的人与人的制度：人与制度互动机理研究》，《经济问题探索》2008 年第 1 期，第 119—123 页。

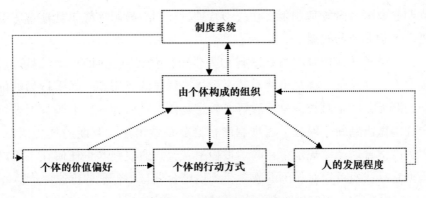

图 2 - 1　人与制度互动机理

由图 2 - 1 的人与制度的互动机理可知，人与制度之间具有内在的关联性。人与人在交往互动中不断催生了制度的产生，制度系统对个体和组织的价值偏好、行动方式以及发展情况具有限制约束作用。而人与人之间在互动交往基础上价值偏好的变化、行为方式的变化以及发展程度的变化也影响到制度的调整和变革。

这一机理图的含义在于：合理的制度系统能够促进人的价值偏好、行为方式和多层需要的满足，而人需要的满足和价值观的积极变化又会促进制度的科学化和合理化。

二　高校教学管理制度与行为主体的作用与反作用

高校教师作为一个专业化较强的群体，对其进行教学管理的过程中需要理顺教学管理制度与教师作为行为主体之间的关系。教学管理制度作为教学工作的重要保障，须臾不可或缺，但是，教学管理制度的属人、为人的特性说明，人对制度不仅有设计建造的优势，还有推动制度调整变革的能力。处理好高校教学管理制度与教师之间的关系其实就是要认清二者间的作用与反作用关系。

（一）教学管理制度对教学的作用力

管理制度是组织有序开展活动的重要保障。高校作为规范性的组织形态，为了保障教学秩序，提高管理的效率，实现管理目标，也应该建

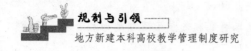

立起必要的教学管理制度。在教学管理过程中，教师应该自觉地遵守制度，维护制度的权威。

一是教学管理制度为教学行为提供了价值评判的标准。所谓价值，简单说，就是某一客观事物对某个个体或群体的有用性。教学行为的价值判断无非就是对教师是否履行了教学责任、在何种程度上履行了教学责任等做出判断。而教学管理制度恰恰就是做出这一判断的重要依据。因为教学管理制度规定了在教学过程中，教师的权利和责任何在。所以依据它，我们可以对教师的教学行为做出合理与不合理的价值评价。

二是教学管理制度为教学行为提供了实践的行为框架。教学管理制度通过规定教师应该做什么、不应该做什么、做什么会得到什么样的结果来为教师的教学行为提供实践框架。教师的教学行为表现只要符合教学管理制度的框架要求就是合法的、合理的，就会得到管理者的认可和资源的供给，也会得到社会圈内的认同和支持。但是，如果超出了制度规定的框架，其利益就会受到一定的影响，当然，这里的利益可能是物质形式的，也可能是非物质形式的。因此，教学管理制度在某种程度上说，不是限制了教师的教学行为，而是保障了教师可以更加彻底地享受制度范围内的教学自由。

三是教学管理制度为教学提供了绩效考核的标准。教学管理制度不仅是教学行为的实践框架，也是绩效考核的依据。因为教学管理制度一般会对教师应该承担什么任务、取得绩效后会得到何种奖励进行适当的规定，所以当教师完成教学任务，在对其进行奖惩时，就可以根据教学管理制度的相关规定进行绩效考核。比如，学校年终或季末计算教学奖励津贴的时候，一般就是按照学校教学管理制度中教学工作量的折合计算标准进行统计分析，在此基础上进行统筹发放。

（二）教师群体对教学管理制度的反作用力

教学管理制度作为教学工作的秩序保障，虽然为教学行为提供了规范的行为框架，形塑着教师的行为表现，但是高校教师凭借其对专业自由的高度追求，以及较强的内在规范性和道德的自省性，其对教学管理制度也存在反作用力。

　　一是教师对教学管理制度的价值期待影响教学管理制度的基层合法性判定。一项制度的价值无非两种，一种是外在的工具价值，另一种是本体的、内在的人本价值。当两种价值兼得的时候，这项制度无疑是合理的，并且是合法的。但是，制度的价值若仅仅体现了制度供给者的利益，而忽视了制度受众主体——教师对教学管理制度本体价值的追求，就会影响到教师对教学管理制度的合法性认知。因为，这样的制度设计在教师那里被视为控制他们行为的手段、工具，教师依托制度保障获得专业发展的价值期待体现不足，导致制度在教师那里面临合法性危机。

　　二是教师的制度化行为影响教学管理制度的作用效果。学校教学管理制度对教师在教学过程中的权利和义务、责任等进行了相关规定。只是这些规定不是高标准的要求，而是"底线"要求。当教师遵循制度的基本要求，完成教学任务时，这仅仅体现了制度的约束和保障功能，而其激励功能体现不足。由于在教师那里，教师将完成任务视为获得基本补偿的手段和条件，因此，在教学管理制度的本体价值没有得到确认之前，教师将遵守制度约定视为目标，从而发生目标—手段的置换，影响制度的实际作用效能。在某一门课程的教学工作中，哪些东西要讲、什么时候讲、怎么样讲、怎样考核，这些专业性问题的外部行政力量是很难给予精确的约束和控制的。如果管理者采取强硬的控制手段，将企业生产管理的一套有效做法全盘照搬到教学管理中来，不仅不会取得预期的管理效果，还会导致教师的排斥，甚至是抵触。因此，在教学管理制度建设的过程中，要认识到教师的专业性和教学工作的特殊性，尊重教师的主体性和能动性，在坚持外在规约的同时，还应赋予其在教学上的自由。

　　三是教师的专业发展程度影响教学管理制度的结构调整。在制度的结构形式中，不仅有正式制度，还有非正式制度。以往高校教学管理者受行政管理思维的影响，比较重视正式制度建设，依靠刚性的制度对教学工作实施管理。这种管理方式在教师专业程度较低、学校发展初期的时候比较有效，因为它具有明确的指导性和监督性。但是，随着教师专业知识的不断丰富、专业能力的不断提高以及专业自觉的不断提升，他

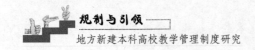

们对专业自由的渴望越来越强，对外在的管理控制越来越反感。这时候，学校教学管理者就应该重新审视学校的教学管理制度的结构，加强与教师的沟通和对话，通过对话，获悉教师的专业期待，同时将学校主流价值观得以宣传和渗透，从而形成共享的文化认知氛围，达到润物细无声的效果。简言之，随着学校教师专业程度的提高，教学管理制度的外延建设应该扩展，应不仅只关注正式的文本性制度，还要加强规范性和文化—认知性制度的建设。

总之，通过制度与人、教学管理制度与行为主体之间关系的一般理论分析，本研究后续在探讨地方新建本科高校现行教学管理制度的现状以及存在问题，并针对存在问题进行理论建构的时候，就会辩证地认识两者的关系，从而提出更科学、更合理的对策建议。

本章小结

本章主要针对地方新建本科高校教学管理制度研究中的基本理论问题进行阐述，包括三个部分：一是对本研究所涉及的核心概念进行界定，明确研究的边界。包括对地方新建本科高校、教学管理、教学管理制度等核心概念的界定。二是对本研究所要依托的制度三要素理论进行介绍，并对适用性进行分析。三是对制度与行为主体的关系理论进行分析，为后面教学管理制度的重构提供理论的支撑。

第三章　现实透析(静)：地方新建本科高校教学管理制度的设计

地方新建本科高校教学管理制度的设计不仅受国家教育行政管理机构宏观政策法规的制约，还受管理者已有的管理理念、制度理念的制约。前者是保障地方新建本科高校教学管理制度合法性的重要条件，后者是保障教学管理制度建设连续性和统一性的必备条件。目前，地方新建本科高校的教学管理者受集权管理模式和科学理性管理方式的深度影响，较重视教学管理的科学化、标准化和统一化。学校一般以正式的教学管理组织机构为载体，以成文的制度为工具来实施管理。就成文规则而言，按照制订主体的不同，教学管理制度可以分为由国家教育主管机关制订的宏观教学管理的法规和制度、由各大学及其下属院（系）制订的实施性教学管理制度两种。① 两种制度是密切关联的，前者是后者的纲领性指导，后者是基于前者的宏观政策指导而做出的具体设计。

本研究对地方新建本科高校教学管理制度现状的分析，主要从两个角度展开，一是静态的制度设计现状，二是动态的制度执行现状。本章旨在对当前地方新建本科高校教学管理制度构成进行梳理。对制度执行现状的研究将在第四章展开。对学校层面微观制度构成的梳理，需要对其上层，即政府主管教育机构制订和实施的有关教学管理政策文本进行梳理，以了解地方新建本科高校教学管理校本制度设计的顶层指导。然后选择调查样本，对其教学管理制度的构成逻辑、具体内容以及制度文

---

① 郭冬生：《大学教学管理制度论》，北京：高等教育出版社 2006 年版，第 106 页。

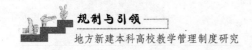

本进行具体梳理，并针对当前制度设计的缺陷进行分析。

第一节　宏观指导：现行教学管理制度设计的政策指针

集权化的教育行政管理体制决定了国家和有关教育行政主管部门出台的相关高等教育教学的法律、法规、政策、条例等是不同类型、不同层次的高校进行校本实施性教学管理制度设计的宏观政策指导，也是其是否具有合法性的重要体现。根据政策法规对高校内部教学管理制度设计产生影响的差异，我们将其分为产生直接影响的政策指导和产生间接影响的政策指导两类。在同一类里面又依据时间纵向顺序对政府职能部门出台的有关高校教学管理的法律、法规、政策文本进行必要梳理。

一　对教学管理制度设计产生直接影响的政策指导

对地方新建本科高校教学管理制度的设计产生直接影响的政策文件应该首推教育部高教司在 1998 年出台的《高等学校教学管理要点》。应该说，当前各高校教学管理制度的基本范畴和核心内容都受上述教育部教学管理规定的直接影响。

《高等学校教学管理要点》（教育部高教司〔1998〕33 号）在关于教学管理的内容中提到："高等学校的教学管理一般包括教学计划管理、教学运行管理、教学质量管理与评价，以及学科、专业、课程、教材、实验室、实践教学基地、学风、教学队伍、教学管理制度等教学基本建设的管理。"① 由此可以看出，在国家政策层面上，教学管理既包括动态的过程管理，也包括静态的基本项目建设管理。这一规定的提出为各高校教学管理规程的制订指明了方向。

当然，也可以看出，国家教育行政主管部门是将教学管理制度作了

---

① 教育部高教司：《高等学校教学管理要点》（教育部高教司〔1998〕33 号），http：//wenku. baidu. com/view/6cca34210 722192e4536f6e1. html。

狭义的理解，将教学管理制度建设作为教学基本建设的一部分来加以管理。在教学管理制度建设中提到："要制订并完备教学基本文件，包括教学计划、教学大纲、学期进程计划、教学日历、课程表、学期教学总结等。要建立必要的工作制度，包括学籍管理、成绩考核管理、实验室管理、排课与调课、教学档案保管等制度以及教师和教学管理人员岗位责任制及奖惩制度。"① 可见，在国家相关政策层面，教学管理制度建设主要指教学基本文件、必要的工作制度等正式的制度建设。《高等学校教学管理要点》的这一政策规定为地方新建本科高校内部教学管理制度的建设做出了明确的、直接的顶层指导。

二　对教学管理制度设计产生间接影响的政策指导

这里所谓的间接性政策影响，不是强调它们的影响较少，而是与《高等学校教学管理要点》对地方新建本科高校教学管理制度建设的直接影响相比，它们的影响比较间接而已。本研究根据这些政策提出的时间顺序进行纵向梳理如下。

国务院原国家教委《高等教育管理职责暂行规定》（1986 年 3 月 12 日发布并实施）中针对高等学校在教学管理中的职责第六条规定："根据党和国家的教育方针政策及修业年限、培养规格，高等学校可以按社会需要调整专业服务方向，制订教学计划（培养方案）、教学大纲，选用教材，进行教学内容和方法的改革。"② 由此可见，中国 20 世纪 80 年代高校内部的教学管理，不管是宏观的教学计划的制订、教学大纲的编制，还是具体的教材选用、教学内容和方法的改革都是由学校管理者统一来推动的，这样就从国家政策层面保障了学校管理者拥有了对教学进行干预的合法权力。

国务院《教学成果奖励条例》（1994 年 3 月 14 日发布实施）为高

---

① 教育部高教司：《高等学校教学管理要点》（教育部高教司〔1998〕33 号），http://wenku. baidu. com/view/6cca34210 722192e4536f6e1. html。

② 国务院：《高等教育管理职责暂行规定》（1986 年 3 月 12 日国务院发布），http://www. law-lib. com/law/law_ view. asp? id = 3565。

校内部设置教学奖励制度提供了指导。

原国家教委《高等教育面向 21 世纪教学内容和课程体系改革计划》（1995 年 7 月 5 日发布实施）针对高等教育的教学内容改革和课程体系改革立项相关情况进行了政策性说明。另外，《关于积极推进"高等教育面向 21 世纪教学内容和课程体系改革计划"实施工作的若干意见》（教育部高教司〔1997〕2 号）在《高等教育面向 21 世纪教学内容和课程体系改革计划》的政策性说明的基础上，针对教学内容改革和课程体系的具体改革推进做出了具体的指导。其中，对于教师在教学内容改革和课程体系改革中的角色做出了明确说明："广大教师是搞好面向 21 世纪教学内容和课程体系改革的主力。充分发挥广大教师的主动性和积极性是胜利完成这项改革计划的关键。各校要积极引导广大教师提高对这项改革迫切性和重要意义的认识，使积极投身改革成为广大教师的自觉行动。要采取适当的政策和措施，鼓励和支持广大教师积极参与这项改革。……对于要进行教学改革试验的，要给予必要的条件和环境的支持。要充分发挥学术水平高、有丰富教学经验的老教师在这项改革中的重要作用，同时，也要引导青年教师积极参加这项改革的研究和实践。"①《高等教育面向 21 世纪教学内容和课程体系改革计划》和《关于积极推进"高等教育面向 21 世纪教学内容和课程体系改革计划"实施工作的若干意见》的出台为高校建立教学改革和研究制度、课程和教材建设制度提供了政策指导，并鲜明地指出了教师参与课程和教学内容改革的必要性和重要性。

《中华人民共和国高等教育法》（1998 年 8 月 29 日颁布实施）第五十二条规定："高等学校的教师……应当以教学和培养人才为中心做好本职工作。"对校长的职责在第四十一条中规定："高等学校的校长全面负责本学校的教学、科学研究和其他行政管理工作，行使下列职权：

---

① 教育部：《关于积极推进"高等教育面向 21 世纪教学内容和课程体系改革计划"实施工作的若干意见》（教育部高教司〔1997〕2 号），http：//www. hust. edu. cn/chinese/adminis-tration/teach_ aff_ office/wjhb/5. htm。

88

（一）拟订发展规划，制订具体制度和年度工作计划并组织实施；（二）组织教学活动、科学研究和思想品德教育；（三）拟订内部组织机构的设置方案，推荐副校长人选，任免内部组织机构的负责人；（四）聘任与解聘教师以及内部其他工作人员。"① 由此，以学校校长为首的教学管理者理所当然地成为了教学管理制度合法的制订者和执行的监督者。

教育部《关于加强高等学校本科教学工作 提高教学质量的若干意见》（2001 年 8 月 28 日印发）指出："教师以育人为天职，教学工作的好坏是衡量教师工作的主要标准，也是考核教师工作和教师职务聘任的关键条件。在教师职务评聘中，实行教学考核一票否决制。对于不主讲本科课程，或达不到本科教学基本工作量和质量要求的教师，不能聘任副教授或教授职务。对于教学效果较差、学生反映较大的教师，教务部门应根据有关规定暂停或取消其授课资格，并及时更换教师。"② 另外，在教师师德建设上提出："教师要把主要精力投入到人才培养和教学工作中，必须做到课前认真备课和准备教案：学校教务部门要适时检查教师的教案和备课情况；教师要注重教学研究，重视教学内容和方法的改革，并通过教学改革研究不断提高自己的学术水平和业务水平。""高等学校要根据新世纪人才培养的要求，不断深化教学管理制度的改革，优化教学过程控制；建立用人单位、教师、学生共同参与的教学质量内部评估和认证机制；完善高等学校本科教学评估指标体系，建立学校、教师、学生共同参与的教学质量内部评估和认证机制。"③ 这些政策文本为高校建立健全的日常教学管理制度、课堂教学管理制度以及形式多样的教学质量监督评价制度提供了较明确的指导。

---

① 《中华人民共和国高等教育法》（1998 年 8 月 29 日中华人民共和国主席令第七号），http：//www. gov. cn/banshi/2005 - 05/25/content_ 927. htm。

② 教育部：《关于加强高等学校本科教学工作提高教学质量的若干意见》（2001 年 8 月 28 日印发），http：//www. moe. edu. cn/publicfiles/business/htmlfiles/moe/moe _ 18/200108/241. html。

③ 教育部：《关于加强高等学校本科教学工作提高教学质量的若干意见》（2001 年 8 月 28 日印发），http：//www. moe. edu. cn/publicfiles/business/htmlfiles/moe/moe _ 18/200108/241. html。

教育部《关于进一步加强高等学校本科教学工作的若干意见和周济部长在第二次全国普通高等学校本科教学工作会议上的讲话》（教高〔2005〕1号文件）就如何强化教学管理、确保教学工作秩序提出："高等学校要根据新形势的要求，结合本校实际，健全和完善各项教学工作制度。要通过制度建设……促使教师把主要精力投入教学工作，并引导教师正确处理教学与科研的关系。""要采取措施，确保各项制度严格执行，并对执行情况进行严格考核。"① 同时还就如何强化教学工作制度、建立健全教学考核机制提出："要把教授、副教授为本科学生上课作为一项基本制度……要完善青年教师和研究生从事助教工作的制度。要把教师承担教学工作的业绩和成果作为聘任（晋升）教师职务、确定津贴的必要条件。要完善教学效果考核机制，大力表彰奖励在教学工作第一线做出突出贡献的教师，同时，对教学效果不好，学生反映强烈的教师，不应继续聘任其从事教学工作。"② 最后，还要求切实加强对教学工作的重视和领导："各高等学校的党政一把手作为教学质量的第一责任人，要统筹学校的各项工作，把主要精力真正转移到教学工作上来。"③

教育部《关于进一步深化本科教学改革全面提高教学质量的若干意见》（教高〔2007〕2号文件）提出："要加强高等学校教学管理组织建设，完善由校长负责、教务处牵头、院（系）为基础、各职能部门协调配合的本科教学管理组织体系。""正确处理规模、结构、质量和效益之间的关系，进一步加强和推动各项教学管理制度建设。通过制度

---

① 教育部:《关于进一步加强高等学校本科教学工作的若干意见和周济部长在第二次全国普通高等学校本科教学工作会议上的讲话》（教高〔2005〕1号文件），http://www.moe.gov.cn/publicfiles/business/htmlfiles/moe/moe_1623/201001/xxgk_80315.html。

② 教育部:《关于进一步加强高等学校本科教学工作的若干意见和周济部长在第二次全国普通高等学校本科教学工作会议上的讲话》（教高〔2005〕1号文件），http://www.moe.gov.cn/publicfiles/business/htmlfiles/moe/moe_1623/201001/xxgk_80315.html。

③ 教育部:《关于进一步加强高等学校本科教学工作的若干意见和周济部长在第二次全国普通高等学校本科教学工作会议上的讲话》（教高〔2005〕1号文件），http://www.moe.gov.cn/publicfiles/business/htmlfiles/moe/moe_1623/201001/xxgk_80315.html。

建设，进一步树立全员育人思想和好的教风，规范教师与管理人员教书育人活动和岗位职责，充分调动广大教师和管理人员的积极性。""要进一步加强教学质量监控，形成社会和企业对课程体系与教学内容的评价制度、课堂教学评估制度、领导和教师听课制度、同行评议制度、学生定期反馈制度及教学督导制度等。"① 由此可以看出，随着国家对高等学校教学质量重视程度的加深，规范化管理、科学化管理的实现也从强调文件的完备、工作制度的建设，发展到了注重组织体系建设。

《国家中长期教育改革与发展规划纲要（2010—2020）》关于高校教学管理，明确提出："要严格教学管理，健全教学质量保障体系，改进高校教学评估。""建立以提高教育质量为导向的管理制度和工作机制，把教育资源配置和学校工作重点集中到强化教学环节、提高教育质量上来。""把教学作为教师考核的首要内容，改进教学评价，建立科学多样的评价标准。" "制订教育督导条例，进一步健全教育督导制度。"②

以上，按照时间顺序对国家教育行政主管机构颁布实施的教育教学法律、法规、政策文本中有关教学管理的内容进行了梳理。从这些政策文本中可以看到，围绕着如何稳定教学秩序、保障教学质量，国家教育行政主管机构对教学管理的规范化、科学化做出了指导。这些政策文本显示出科学管理理性思维的浓厚影响。由于国家政策层面将教学管理制度定位于教学基本建设的范畴，要求主要从教学基本文件的完备和必要的工作制度建立两个方面来建设。因此，在教育集权化行政管理体制之下，这些政策文件以及文件形成所体现的科学管理逻辑就为各高校教学管理制度的设计做出了最高指导。

---

① 教育部：《关于进一步深化本科教学改革全面提高教学质量的若干意见》（教高〔2007〕2号文件），http://wenku.baidu.com/view/2485fc23aaea998fcc220e5f.html。

② 国务院：《国家中长期教育改革与发展规划纲要（2010—2020）》，http://www.china.com.cn/policy/txt/2010—03/01/content_ 19492625_ 3.htm。

第二节　微观构成：现行教学管理制度要素梳理

在对国家层面相关政策文本进行梳理之后，本研究选择了三所地方新建本科高校，并以其为代表，借助搜索引擎等等工具，对相关文献资料进行搜集、整理，对其内部的教学管理制度安排进行梳理。通过梳理，一方面，我们可以进一步了解到地方新建本科高校教学管理制度与政策文件的契合度；另一方面，也可以对目前科学管理视阈下的教学管理制度构成现状进行把握。

一　现行教学管理制度的构成要素

以国家政策文件为指导，目前，地方新建本科高校内部教学管理制度建设大多基于教学任务或者工作模块来安排。主要体现在日常教学管理制度、教学质量监督与评价制度、教研和课程建设制度等三个大的方面，每一个方面都不仅是单一的制度安排，而是包括相关的多个具体的制度安排。

（一）日常教学管理制度

日常教学管理制度主要是根据教学进度表、课程表以及考试表的安排，对相关教学活动和教学行为进行的管理。其目的是为了维护教学秩序，保障教学计划能够顺利完成和教学目的能够顺利实现。它是一个制度安排的集合，而不是指某一个制度安排。从资料整理来看，日常教学管理制度大多包括教学行为规范、调停课管理办法、作业管理办法、考试考查管理办法等教学日常行为规定、教学责任事故认定与处理规定等。

1. 教学日常行为规定

教学日常行为规定是学校制订并实施的、约束教学行为的一系列规则，一般表现为对教学行为的具体要求。本研究借助搜索引擎，选取 S 省三所地方新建本科高校，分别对其网上公布的教学日常行为规定进行

了汇总整理:

D学院教学日常行为规定: 《关于加强教风、学风、考风建设(2001)》, 在教风建设中提到"教师在教风建设中起主导作用", 并提出了"严格遵守教学纪律、严格按照教学规定程序实施教学活动……"等八项要求; 《教学管理规程(2000)》, 其中对教师在教学计划、教学大纲、课程表、教学日历、调停课的手续等方面的具体责任给予了说明; 另外, 针对教学行为的详细规定, 有《关于规范, 稳定教学秩序的暂行规定(草案)(2001)》《教师教学工作规范(2001)》《教师课堂教学管理条例(2001)》《教学日历编写规范要求(2007)》《学生平时作业批改管理暂行规定(2007)》《考试管理办法(2006)》《试题库建设条例(草案)(2002)》《试卷批阅、归档管理规定(2006)》等。

T学院教学日常行为规定: 《教学管理工作条例(2004)》《排课、调课、停课管理暂行规定(2004)》《教师教学工作规程(2004)》《关于考试工作的有关规定(2004)》等。

B学院教学日常行为规定: 《教师教学工作考核暂行办法(2012)》《B学院关于调课的规定(2006)》《教师作业批改及课外辅导答疑规定(2012)》《教学工作规范(2012)》《教师教学质量评价办法(试行)(2009)》《教师教学工作量计算办法(2014)》《多媒体辅助教学管理办法(试行)(2009)》《教师教学工作考核暂行办法(2012)》等。

由此可见, 地方新建本科高校制订的教学日常行为规定还是比较全面的, 从教学纪律的遵守, 到教学计划的执行; 从教师课堂上的礼貌言行, 到穿衣修饰; 从课堂教学, 到作业考试等都有比较详细和具体的条文性规定。这充分体现了科学管理和规范管理的特点。

2. 教学责任事故认定与处理规定

教师在教学计划、课程表以及考试表等执行过程中可能会发生教学事故, 造成不良影响。为了防范和减少教学事故的发生, 学校一般都制订相应制度条款, 将教学事故分级, 辅之以相应的惩罚措施。

D学院在《教学事故认定与处理办法(2003)》中针对教学环节将教学事故分为课堂教学事故和考试与成绩管理事故。依据发生情节和后

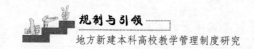

果的严重程度，分为三个级别，即一级重大教学事故、二级较大教学事故和三级一般教学事故。如在课堂教学类事故中提到："未经主管部门同意，擅自变动上课时间和地点或者请人代课的"均为三级教学事故，"对三级教学事故，由教务处处长签发处理意见，对事故责任人在一定范围内乃至全院通报批评并扣发一定数额的岗位津贴"。

T学院也有类似的《教学事故处理暂行规定（2004）》。依据对教学工作影响程度的不同，教学事故分为一般教学事故和严重教学事故两类。并规定：学院实行教学事故通报制度，对出现的教学事故进行全院通报。一般教学事故，经分管院长批准后在全院范围内给予通报批评，由责任人在本单位做出检查，记入业务档案，年内考核不得评优；严重教学事故，在一般教学事故处理的基础上，增加"扣发当事人半年岗位津贴"。

B学院出台的《教学事故认定及处理办法（2012）》视情节和后果的不同，将教学事故分为一般教学事故、严重教学事故和重大教学事故三级，针对教师的教学事故包括课堂教学事故、实践教学事故、考试和成绩管理事故三类。"一般教学事故的处理，在本单位内通报批评，取消当年评优资格，严重教学事故的处理，由学校行文通报，扣发当月岗位津贴，取消当年评优资格，缓评或缓聘职称三年，并记入教师档案。"

从三所地方新建本科高校的教学责任事故认定与处理规定的条文中，可以看出，教学管理者对教师进行的外在理性的教学控制是以其利益得失为作用支点的。这样的作用机制在某种程度上符合教师人性中"逐利"的本性。

（二）教学质量监督与评价制度

教学质量是高等教育的核心，在教育行政机构出台的有关政策指导下，各高校为了保障教学质量，基本上都设置了教学质量监督与评价制度。地方新建本科高校也借鉴其他高校的先进做法，积极引入360度人力资源管理考评制度来健全教学质量监督与评价制度。通过对制度文本的梳理，本研究发现，目前，地方新建本科高校内部教学质量监督与评价制度依据监督评价主体的不同，可以分为领导干部听课制度、教学督导制度、学生评教制度、优秀教师（个人/团队）评选制度、同行评教制度等。

1. 领导干部听课制度

领导干部听课制度是为了完善校本教学质量监控体系，推动学校教学管理规范化、科学化而实行的一项监督评价制度。当然，这一制度的推行对于营造全员重视教学的文化氛围也有很大的推动作用。目前，在地方新建本科高校中，大多设置了这一制度。上至学校教学领导，下至院（系）基层教学单位领导，都承担了分量不等的听课任务。在有些学校，甚至成为硬性的制度性要求，以此作为领导业绩考核的指标之一。

T 学院为了巩固教学工作在学校的中心地位，完善教学质量监控体系和日常教学保障体系，促使管理干部深入教学第一线，推动教学工作规范化建设，特制订了《管理干部听课制度（2006）》，对"听课人员、听课范围、听课要求、听课方式、组织实施"等进行了具体的规定。

B 学院《关于领导干部听课的规定（2005）》也提到："为使我校各级领导干部深入教学一线，了解课堂教学情况，加强对教学工作的指导和督查，及时把握教学工作现状，解决教学工作中存在的问题，督促教师不断改进教学，提高教学质量，经研究决定实行领导干部听课制度。"并对听课人员与要求、听课方式与类型、听课管理等事宜进行了详细的规定。

D 学院虽然没有找到具体的领导干部听课的制度规定，但是在其教学质量年度总结报告中多次提到："要进一步强调校领导联系院部制度、校院（部）领导听课制度、教学督导指导制度……形成完善的教学监督和评价制度体系。"[1] 由此可见，领导干部进课堂随机听课制度已经成为该校教学监督评价制度体系的一部分。

2. 教学督导制度

为了督促教师认真教学，反馈教师的教学意见，提高教学质量而设定的教学督导制度，既体现在督导机构的设置、人员的配备、职责的划

---

① 内部资料《D 学院 2011、2012、2013 年本科质量报告》。

分上，也体现在明文制度的建立上。

同样以 S 省三所地方新建本科高校为对象，对其教学督导制度的相关材料搜集整理如下：

D 学院，虽然在网上没有找到明确的督导工作制度规定，但是对于教学督导委员会专家工作职责、教学督导与评估工作岗位职责、教学督导委员会机构设置以及各项工作督导评价的标准和依据给予了具体的说明。该校 T 学院教务网站上公开的《教学督导工作实施办法（2003）》，对督导组成员的选聘条件、职责、活动管理以及相应的待遇给予了明确规定；B 学院的《教学督导工作暂行规定（2005）》，在文件中也对督导组成员的选聘条件、任职要求、基本职责、活动管理及待遇等问题进行了规定。

从三所地方新建本科高校教学督导工作制度的内容上看，基本上是相同的，包括督导机构的设置和隶属关系、人员选聘和工作职责以及工作机制三个方面。

首先，教学督导制度的运行是督导机构的设置，这是教学督导工作顺利开展的载体，督导机构一般隶属于学校教务部门，为教务部门决策的制订和实施、教务决策的执行情况提供信息反馈。以 D 学院为例，其教学管理机构的设置采取的是直线职能式，教学督导机构隶属于教务处，是教务管理的常设职能机构。具体见图 3 - 1。

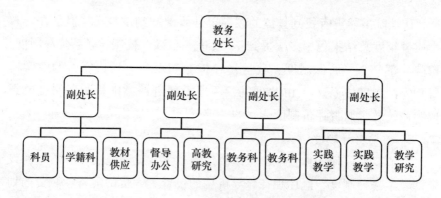

图 3 - 1　D 学院教学管理组织机构图

其次，在人员选聘以及职责安排上，学校一般专门聘请教学和管理经验比较丰富的退休教授或副教授以及资深的在职教师来组成教学督导小组（委员会）。他们根据学校教务工作开展的需要定期或者不定期地对学校各院（系）的教学计划执行情况、教学纪律的遵守情况、专业建设情况、教师讲课情况等进行检查监督，发现问题，并积极地向学校主管教学的领导和职能部门汇报，从而产生相应的权威作用。在 D 学院教学督导评估网页上，清楚地说明了学校教学督导委员会专家的工作职责，比如开展教学研究、随机课堂听课、学生作业和课外辅导检查、考试、社会实践等各方面的工作监督和检查；教学督导和评估工作岗位职责，如贯彻国家督导工作意见、建立健全督导评估机制、起草督导评估制度、建立学校与院（系）督导联系的信息反馈系统等方面。

最后，关于教学督导制度的工作机制，一般分为激励机制和约束机制。

激励机制，一方面体现在对督导专家的待遇支付和课时折算上，另一方面体现在对教师督导结果的量化考核上。《T 学院教学督导工作制度暂行规定》明确规定学院督导员聘任费每月是 200 元，系（部）督导员每年计 60 课时以作为对督导专家的工作奖励。

D 学院将教学督导考核成绩给予量化，明确规定：教师在教学督导上获得优秀、良好和合格的，在职称晋升时分别加 13 分、8 分、5 分，以作为对教学督导成效的奖励。教学督导不合格的教师在职称评聘、评优选拔等方面受限。

约束机制主要体现在职责的规定上。不管是对督导专家职责的规定，还是对院（系）以及教师在督导活动中职责的要求，都能产生一定的约束作用。

教学督导制度的执行主体是已经退休的老教授和在职的资深教师，从理论上来讲，他们没有教学管理的行政权力，似乎对教学发挥不了很强的规约作用，但是，作为代理方的教学督导小组，其背后实际的委托方是学校以及教学管理部门，它们确有教学管理行政权力，并且掌握着

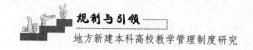

教学资源的配置权，再加上教学督导小组在督导过程中所依据的评判标准也是由学校和教学管理部门制订的，因此，教学督导制度对教学确实能发挥较强的规约作用。

3. 学生评教制度

学生评教制度的设立是为了推动教学管理的民主化，还权于学生，以保证教学质量评价的客观性、公平性和公正性。从原则上讲，学生作为评教的主体有自主选择权和评判权，不会受到自身以外其他因素的干扰，加上学生作为受教对象，他们对教学效果的评价也是最有发言权的。因此，学生评教制度一般被学校教学管理者认为是比较可靠的，多数学校将学生评教结果量化，以这种量化结果作为教师绩效考核、职称评聘等的重要依据。

以 B 学院为例。在《B 学院教师教学质量评价办法（试行）》中明确规定："学生评教、专家评教、同行评教、系（院、部）领导评教四部分构成比例分别是：学生评教占 70%，专家评教、同行评教、系（院、部）领导评教各占 10%。根据系（院、部）参加评价教师的最终评价成绩，确定教学质量等级，分为'优秀''良好''合格''不合格'四个等级。教学质量评价成绩是教师评先选优、职称晋升和年度考核的重要依据；教学质量等级连续两年为不合格的，属专职教师者须调离教学岗位，属兼课教师者不再安排其承担教学任务。"

在《D 学院教学名师工程评选办法》中，校级教学名师的评选标准为："多年来在教学一线被同行和同学认为师德高尚、教书育人成绩突出的教师，近三年年度考核均为优秀。"当然这个评选标准也包括学生评教结果。只有符合这一条件才能有资格参评教学名师，最终评选上的教学名师能够获得学校给予的物质奖励。除此，在《D 学院青年教学骨干教师评选办法（试行）》中，对参评教师的条件规定有："积极主动承担本、专科专业课教学任务，近两年承担两门以上基础课教学任务，教学工作量每年不少于 240 学时，教学效果优秀。"这里的教学效果主要参考的就是督导专家的督导考核和学生评教的结果。评选成功的教师能够获得相应的物质奖励。另外，D 学院学生评教的结果分为"优秀"

"良好""一般""不合格"四个等级,在职称评审的时候也会对应相应的量化分值,除不合格以外,分别为17分、13分和7分。正是由于学生评教的结果会对教师的切身利益带来实质的影响,加之学生评教背后体现的是行政权力的权威性,因此,教师还是比较重视这一制度,这一制度对教学的制约作用也比较明显。

4. 优秀教师(个人/团队)评选制度

教学质量的提高不仅需要通过督导、学生评教、领导听课等外在约束措施来促进,还需要适当的激励措施来提升积极性。评选优秀教师个人或团队的制度建设对于调动教师的教学积极性就具有重要的激励作用。

B学院《教学名师评选及管理办法(2009)》就是为了鼓励教师,尤其是高职称教师积极投身教学、进行教学研究和改革而制订的,并对评选的条件和范围、评选奖励办法等进行了规定。《校级优秀教学团队建设管理办法(试行)(2009)》的出台也是本着"全面建团队、层层抓重点"的原则,力求凝聚优势教学力量,从整体上提升学校教师的教学水平。《教学优秀奖评选办法(2012)》就是为奖励在教学工作中做出显著成绩的教学人员、调动广大教师的教学积极性、切实提高教学质量而制订的,《教学优秀奖评选办法》对评选的条件和范围以及表彰进行详细规定。

T学院也根据教育部和S省关于教学名师的评选规定制订了本校的《教学名师评选工作实施办法(2005)》,在办法中对教师参选的范围、条件、评选周期与办法等做出了详细的规定。《教学观摩活动实施办法(2005)》是为了充分发挥教师"传、帮、带"的示范作用,展现优秀教师的教学风采而制订的,学校会对教学观摩活动的优秀者颁发证书和奖金。另外,该学院为了总结、交流先进教学经验,引导中青年教师立足教学岗位,培养未来的教学名师,还专门制订了《中青年教师教学竞赛活动实施办法(2005)》,给优秀者颁发证书和奖金。

除了以上提到的这四种主要的教学质量监督和评价制度以外,还有

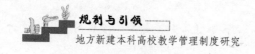

教师同行评价制度、学生教学信息员制度等。由于缺乏相应的文本依据，在此不再详述。

（三）教研和课程建设制度

教学改革研究和课程建设研究能为教学质量的提高注入新鲜的血液。为了鼓励教师积极参与到教学改革研究和课程建设中去，学校管理者出台了相应的政策规定来激励其积极性。

在教学改革和研究方面，以三所地方新建本科高校为对象进行搜集整理，发现他们都根据国家有关政策的指导，出台了推动教学改革和研究的指导意见。

T学院在国家有关政策的指导下出台了《关于实施教学质量与教学改革工程的意见（2007）》，对该校教学质量和改革工程的建设目标和建设内容进行了说明。《教学改革研究项目管理暂行办法（2006）》、《关于加强教学研究工作的意见（2005）》等也是同期出台的教学改革和研究政策，其主要目的是提高本校的教学研究水平，使教学改革真正落实，从而提高教学质量。

B学院和T学院类似，也在国家推出的教学质量和教学改革指导意见的基础上，结合本校实际出台了《关于本科教学质量与教学改革工程的实施意见（2008）》，以此作为全校改革推动的指南针，针对教学团队的建设、精品课程群的建设、教学研究的立项管理等事宜做出指导。

D学院的《关于进一步完善教学质量监控与评价体系的工作意见（2011）》《关于开展专业综合改革试点 实施人才培养模式系统化改革优化本科人才培养方案的指导性意见（试行）（2012）》同样为学校教学改革和研究进行指导。围绕教学改革，学校还针对教师推出了一系列的活动，如研究性课堂教学比赛、青年教师教学基本功大赛、"企业访问工程师"活动等。

同时，课程和教材建设是教学质量落到实处的重要支点，也是提高教学积极性的重要途径。为了能够促进课程和教材建设的规范化与常态化，三所高校也出台了相应的课程和教材建设规定。

B学院在素质教育背景下，为了调动教师参与应用型人才培养的积极性,特制订了《双语教学课程建设实施方案（2012）》《"十二五"教材建设规划（2011）》《本科课程评估管理办法（2012）》《精品课程建设实施方案（2012）》等一系列相关制度。

T学院也出台了类似的制度规定,诸如《教材质量评价办法（试行）（2008）》《关于印发优秀自编教材评选办法的通知（2008）》《关于加强教材建设工作的意见（2007）》《教材管理暂行办法（2007）》《课程建设委员会章程（2005）》《课程评估方案（2003）》等。

D学院在课程和教材建设方面也有相关规定,如《精品课程建设实施办法（2012）》《课程规范化建设实施意见（2009）》,在《课程规范化建设实施意见（2009）》里面包含了学校对课程建设若干细节的相应规定,诸如《课程教学日历编制规范》《课程教案编制规范》《多媒体课件制作推荐标准》《课程考试大纲编制规范》《课程网站栏目推荐设置》《规范化课程评价指标体系》等。另外,《教材选用订购工作细则》对任课教师在教材选用和订购中的责任也做了相应规定。

由此可以看出,目前地方新建本科高校基于科学管理和全面质量管理等思想,在国家和省级教育主管部门制订的教育法律法规、政策等的顶层指导下,基本上形成了一套覆盖面广、操作性强的教学管理制度。教学管理制度构成的三个方面相互关联、相互依赖。其中,日常教学管理制度建设能够稳定教学秩序,营造统一有序的管理氛围,是基础;教学质量监督与评价制度建设有助于及时发现问题,提高教学质量,是核心;教研和课程制度建设不仅有助于促进制度变革,为教学质量提高注入动力,而且还能够保证教学改革真正落到实处,是途径。

在教学管理过程中,脱离外在的约束和管理,只仰仗教师的道德自律,依赖教师的自主和自觉,有可能使教学活动陷入一种混乱、无序的状态。因为教师作为正常人,也是有人性缺陷和惰性的。"人是一种有限的存在:……如果从我们的观点看,纪律是善的,这并不是因为我们带着一种反叛的眼光来看待本性的作用,或者我们从中看到了一种必须打破的恶魔式阴谋,而是因为除非受到纪律的约束,否则,人性就不能

成其为人性。"① 因此，正规的、完备的教学管理制度的建立，不仅规定着成员的行为选择，还在某种程度上型构着人们的行为方式。这对于稳定教学秩序、提高管理效率、保障教学质量来讲不仅是必要的，也是基础的屏障。

二 教学管理制度的构成逻辑分析

教学管理制度的构建是在一定思维逻辑主导下的具体活动。而思维逻辑又反映了一定的理论范式。理论范式影响着具体的实践。地方新建本科高校现行教学管理制度的构成，从背后的思维范式看，体现了明显的线性牛顿范式（又称线性范式、线性思维范式）。

（一）线性范式的基本内涵

线性范式以物理和数字为基础，用数字建立基础原则。该范式的核心是机械运动原理，即认为世界是一部运转良好的机器，并确信因果关系的原则性和可预见性。这种范式的基本数学模型是线性的，认为管理环境可以被最大程度地加以预测。管理是一种决定性的操作。它能够导向明确的未来。

1. 线性范式的基础②

线性范式的三大基础，即简单思维、确定性思维和经验思维：

首先，简单思维认为系统是由基本的单元叠加构成的。人们可以通过分解这些要素单元，描述他们之间相互作用的关系，进而理解系统整体的活动情况。简单思维发源于希腊哲学思想中的元素论，认为某种原因必会导致某种结果。各要素的加总求和就是整体。整体的规律可以还原成各部分的规律。此思维下的管理侧重把握不同环节管理的有序性，认为管理中计划、组织实施、总结反馈等各阶段，如果能逐一顺利地开展和过渡，那么管理的最终目标就能水到渠成。这一思维的前提假设

---

① ［法］爱弥尔·涂尔干：《道德教育》，陈光金等译，上海：上海人民出版社2001年版，第52页。

② 吴岩：《教育管理学基础》，北京：清华大学出版社2005年版，第27—28页。

是,人们的行为与外界刺激之间存在明显的因果关系,即人们在外界刺激的情况下会出现刺激方所期望出现的行为表现。如果行为表现都如预期那般地出现,目标自然就会实现。这是典型的线性范式。

其次,确定性思维是线性范式的又一大基础。这一思维来源于牛顿和拉普拉斯的时空动力学定律,即任何系统当前的发挥都可以追溯到系统中目前正在起作用的力和系统的最终控制变量。也就是说,如果在清楚基本问题的情况下,人们就不存在任何不可预测的行为。这种确定性思维之下的管理是单向的、刚性控制式的管理。因为,这种逻辑强调:依靠缜密的计划、明确的目标和健全的刚性制度,就会达到高效的管理,并实现管理目标,所以,如果将制度视为管理的手段的话,在确定性思维那里,制度手段的采用与目标的实现就存在清晰的因果关系,即刚性的制度一旦制订和实施,有序的管理就会出现,管理的目标也会清晰地显现出来。

最后,经验思维是指用那些已经发生、完结的事物来预测、度量正在发生或将要发生的新事物的思维。[1] 这种思维是人们的知识积累到一定程度的结果。当人们的经验积累到足够多时,人们借助反思,将经验给予总结归纳,并在遇到问题时提供解决思路。这种凭借经验进行管理的方式可以最大限度地减少决策信息搜集的时间,也可以避免走很多弯路。它适用于环境变化较少,新问题出现不多,并且管理者的经验总结比较丰富、全面,同时管理者的权力拥有比较集中的情况。

从线性范式的基础可以看出,它与古典的科层管理范式之间存在对应关系。简单性思维对应科层管理中的劳动分工和任务分化;确定性思维对应科层管理中的可操作性、可预见性;经验性思维对应科层管理中的管理职能与执行职能的分离思想。

2. 线性范式运用于管理的基本假设

线性逻辑思维运用于管理中,一般包含三个假设。[2]

---

[1] 朱浩:《从线性到非线性:我国大学管理思维的延伸》,《理工高教研究》2009 年第 4 期,第 57—60 页。

[2] 吴岩:《教育管理学基础》,北京:清华大学出版社 2005 年版,第 28 页。

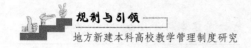

其一，组织是简单的封闭系统，很少受到外界各因素的干扰。其二，系统所处环境有足够的稳定性，保证管理者有充分的时间了解一个组织，制订详细的策略，并且直到最终策略实施完成。其三，在组织中，有一系列清晰的杠杆可以应用，使管理者可以从原因推断结果。其基本的图式如图 3-2。

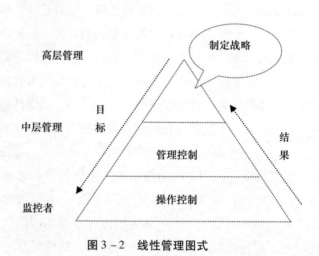

图 3-2　线性管理图式

以上三个假设在中华人民共和国成立初期的高校教学管理中具有成立的条件。首先，在中华人民共和国成立初期，国家为了集中资源，多、快、好、省地培养高层次的人才，在学习苏联教学集中管理模式的基础上，对高校的教学实施集权化、封闭式管理。高校作为人才培养的主阵地，除了行政力量外，很少受到外界因素，诸如劳动力市场、人才供求结构等因素的干扰。其次，高校内行政权力的优势比较明显，制度的制订是管理者实施管理的杠杆，它能清楚地预见教学秩序效果。最后，学校行政管理者可以根据国家的战略号召，制订学校管理的目标，并借助行政权力强力推行。正是因为以上三个假设在学校教学管理中具有成立的可能性，所以，在中华人民共和国成立初期，在高校教学管理中，线性逻辑思维被加以运用，以至于在现行高校教学管理制度中仍然可以清楚地透析出这种逻辑思维的影子。

（二）现行教学管理制度构成的线性逻辑体现

通过前文对地方新建本科高校当前教学管理制度构成的微观梳理，可以清楚地看到，在制度形成过程中具有明显的线性思维逻辑的痕迹。这些制度的价值取向主要是以学校为本位、以管理者为本位，强调学校和管理者对教学过程的控制以及对教学行为的规范。

1. 工具理性导向下教学管理制度的供给偏好

在线性思维下，对人性的研究仅仅停留在"经济人"的范畴之内。从亚当·斯密的"经济人"开始，到李嘉图的"群氓"[①]，再到泰罗的"理性经济人"探讨，无一跑出这种人性研究的视阈。"经济人"假设虽然看到了人的影子，但是它对人的关注只在其表，不在其内。因此，管理者比较重视理性管理，强调管理手段的工具价值。工具理性的内涵集中体现于外在规制和标准控制上。因此，工具理性又被视为"目的—手段理性"或"目的理性"。在其核心精神主导之下，管理者比较倾向于通过建章立制来实现标准统一和秩序合理的管理效果。因此，制度的供给偏好倾向于正式的制度，而非正式的制度因为对人的社会需要、自我实现需要等缺乏足够的关注而供给不足。

从目前地方新建本科高校教学管理制度的构成情况看，线性思维在教学管理中的典型表现是：简单地把教师"动起来""忙起来"与教育改革的成功、教育质量的提升直接对应起来。[②] 管理者想方设法，以全方位的考核制度以及细致周到的文本制度来规范教师的教学工作。教学管理制度的供给偏好是：分解教学管理的过程，为每一个环节准备大量的文本制度，以此来保证管理的高效和统一。从教学管理的计划阶段到组织运行阶段，再到评价督导阶段，皆如此。

2. 集中规制导向下教学管理制度的供给规模

受线性逻辑中简单思维和确定性思维的影响，科层控制倾向在教学

---

① 注："群氓"的人性假设是西方古代社会对人的一种惯性认识，认为人是追求个人利益的，多处于无组织的状态，组织和政府应该通过强制性的独裁管理对其实施控制。

② 冯大鸣：《教师的疲惫与疲惫的教师：问题与对策》，《教育理论与实践》2007 年第 1 期，第 21—24 页。

管理中体现无余。韦伯认为，只要按照集权管理模式，从上而下进行权力分配和资源配置，就可以维护良好的管理秩序。而权力分配和资源配置的保障则是建立在大量文书案卷和文本制度的基础之上。因为，科层制的组织活动是由一些固定不变的抽象规则体系来控制的，这个体系包括在各种特定情形中对规则的应用。①

集中规制导向的教学管理的运作逻辑是：教学管理部门自上而下集中管制，教师的教学工作要在制度等刚性规则之下固定有序地实施。由此，导致教学管理制度供给量相对较大。同时，在长期经验式管理思维的影响下，教学管理部门受苏联高度集中式管理模式的经验影响，在实施教学管理时往往容易采取"向过去求解"的方法。因此，在对地方新建本科高校教学管理制度构成的梳理中，可以发现：教学管理部门虽然在不断地调整教学管理制度的文本内容，增加人本管理的成分，亦或是不断增加教学管理制度的文本，但是，集中化管理的线性理念未曾从根本上消失，反倒是，随着管理的需要、教学事务的复杂程度的增加，制度文本不断增加，制度内容规定不断详细。

3. 标准化治理导向下教学管理制度的供给结构

线性逻辑的基础之一就是简单化，而简单化的最直接体现就是标准的统一。为此，在科层制管理中，韦伯也指出："与所有名誉职务的或者会议的形式相比较而言，科层组织技术导向下的标准化运作能达到治理的绝佳效果，既便宜又省力。"② 标准化治理的优势在于，通过标准化管理，既可以提高管理的效率，实现管理的目标，又可以凸显行政权力在组织管理中的权力优势。

在教学管理中，管理部门能在资源有限的情况下，面对复杂的管理环境与多样化的需求，将统一的规章标准注入复杂的治理中，从而化繁就简。由此减少了管理的成本，保证了管理的权威。教学管理中的标准

---

① 陈天祥、范琳琳：《基于科层逻辑的公共服务供给困境分析》，《江苏行政学院学报》2015 年第 1 期，第 97—105 页。

② ［德］马克斯·韦伯：《经济与社会（下）》，林荣远译，北京：商务印书馆 2006 年版，第 296 页。

化治理的优势在于，可以把复杂的事务性的工作"格式化""定型化"，按照一贯的规格管理，实现标准化管理的优势。

第三节　当前教学管理制度
设计缺陷分析

　　基于教学任务模块的教学管理制度设计，的确为提高教学质量、稳定教学秩序、优化资源配置提供了重要保障。但是，随着地方新建本科高校的内涵式跃进发展，当前，基于工作任务模块的教学管理制度设计逐渐显现出缺陷。这些缺陷又影响到教学资源的优化配置以及教学质量的提高。

一　现行教学管理制度设计缺陷的表现
　　通过访谈调查的结果和前文提到的地方新建本科高校教学管理制度的文本梳理，本研究发现，当前，在线性逻辑思维下地方新建本科高校教学管理制度的设计存在四个主要缺陷，具体表现如下：
　　(一) 以成文规则为主，非文本性制度建设缺乏
　　在工具理性管理思维之下，地方新建本科高校现行的教学管理制度，不管是从涉及的工作范围上，还是从内容规定上，都可谓全面，通过前文对制度的梳理可见一斑。这些成文的规则就像一张密织的网，网上的每个网结都代表了一项成文规则。而教师就像是被困于这些网结之中的受体，无论他身处哪个位置，其行动都不可避免地被不同的网结所牵制。[①] 这体现出管理者在教学管理正式关系处理上有较强的规制心态。
　　在调查中，教师的反馈也说明了学校管理者对教学管理成文规则制订和出台的倚重：

　　① 张伟：《学术组织中的成文规则——基于 A 大学的个案研究》，华东师范大学博士论文，2012 年，第 47 页。

学校和系里对老师的教学管理还是很细致的。我们院部领导给每位教师手里都发了一本《教师管理手册》，包括学校的教学制度、院（系）根据工作需要自己制订的规章条例。从规章所涉及的范围来看，老师教学的每个环节似乎都有执行标准。这的确给教学工作带来了一定的参考价值。（D 学院 Y 老师）

要说学校的教学制度还真是挺多的。记得学校迎接本科教学评估的时候，领导还检查老师们对制度的学习、识记情况呢。还别说，那个时候，你要问我学校有什么教学制度，我真能背出来。但是现在不行了，太多了，记不那么清楚了。其实，这些制度平时我觉得也没什么人会主动去看，只是用到了才会去了解一下吧。（T 学院 M 老师）

为了提高教学质量，教学管理者受理性管理的惯性思维影响，习惯于通过制订制度来约束教师群体。其基本假设在于：只要对教学的各个环节都制订相关的制度，教师就会按照学校规定的要求去完成教学任务，教学质量自然就会有保证。也就是说，在管理者看来，教学管理等同于制订教学管理制度，有了教学管理制度，教学质量也就有了保障。这种管理逻辑背后更多地体现了管理者的意志或者是管理者的权力主体身份，体现了对管理者和管理对象间正式关系的处理，是为了便于管理和控制。

但是，在管理对象与管理者之间，除了正式关系以外，还存在非正式关系，后者对成文规则的有效遵守有直接的影响。因为规则的内化和遵守从来都不是自觉、自愿的，它和管理者所采用的管理思维、管理方式以及组织文化有密切的关系。从某种程度上说，制度执行是一种纪律，文化是一种认同。只有随着时间的磨砺和积淀，当执行力逐渐成为学校成员的本能和习惯，成为群体无意识，成为工作的 DNA 时，才能表明学校的执行力文化已然形成。[1] 但是，现实是：教学管理者往往将

---

[1] 张东娇、徐志勇、赵树贤：《教育管理学》，北京：高等教育出版社 2011 年版，第 232 页。

教师放在被管理者或者是责任主体的位置加以规制管理，忽视了积极的价值规范、程序惯例、组织文化本身也是重要的制度要素——它可以作为成文规则的补充，强化成文规则的有效执行。这种对非文本制度的忽视导致了成文规则的非文化倾向、制度为人的人文价值的缺失，反倒无益于成文规则的作用发挥。

（二）以工具理性为主，价值理性不足

教学管理部门基于科层结构的合法性所形成的教学管理制度模式体现出了明显的工具理性：在教学管理目标上更多追求行为的统一和高效；在决策方式上以行政决策为主；教学管理权力的运用侧重的是法定的职权、奖惩权和强制权；在制度传递上往往采取"自上而下"的行政路径。具体来看，这种工具理性在制度文本中也体现的较为明显。比如 T 学院在《教学管理工作条例》开篇提到："为实现教学工作的科学化、规范化、制度化管理，切实提高教学管理水平、教学质量和办学效益，保证人才培养质量，特制订本条例。"文本开篇中提到制度制订的目的是"要保证管理的科学化、有序化和制度化"，而将人才培养质量的保证放在其后，说明管理者的工具理性优于价值理性。另外，在制度文本中，"不得""必须"等字样反复出现，"报教务处批准""经教务处同意"等语言也频繁出现，说明教师和教学管理者之间的社会关系更多地体现为被动承受、听令执行的基本特征。这种制度发挥作用所依赖的外控作用机制常常给人带来一种缺乏被信任和被尊重的挫折感，尤其是对于高校教师这样一个专业自主意识较强的群体而言，他们感觉到的是种种"被绑架"和"不自在"，甚至出现对组织抵触的倾向[1]，导致教师花在办公室的时间不是增加了，而是减少了，因此，学校不得不制订补充规定，这样又进一步产生了疏远感[2]。

正如 D 学院 F 老师所言：

---

[1]　张波：《我国大学本科教学管理制度研究》，华中科技大学博士论文，2009 年，第 109 页。

[2]　[美]罗伯特·伯恩鲍姆：《大学运行模式——大学组织与领导的控制系统》，别敦荣主译，青岛：中国海洋大学出版社 2003 年版，第 111 页。

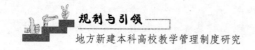

学校制订的教学制度，虽然是必要的，但是常常给我们带来一种压抑感。每当领导在例会上说"按教务规定，老师们应该在什么时间内，按照什么规范要求，完成什么任务"时，心里总会有一种莫名的不得不照做的感觉。有些明明是对自己有利的或者是我们老师分内的事情，也会被视为上面交代的任务。（D 学院 F 老师）

在教学管理过程中，基于专业分工和信息不对称，管理者和管理对象也存在委托—代理关系。这其中，以契约形式存在的制度能否被有效遵守，取决于双方能否在交互实践基础上生成共享的行为意义，成为利益的共同体。

在现实中，受"官本文化"和"精英文化"的影响，学校内部出现了少数领导人和被领导的教师之间的两极分化。在这一分化的过程中，少数行政权力精英或者行政权威和学术权威合一的权力精英与普通教师在利益上发生了分歧。前者需要通过制订大量的制度来彰显其权力并实施管理。他们对于组织内部的成文规则的选择，一是要实现对组织成员的控制，维持组织的稳定；二是要彰显其行政绩效。① 与此同时，作为普通大众的教师群体，在基于组织权力精英人才培养而成为代理人的情况下，他们也想获得利益的满足。这里的利益包括物质利益和精神利益，其中的精神利益最主要的就是获得尊重和实现自我专业发展。当教学管理者仅仅依靠权力，单向度实施外控，没有充分体现出对管理对象应有的人文关怀和价值肯定时，那管理者的价值观、管理理念以及其制订的制度就很难产生价值权威，很难轻易地流进被管理对象的内心，然后通过内在的理解和相互的学习来建构共享的意义，并适当的外化于行为表现。

（三）以管理者为本位，制度对象利益不彰

当前，地方新建本科高校教学管理制度设计多以管理者为本位，制

① 方明军：《大学隐性激励》，华中科技大学博士论文，2008 年，第 17 页。

度对象利益不彰。这体现在两个方面。

一是教师参与教学管理制度制订的程度低，行政力度明显优于学术力度。教学管理制度作为协调管理双方关系的基本准则，应该体现出双方平等的契约关系。但是，从前文教学管理制度文本中反复出现的"不得""必须""不能"等高频词汇，以及管理制度最终合法解释权的归属可以看出管理者的本位倾向。如 B 学院在《教学工作规范》关于作业布置与批改中规定："批改作业要规范，注明批改日期等，错误部分应尽可能标识明确。教师批改作业要写批改记录……各门课程的作业原则上应全批、全改。""教学工作必须服从院（系）、教研室教学安排，应保质保量地完成规定的教学工作任务。""本规范最终解释权归教务处。"透过制度文本的规定可以看出，教师在教学管理制度制订的过程中处于末端位置。由于教学管理者没有充分地认识到教师的对象主体身份，只是单纯地将其视为管理客体实施外控，体现出了管理者较强的权力主体意识，也表明管理双方在权力彰显上的不平等，即行政力度明显强势于学术力度。

不可否认，学校教务处等管理部门在起草或修订教学管理制度时是发起者或组织者，能够起到重要的组织协调作用。但是，因为这个理由而忽视广大教师积极参与教学管理制度制订和修改的作用是不合理的。这会影响到对制度的合理性和合法性认可，制度执行的有效性也会大打折扣。

二是制度形成的出发点是"提效率，保太平"，对教师专业发展促进不足。通过前文对地方新建本科高校教学管理制度形成的宏观政策指导以及具体规定的梳理可以发现，学校管理者作为教育行政部门的代理人，具有教学管理的当然权力。因此，他们为了维护和彰显其自上而下获得的教学管理行政权力，往往通过制订教学管理制度来实现。通过对教师的教学进行监管和干预来期望维持良好的管理秩序，调控、改进教学管理制度所认定的教学不规范行为，以实现教学管理的高效率。这种制度形成的出发点往往在制度文本中被明确表达出来，如"为了加强教学管理，规范教学秩序，确保教学质量，特制订本规范"，"为维护教

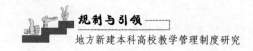

学秩序，强化教学管理，从严治教，进一步规范教学和管理行为，特……"根据这种管理思想所形成的制度，注重对教师行为的约束和框定，很少考虑教师的专业发展需要和主观感受，也不太考虑专业化教学的需要。因此，教学管理制度从功能发挥的价值理性来看是不合理的，这种不合理不是因为对教师的教学形成了约束和限制，而是因为这种约束和限制对教师的专业发展产生了负面的作用。①

正如某位教师所言：

> 学校制订的教学管理制度对教师的教学来说没有充分的激励性，反而让教师产生强烈的制度性压抑，感觉他们干预教学太多、太细了。老师们在教学中的专业自主权实际上被弱化了。（D 学院 S 老师）

（四）以结果导向为主，缺乏过程思维

目前，地方新建本科高校教学管理制度的制订，往往从科层控制的理念出发，只以统一行为主体的行为表现，以及实现有序化的管理为目标取向，忽视了管理对象在管理过程中的参与性，也忽视了在管理过程中对制度本文的不断调整和完善。

一是制度文本过程性调整比较滞后。现行地方新建本科高校教学管理制度的形成大多是在这些学校刚刚合并、组建，升格为学院之后建立的。如 T 学院的《教学管理条例》形成于 2004 年，《教师排课、调课、停课管理暂行办法》也是同一年制订的，另外的《学生作业管理办法》《优秀青年教师评选暂行办法》等也都是在同一年制订的，至今没有修改补充。但是，这些制度文本中的很多规定随着教学管理工作的需要以及人才培养目标的调整，有些已经不合时宜，亟须调整。由此可以看出，地方新建本科高校教学管理者在对教学管理制度文本的制订方面，

---

① 房敏：《高校教师教学管理制度执行"中梗阻"问题的反思》，《现代教育科学·高教研究》2014 年第 1 期，第 46—50 页。

是以结果为导向的，缺乏全程管理的思维。另外，即使在教学管理制度文本中，有一些会体现出过程性的文件，但是这里的过程性制度也是为结果导向所制约的，是为了达到统一化管理、有序化管理的结果而实施的过程管理，缺乏在过程管理中的参与性和民主性。

二是教学管理制度制订时的民主程度较低。既然该制度制约的对象是教师，按理来说，教师应该全程参与教学管理制度的制订，才能保证该制度的有效执行。但是目前，在教学管理制度制订的过程中"无教师"参与，或者说教师群体被边缘化了。教学管理制度的制订过程应该是先基层调研，在调研的基础上再由教务部门行文，然后下发到二级学院内部接受基层的第二次意见反馈，再报教务部门，以做完善。但是目前，大多第一次调研的环节被取消，在第二次调研时，教师大多认为"我们人微言轻，提了也白提"，他们很少谏言，一般走走过场就算了结。所以，教师作为该制度的受约主体，在教学管理制度制订的过程中没有充分参与，没有意见借鉴，故在制度的执行中出现问题也是想象之中的事情了。

二　造成现行教学管理制度设计缺陷的关键要素分析

造成现存教学管理制度设计缺陷的因素有很多，诸如外界教育行政管理环境、高校趋同以追求合法性的影响等。但是，从关键要素看，制度设计价值取向的偏差起了关键作用。由于当前教学管理制度是以管理者为本位的，所以制度设计者的价值取向就决定了教学管理制度的价值取向。教学管理制度作为现代大学管理制度构建的一部分，其价值取向和大学管理制度的价值取向应该是一致的。从本质上讲，现代大学管理制度取向是人们在现代大学管理制度的制订与实施过程中，基于对大学组织特性及其对人性的理性认识基础而对大学管理制度的倾向性所做出的选择。[①] 管理者采取什么样的管理行为，取决于他所佩戴的"观念眼

---

① 康翠萍、黄瞳山：《现代大学管理制度取向研究——基于大学组织特性及人性的思考》，《教育研究》2012 年第 5 期，第 59—63 页。

镜"。① 对地方新建本科高校教学管理制度设计价值取向的把握离不开教师人性、院校组织属性、制度本质这三副眼镜。透过这三副眼镜，可以深刻地理解教学管理制度设计缺陷产生的原因。

（一）制度设计者对教师人性认识的偏差

人性，作为哲学概念，存在于每一位个体身上，贯穿于全部人类历史发展过程中，并使人类区别于动物。② 人性假设是在管理学中对于人性问题的一种判断，以及据此判断而提出的管理方针和策略。管理学家道格拉斯·麦格雷戈（D. M. McGregor）曾说过："在每一个管理决策或者每一项管理措施的背后，都必须有某些关于人性本质以及人性行为的假定。"③ 教学管理制度作为实施教学管理的重要依据，其设计缺陷反映出制度设计者在教师人性本质问题上认知的偏差。

1. 人性假设是教学管理制度的逻辑起点

"人性的不同概念导致对于我们应当做什么、我们何以能够做的问题有不同的看法。"④ 也就是说，管理中的理论和实践都是以一定的人性假设为逻辑起点的。而管理中的人性，实际上主要指管理者对被管理者的需要和劳动态度的看法，并在此基础上探讨人性和管理之间的统一性。在西方管理学从传统到现代的发展过程中，人性的假设主要有四种，即"经济人"假设、"社会人"假设、"自我实现人"假设和"复杂人"假设等。在不同的人性假设之下，形成了不同的管理理论和管理模式。美国心理学家麦格雷戈用"X 理论"对应"经济人"假设的认识，主张胡萝卜加大棒式的管理。他又用"Y 理论"对应"自我实现人"的认识，主张组织不要压制员工，要给员工提供机会，由员工自我激励，自然地实现组织目标。后来，他又用"超 Y 理论"对应"复杂

---

① 梁红梅、王景英：《20 世纪西方教育组织理论视阈下学校观的嬗变》，《外国教育研究》2007 年第 6 期，第 35—39 页。

② 安文铸：《现代教育管理学引论》，北京：北京师范大学出版社 1995 年版，第 93 页。

③ 彭新武：《管理哲学导论》（第二版），北京：中国人民大学出版社 2014 年版，第 233 页。

④ ［美］莱斯列·斯蒂芬森、大卫·哈贝曼：《世界十大人性哲学》，施忠连译，上海：复旦大学出版社 2007 年版，第 4 页。

人"的人性认识，主张实施权变式管理。由此可见，在管理学中，人性假设的判断与管理理念是紧密相连的，有什么样的人性认识，就决定了在管理中会采用什么样的管理方式。

从教育学角度来看，教学管理制度作为教学管理实施的重要依据，其根本目的是保障教学质量，实现人才培养的目标。那么，通过什么样的建制来实现目标呢？这就与制度设计者对管理对象人性的认识和理解有直接的因果联系。苏联教育家赫尔巴特对受教育者的人性认识偏重于性恶论，主张通过严格的制度对受教育者实施惩罚教育。而杜威、裴斯塔洛齐等人对受教育者的人性认识偏性善论，主张自然主义教育，回归学生的本性，尊重学生的自由，反对通过严格的制度对学生实施惩罚教育。由此可见，教育中的人性假设是教育活动开展的前提或者是逻辑起点。由于对人性的认识存在差异，所以导致教育的目标追求存在差异，在教育活动中教育手段和教育方法的采用也存在较大的差异。

教学管理制度作为管理者实施教学管理的重要手段，制度的制订既受到管理学中人性假设的影响，同时也受到教育对象或者管理对象自身因素的影响。对管理对象不同的人性认识会造成教学管理制度的建制理念和基本措施的差异。因此，人性假设是教学管理制度的逻辑起点。

2. 一般管理学的人性假设不适用于教学管理制度

一般管理学主要是以企业管理为对象，其人性假设之所以不适用于高校教学管理制度，最主要的原因在于高校教学管理和一般的企业管理相比存在特殊性。具体表现在以下几个方面：

第一，高校教学管理的对象是高校的专业化的教师。这一群体一般专业文化水平较高，专业知识比较丰富，且具有较高的社会地位和职业道德修养。与对组织的忠诚相比，他们更忠诚于自己的学科背景。同时，他们的自主意识和自我价值实现意识也比较强烈。因此，对高校教师的教学管理，不能完全照搬"经济人"假设之下外控式的企业管理模式。管理者出于对教师不信任的心理判定以及对拥有权力的自我保护而过度强调教师"经济人"的特性，将教师置于被监管的位置，而他们只扮演管理者或者评价者的角色，对教师进行"自上而下"的强制

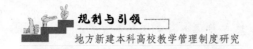

管理。长此以往，就会在高校中形成异化的教学管理文化，即无论任何时候，管理者都可以不假思索地把自己凌驾于教师之上，随时运用各种方式和手段对教师的教学予以监控和评判。①

第二，高校教师的教学工作具有活化性和模糊性的特点。高校教师的教学工作所面对的对象是具有较强主观能动性且处于发展中的学生。它不像企业员工的生产工作那样具有高确定性、可测量性，可以借助制度，明确地告知企业员工他们该做什么、不该做什么、做到什么样的标准会得到何种报酬，反之，会受到何种惩罚。高校教学的对象具有能动性和发展性，这样的特点决定了对教师的教学管理不可能仅依靠现成的制度实施确定性的管理，也不能完全凭借量化的方法去衡量教学的成效。因为教学工作不光是一项专业性的技术工作，更是一个良心活。因此，"由于教学的不可测量，建立在伦理标准、行为规范等非正式规则之上的人际关系（表明被阻止或接受的程度）就几乎成为不可替代的标准。"② 教师作为专业人员，更渴望"圈内认同"。为了获得圈内的认可和尊重，他们会有选择地接受圈内群体道德规范的规约。在对教师的约束方面，相比那些过多、过细的制度，教师认可的主流价值观会有更实质性的约束作用。

第三，教学工作依存的高校是一个二元结构组织。受韦伯科层组织理论的影响，很多学者将高校视为科层组织，认为高校是与科层组织有诸多相同特征的正式组织。③ 的确，高校在某些方面具有鲜明的科层组织的特点，如强调工作分工、法理权威和人员的专业化等。但是，高校除了具有科层组织的特性以外，还具有松散结合的组织属性。高校组织属性的特殊性根源于高校权力结构的特殊性，即企业组织的权力是一元

---

① 张波：《高校教学质量保障体系构建中应予关注的几个问题》，《高教发展与评估》2009 年第 1 期，第 8—10 页。

② 曾晓东：《中小学教师管理的制度分析》，北京：北京师范大学出版社 2005 年版，第 10 页。

③ ［美］韦恩·K. 霍伊、塞西尔·G. 米斯克尔：《教育管理学：理论·研究·实践》（第 7 版），范国睿主译，北京：教育科学出版社 2007 年版，第 94 页。

化的，可以凭借科层制自上而下地等级分解，但高校是一个行政权力和学术权力并存的二元权力结构。在二元权力结构之下，行政力量在管理专业性的教学工作时，不能忽视专业力量对其工作效能的影响，应该尊重专业人员的学术权力，尊重他们身份的双重性——既是管理对象，又是教学主体，不能简单地为了达到管理目标，借助制度进行严密的单向控制，而应该在行政权力和学术权力之间保持松散结合的关系。

总之，由于高校教学管理的特殊性所在，一般管理学中的人性假设不能简单地照搬到教师的教学管理中来。那样做，不仅不会提高教学管理的效能，而且反而会导致教师对教学管理的排斥。因此，我们在探讨教学管理制度时，需要反思教师人性这个一元认知的合理性和科学性，确立适合于高校教学管理特点的人性假设。

3. 制度设计者对教师人性认识偏差的体现

目前，在地方新建本科高校教学管理中，管理者对教师人性本质的认识缺乏一以贯之的连续性。在制度建立时对教师人性认识更倾向于"经济人"假设，试图通过建章立制来压制教师人性中"自我"的"恶"，对教师"社会人"和"文化人"本质中的"超我"特质缺乏充分的肯定和尊重。但在制度执行时，管理者又恰恰强调教师应该充分张扬人性中"超我"层面的道德本质，主动自觉地配合和执行教学管理制度。前后不一致的对教师人性认识为教学管理制度缺陷的形成埋下了伏笔。

（1）教学管理制度设计者对教师"经济人"本性的强调

管理学中"经济人"假设强调管理对象人性"恶"的一面，认为人的一切行为都是为了最大限度地满足自己的私利，进而逃避工作、逃避责任。因此，必须用强制、惩罚的方法才能迫使他们为达到组织目标而努力工作。金钱能够极大地激发人们的工作热情，适当的惩罚能够打击人们的惰性。针对教师人性"恶"的"唯利"假设，管理者往往采用外控式方式，通过等级制组织结构的设置、严格的制度和程序惯例等手段提高管理效率。在管理中，管理双方的关系是建立在利益的满足和被满足基础之上的一种交易性的关系。这种人性假设在教学管理中的价

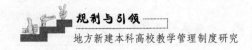
值主要是体现了对教师人性中"逐利"这一自然本性的认可和满足。但是，对于高校教师这一群体而言，他们不只是有逐利这一自然本性需要，还有其他的社会需要。

有些管理者在教学管理中出于对教师不信任以及对自身拥有权力的自我保护而过度强调教师的"经济人"特性，将教师置于被监管控制的位置，而他们只扮演管理者或者评价者的角色，利用教师想"规避惩罚、获得奖赏"这一行为动机对其进行"自上而下"的强制管理。长此以往，就会在学校中形成异化的教学管理文化——即无论任何时候，管理人员都可以不假思索地把自己摆在既凌驾于教师之上，又可以随时运用各种方式和手段对教师的教学予以监控和评判的位置上。① 在这种管理文化之中长期生存的教师往往处于沉默状态。他们谨小慎微地按照制度的要求行事，而忽略了这样做是否有利于学生的全面发展、是否有利于学校的长远发展。在这种目标—手段的置换中，目标中原有的价值取向被遮蔽，行动中的人们失去了价值缰绳。②

同时，在制度规则的限制之下，教师往往会按照规定的标准去做——比如，学年最低课时量的规定，就导致部分教师尤其是高职称教师按最低工作量来承担教学任务。这与规则制订者的初衷不太一致。管理者制订规则的本意是想以此促使高职称教师多给学生上课，提高教学质量，但是却使得高职称教师个体或群体追求"底线绩效"。因为过多、过细的成文规则"为组织成员提供了有关可接受的最低工作绩效水平的暗示。这种认识会引导一个组织的劳动者将其努力程度只调节到可接受的最低水准"。③ 这种表面沉默、照章行为的背后，隐含着他们对规则的隐性抵抗。在很多教师看来，将教学置于科层控制的范式之下，

---

① 张波：《高校教学质量保障体系构建中应予关注的几个问题》，《高教发展与评估》2009 年第 1 期，第 8—10 页。

② ［英］齐格曼·鲍曼：《现代性与大屠杀》，杨渝动、史建华译，南京：译林出版社2011 年版，第 280 页。

③ ［美］E. 马克·汉森：《教育管理与组织行为》，冯大鸣译，上海：上海教育出版社2005 年版，第 42 页。

会使其逐渐弱化为非主体性活动。教师对教学内容的选择、教学手段的设计、教学效果测量方式的选择等不得不顾及某些督导指标或者评价指标。一些规定比较苛刻的制度文本，对教学创造性的发挥以及教学自由权利的保护产生了限制作用。

（2）教学管理制度设计者对教师"社会人"中"超我"本性的忽视

教师，一直以来被人们视为最光辉的职业。有些学者指出："社会对教师的道德要求陷入神圣化的地步，同时，由于教学的不可测量，建立在伦理标准、行为规范等非正式规则之上的人际关系（表明被阻止或接受的程度）就几乎成为不可替代的标准。"① 这说明，教师作为社会成员，渴望"圈内认同"，其个人的种种决定总是要符合团体成员的身份。② 他们为了获得行为圈子里其他人的认可和接受，为了融入这一圈子，就会有选择地接受群体道德规范的规约，以实现制度化。教师群体对圈子归属的强烈认同，给教学管理者的管理带来的启示是：管理者不应该仅通过过多、过细的制度来规制教师，而应该对教师"社会人"中"超我"的本性给予肯定，通过积极地灌输主流价值观来获得教师对道德权威的认可和自觉遵守。

在地方新建本科高校，当教学管理者进行教学管理制度设计时，往往将教师的自利或者功利性的考虑升级。他们觉得："在非义务教育阶段，教师和学校的关系具有民事关系的性质。在这种学校中，人们的行为常常具有比较强烈的功利性的色彩。教师的任职往往具有一种获得回报的动机和愿望。学校组织和学校成员间的关系常常具有一种交换关系。"③ 这种关系的扩大化理解，会导致教学管理者在对教师进行教学

---

① 曾晓东：《中小学教师管理的制度分析》，北京：北京师范大学出版社 2005 年版，第 10 页。

② ［美］托马斯·J. 萨乔万尼：《道德领导——抵及学校改善的核心》，冯大鸣译，上海：上海教育出版社 2002 年版，第 30 页。

③ 谢维和：《教育活动的社会学分析——一种教育社会学的研究》，北京：教育科学出版社 2000 年版，第 202 页。

管理时，更多地依靠成文的、刚性的制度来进行约束，忽视了教师和其他管理对象除了逐利这一共性的本性特征以外，还具有"社会人"中"德化超我"的本性。

但是，"社会人"中的"德化超我"不是没有基本的经济利益要求。如果将这一人性认识置于"经济人"的对立面——认为其只追求群体归属和"圈内认同"，并不计较利益得失，只要融入某个群体，其工作效率和质量会自然而然地提高——那建立在这样的人性认识基础上的管理将是脆弱的、危险的。从长期来看，忽视基本经济利益满足的"社会人"假设不仅会影响成员个体的可持续发展，而且会销蚀成员对组织或者管理者的信任，最终会因群体承诺或者组织承诺降低而影响到工作行为和工作效果。正如沙因曾言："如果组织是建立在理性——经济人假设或者是社会人假设基础之上，那么它把员工当作小孩子对待，期望他们像小孩子那样顺从组织的管理，这种管理模式最终会导致组织的灭亡。"① 因此，在利用主流价值观进行教学管理时，也必须考虑到对教师作为行为者的利益激励。

（3）教学管理制度设计者缺乏对教师"文化人"本性的尊重

教师是生活、工作于各种文化符号构成的文化环境中的人，因此，教师是"文化人"。基于教师"文化人"的本性对教师开展教学管理，不仅要尊重教师的基本需要，借助成文的制度来实施理性管理，还需要借助非理性的文化管理来回归高校组织的文化特性。后者相对于前者来讲，对高校教师的制约作用可能更深入、更持久。甚至可以认为，在理性管理模式下管理的理念和制度能否被教师认同、接受，以及建构共享意义，在某种程度上取决于管理双方是否建立起文化共同体关系。

在卡西尔看来，"文化人"并非"实体人"，而是"关系人"，应注重整体和谐。② "实体人"强调主客二分，强调个体作为物而存在的客

---

① ［美］埃德加·沙因：《组织心理学》，马红宇等译，北京：人民大学出版社 2008 年版，第 71 页。

② 彭虹斌：《文化人假设与教育管理理念的变革》，《教育研究与实验》2012 年第 2 期，第 6—10 页。

观状态，忽视人的主动性和自我选择性。而"关系人"强调的是个体存在者与环境的互依性、动态发展性以及人在环境中的主动性，同时强调人性对通过实践建立起来的关系的依赖，而这种关系维系的纽带就是人们在互动的劳动创造中形成的文化。因此，"文化人"的关系思维在管理中就是要重视管理者之间、管理者与管理对象之间以及管理对象间的关系和谐。高校教师作为高级知识分子，他们之于"文化人"的人性特性更明显。因此，在教学管理中，"文化人"假设意味着管理者要深度重视教师这一精神属性的人性存在，对教师要给予充分的信任，并且注重与教师的沟通互动，通过互动促进管理理念在管理双方之间的转化，促进管理对象对管理制度的认可和接受，以致形成积极的、共享的行为文化氛围。

但是，现实研究发现，地方新建本科高校教学管理所采用的制度模式，往往将教师自觉不自觉地放在"客体"的位置上，实施外控式的制度约束，强调明文的制度对教师外在的监控和规约，缺乏对教师积极的精神文化的引领。这种重外在控制、忽视教师内在对制度选择和建构的管理模式，虽然能够保证教师按照管理者要求完成教学任务，但是却造成管理双方关系的疏离。

另外，从应然层面看，教学管理活动应该能促进教师专业发展，提高管理的效率，节约制度框架内教学行为管理的成本。这些应然层面效能的实现取决于管理者对管理对象的人性认识以及在此基础上采取的制度化管理形式。如前所述，如果管理者能尊重教师群体的"文化人"这一人性特点，树立主体间性关系，善于从底层挖掘教师的潜在想法，并借助一定的交流平台，与管理对象充分互动，那么双方就会在行为过程中形成共享的基本假定——这些共享的行为假定往往被看成是理所当然的。当管理者再将基本假定表层化或者条文化的时候，教师就会高度认可和接受。这样做，既能节约管理成本，同时也能保障教师在制度框架下的教学自主权，提升管理效能。

但是，在实际上，通过对教师群体的调查发现，在地方新建本科高校的教学管理活动中，制度设计者对教师的"文化人"这一人性特点并没有足够重视，没有意识到真正的管理权威不是来自于职位、来自于外部的行政授予，而是来自于教师心里对管理的认可、接受，也没有意识到"以文化化人"的重要性和必要性，更没有认识到高校教师能在积极的文化环境中主动地去实现制度化的潜在动机。学校领导和有关部门基于教师"经济人"特点的假设，制订了一系列的教学管理规制性制度，将教师放在被管理或者被督导的客体位置上，对教学进行监督和控制。受面子文化的影响，加上管理者对资源分配权的掌控，教师不会明显地与管理者对着干，但实际却降低了制度的真实效用。因为，根据经济学中边际效用递减原理——每增加一个单位的消费量，由消费增量所带来的效用满足是递减的。在教学管理中，随着管理者制订出台的教学制度的增加，由增加制度所带来的实际效用会由于制度对象的情绪或者行为抵触而递减。

总之，由于制度设计者放大教师"经济人"本性中"恶"的一面，忽视"社会人"中"德化超我"以及"文化人"的本性，导致在教学管理制度设计时出现以管理者为中心，重成文规则、重外在控制、重工具理性的缺陷。因此，我们必须正视这种偏差，基于对教师人性的合理认识去重构教学管理制度，进而提高教学质量。

（二）制度设计者对学校双重系统组织属性认识的偏差

教学管理制度的设计者对高校组织属性的不同把握在一定程度上也决定了制度的价值取向。受组织发展理论的影响，学术界对高校组织属性的认识经历了一个动态发展过程——由强调高校是科层组织以求效率，到松散结合组织以求权变，再到双重系统组织以求整合；高校既具有科层组织属性，也具有松散结合的学术组织属性——这样一个认识递进的发展过程。不同的组织属性认识导致组织管理者采用的管理模式具有很大差异，甚至可以说，在组织管理过程中出现的许多问题都和组织属性能否正确定位有关。本研究认为，地方新建本科高校当前教学管理制度设计缺陷的存在与制度设计者对学校双重系统组织属性的认识不到位也有内在的关联——过分强调学校科层组织的属性，忽视其松散结合的学术组织属性。

1. 教学管理科层化的体现

既然科层制已经成为现代理性组织的符码影响到各类组织，那么，地方新建本科高校作为制度环境中的一部分，也在所难免地要接受科层制的组织形态。受韦伯科层组织理论的影响，很多学者也将学校视为科层组织，认为学校是与科层组织有诸多相同特征的正式组织。[①] 本研究认为，学校在某些方面的确具有鲜明的科层组织的特点。[②] 地方新建本科高校内部教学管理具有明显的科层化倾向，具体体现如下。

（1）教学管理的理念侧重工具理性的价值取向

第一，在教学管理内容上注重全面性。教学管理者对教学的管理涉及各个环节，从教师的备课、讲课到课后的辅导、作业等都有相应的行为规定；从管理过程看，还对涉及的教学管理阶段——包括教学计划的制订、计划的实施、评估反馈等也有相应的规定。受科层理性管理思维的影响，教学管理者的思维假设是：只要在教学工作的各个环节或者细节上有相应的制度可以依据，那么教师的教学质量就一定会提高。这种线性思维方式在对制度的作用做出过高估量的同时，对教师群体的道德自觉进行了过低的假设。

第二，教学评估体系注重指标化。教师的教学工作相对于科研工作来讲具有模糊性、不确定性。因此，教学管理部门为了促进教学、督导教学活动，根据教学环节设置了相应的指标。比如，一学期不同职称的教师应该达到的最低课时量、承担的课程门数、学生和督导专家督导评价结果的等级设置、教研立项以及成果等级划分等。这些指标的设置，一方面方便了教学管理者的工作，使他们在工作中有了抓手；另一方面也为教师在教学工作中指明了努力的方向。但是，不足之处在于，过于指标化容易导致教师只顾完成指标的最低要求，而忽视教学过程的真正效果，诱发目标和手段的置换。

---

① ［美］韦恩·K. 霍伊、塞西尔·G. 米斯克尔：《教育管理学：理论·研究·实践》（第7版），范国睿主译，北京：教育科学出版社2007年版，第94页。

② ［美］罗伯特·G. 欧文斯：《教育组织行为学》（第7版），窦卫霖、温建平等译，上海：华东师范大学出版社2001年版，第158页。

第三，在教学管理标准上注重统一性。教学管理部门为了高效率地管理教学工作，制订了一系列的评估指标，虽然这些评估指标根据学科差异进行了适当的调整，但是对于所有的同学科内的教师来讲都是统一的。衡量标准的统一性固然能够提高管理的效率，也能促进教师之间相互学习、相互竞争，但是，教学是有个体差异的。有的教师擅长研究不擅长表达，上课效果不好，学生评教或者督导评价比较低，而其教学研究可能做得较好；另外一些教师可能上课效果好，但是研究能力欠缺，成果不足。对于这两种类型的教师采用统一的标准进行衡量是不适当的，会给教师造成制度性的压抑。

第四，在教学管理方法上注重可量化。教学管理者针对以上提到的评估指标，分项量化打分，然后折合出总分，按分数的高低排序决定教师的利益所得。比如，在职称评聘的时候，学生评教、督导评价的优秀、良好、及格等分别对应不同的加分；在不同级别的刊物上发表科研论文也对应不同的加分；申请的科研课题会根据级别的不同进行不同加分等。由此可见，工具理性在教学管理过程中无处不在，它甚至成为教学管理工作的主宰。但是，这种强调效率、淡化人文价值的科层化管理对于专业性的教学来讲的确是不能完全适用的。

（2）教学管理组织机构和权力等级设置呈现金字塔结构

在地方新建本科高校内部，关于教学管理机构的层级设置具有明显的科层制色彩。在具有二级学院建制的高校中，教学管理系统一般被分为校级和院（系）级两个等级。它们之间有着严格的权力等级，系主任对院长负责，院长对校长负责。校长负责全校的教学管理战略规划和决策制订；院长一方面要负责传达学校领导的有关教学管理或者教学改革的精神和指令，监督、指导院（系）内部教师贯彻和执行精神和指令；另一方面还要负责把基层教师的意见和指令执行情况向上传达，做好领导和教师之间的沟通、协调工作以及院（系）的发展规划；系主任主要负责具体教学工作的安排、检查等。教师作为权力等级的末端受众，他们主要负责具体的教学工作，教学评价主体的选择、评价标准的确定等由相应的教学管理部门和人员确定。

这种科层制的组织机构和权力等级设置的优势在于学校领导的要求和政策能够高效率地传达到基层教师那里，由教学管理部门统筹规划学校教师的教学工作，保证了教学秩序，提高了管理工作的效率，同时也营造了一种统一、有序的学校文化。但是，最大的不足在于学术权威的不彰。因为，在科层组织中，权力等级主要指的是职位赋予的行政权力，虽然在韦伯的科层制中也提到要重视行政人员的专业素质，但是韦伯所指的专业素质其实充当的是辅助角色，拥有专业素质只是为了让行政人员获得更高的合法性，以达到巩固领导职位、发挥领导功效的目的。所以，对于大部分没有行政权力的教师来讲，在已经被科层制神话笼罩的高校内部，他们只能谨小慎微地做着他们"该做"的工作，承担着他们"该承担"的责任。

（3）学校教学管理的主要依据是法理权威和制度规范

在地方新建本科高校内部，依照国家相应的法律规章，学校针对教学行政人员、教师、学生都制订和出台了明确的制度规范。这些规定只对事不对人，对所有的教师都一样适用，体现了学校教学管理运作的法理权威。依靠法理权威来实施管理，在理论上能够保证学校教学管理权力的客观化、理性化和非人化。这与依靠经验进行管理的传统权威和依靠个人偏好管理的魅力权威相比，在教学管理上能够体现公平性、客观性、科学性和高效率。但是，在管理者手中，法律规章犹如唐僧手中的"紧箍咒"，套在教师的头上，成为教育控制的撒手锏。[1] 教师不得不谨慎地从事教学实践，甚至还会以不公开的抵制态度来消解制度的预期功能。在大多数教师看来，"如果要使学者处于最佳的工作状态，就需要放松对他们的控制程度。进一步来说，在高等学校里工作的人都是具有责任感和使命感的人，即使没有有形的规则，他们也能完成教育学生和开展研究的使命。"[2] 因此，教学管理科层化的法理权威是有限度的，

---

① 安云凤、田国秀：《当代学校组织的科层特征分析》，《当代教育科学》2010 年第 22 期，第 8—10 页。

② ［美］唐纳德·肯尼迪：《学术责任》，阎凤桥等译，北京：新华出版社 2002 年版，第 170 页。

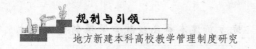

管理者不能指望着仅依靠行政权威就能提高教学的积极性，提高教学质量。

2. 高校松散结合的学术组织属性淡化的表征

高校松散结合的学术组织属性，应该是学校的应有之意。管理者对这一组织属性能否准确地意识到，能否将其自然地作为实施管理的思维前提融入实践中去，不仅会影响到管理的效率，还会影响到管理的效能。在现实中，学校教学管理者对其松散结合学术组织属性的淡化，主要表现为以下两点。

（1）教学管理行政权力和教学专业权力的制衡失调

从组织社会学视角看学校的组织结构，它具有明显的二元结构特征。主要体现在行政权力和学术权力的二元性；正式组织和非正式组织的二元性；教师和学生的二元性以及教学和科研的二元性等。其中，行政权力和学术权力的二元性，实际上反映和体现的是学校组织结构中两种不同的资源配置原则。行政权力的基本特征是根据上级行政管理部门的命令和指示进行工作，注重的是效率，其工作逻辑和基本规则是服从；学术权力的基本特征是追求知识、真理，注重的是专业自由，其工作逻辑和基本规则是放权。两种权力的二元共存是学校的本质属性。从学校发展的角度看，两者是缺一不可的。从地方新建本科高校教学管理场域的现实来看，两个权力之间的制衡是失调的。具体体现为两个方面：

一方面是教学管理决策行政权力的一元化垄断。也就是说，目前在这些高校中，针对教学的制度文本的制订基本上是由教学管理行政权力来控制。从表面上看，在制度文本制订的过程中会有部分教师代表参与，在文本正式颁布之前也会有征求教师意见的环节，但是，其仅局限在征求意见这一形式上，至于意见是否被采纳最终还是取决于教学行政管理人员。他们才是制度最终的设计者和颁布者，而且还是制度执行过程的监督者。教师作为专业权力的拥有者在制度制订过程中处于"失语"状态，在制度执行过程中处于被监管的位置；而教师反过来对教学管理者工作的监督权往往是很难形成的。二元权力之间的制衡失调导致教学管理制度功能定位的错位。

另一方面是教学管理行政权力对教学工作的不当干预。教学管理者在实施教学管理时，由于迫切追求管理的高效和学校的外在声誉，往往用科层化的思维来管理教学事务。比如，有些学校规定，教师在学期开始时要递交教学计划表，还要将该学期所授课程的 2/3 教案完成；多媒体课件的制作要求、作业批改的规范、课程考核方式的选择、试卷题型的确定等等细节均有不同程度的涉及。这种用科层管理的线性思维逻辑对教学进行干预的做法，从管理者的角度看似乎是合理合法的；但是，教学工作作为教师的专职工作，当教师关上教室门上课的时候，学校管理者无法做到时时监督和管理，因而，两者之间的影响是微弱的、松散的。① 如果管理者对这一松散结合的组织属性缺乏足够的认识，将教学质量和科层控制看成是一个线性过程的话，结果往往会适得其反。

（2）缺乏对教师非正式群体的关照

教师在学校场域中除了隶属于不同的院（系）这些正式组织以外，还会加入到某些非正式群体中。这些非正式群体往往以感情或者共同偏好为纽带来建立，它们是形成良好组织氛围的润滑剂。两种不同类型的组织形态对成员工作积极性和自主性的影响是有很大差异的。根据梅奥霍桑试验的结果得知，非正式群体对成员工作积极性和创新性的影响远大于正式组织，甚至非正式群体内部共享的规范意识和价值观会先于正式组织规则来对成员的态度和行为产生塑造作用。对于管理者来讲，如果不能充分认识到非正式群体存在的价值并给予积极引导的话（尤其是对于非正式群体内部"意见领袖"作用的忽视），就会导致教学管理者主流价值观认可和扩散的困境。同时，对于积极的文化氛围的形成也会带来不良影响。因为，在学校场域内，教学管理者单方面认可的制度规定在没有得到成员认可和内化之前，它仅以制度文本形式存在着，没有发挥真正的规约和引导作用。当它被非正式群体内部那些"众望所归"

---

① 刘永鑫：《基于双重系统理论的大学教师的管理》，《中国电力教育》2010 年第 12 期，第 40—43 页。

的核心人物接受和遵照执行之后，在模仿机制、从众心理等作用之下才会获得更多群体成员的合法性认同，从而成为学校内的共享行为标准，发挥潜移默化的规约作用。因此，教学管理者对于能够给管理双方的关系产生黏合作用的非正式群体的忽视，会给教学管理制度的有效执行产生不良影响。

3. 组织属性认识偏差是导致制度设计缺陷的重要因素

在一般情况下，组织科层化的程度与其专业人员的规模成反比。在专业化过程中形成的行为准则、社会规范的作用越强大，越不需要过多科层制度对人们的行为加以约束。[①] 这也就是说，组织中的科层制程度与其专业人员的比例成反比[②]，组织的专业性越强，专业人员越聚集，科层制度的成分就应该越少。从这一逻辑延伸，高校作为专业人员聚集的以培养人才、传承和创新文化为目的的专业化组织，其科层化程度相比其他专业性较低的组织来说应该更低。但是，从前文对地方新建本科高校内部教学管理科层化的阐述可以看出，目前，在这一学术性较强的组织形态中，其科层化特征也是非常明显的，甚至可以说，韦伯所讲述的科层化已经渗透到学校管理的各方面（包括教学管理），成为管理双方理所当然要采取的管理模式。然而，在高校这一专业性较强的学术组织中，如果忽视松散结合的组织属性，对教学管理过于强调科层管理的理性控制、纪律约束和效率至上，就会使得制度设计出现缺陷。

（1）理性和效率至上导致教学管理成文规则供给的"相对过剩"

"相对过剩"原属于经济学的概念，是指社会的产品或服务不能满足社会成员真正需求时而形成的无用产品的相对过剩。在这里，教学管理成文规则供给的"相对过剩"不是真正的过剩，而是指学校内部制订的教学管理制度与教学有效需要相比显得过剩了——也就是存在大量不能切实适合教学需要或者阻碍教学积极行为的制度规定。

随着高校教学规模的扩大，为了提高管理的效率，稳定教学秩序，

---

① 周雪光：《组织社会学十讲》，北京：社会科学文献出版社2003年版，第296页。
② 鲁洁：《教育社会学》，北京：人民教育出版社2007年版，第296页。

在教学管理过程中制订必要的制度来约束教学行为是合理的，它体现了管理的技术理性，有利于减少管理成本，避免管理中的"人治"等非理性因素的影响。从实际情况看，在地方新建本科高校内部，受科学管理之理性思维的影响，学校教学管理部门和有关领导在对教学实施管理的过程中，经常采用的手段就是加强制度的制订，为教师提供详细的行为标准和行为模板。但是，任何事物都有适用的边界。理性和效率至上的管理在企业管理中的适用不等于在学校教学管理中也同样完善。高校教学管理的对象和企业管理的对象相比，前者知识水平高、受过专业训练、有较强的自我意识和尊重需要，所以，在对其管理的过程中，一味地靠制度来实施理性管理，要求教师的行为选择必须屈从于学校组织发展的需要，屈从于组织内科层化的行政权威、命令以及法规条例，不仅会打击教师的工作积极性，破坏学校的心理氛围，而且还会助长学校内部的官僚主义风气和犬儒主义心态的蔓延。

另外，依靠明文的制度对教师实施教学管理，并将其与教师的利益挂钩，以此促使教师遵规守制，就忽视了对教师生活世界应有的关注，忽视了与教师群体的良性互动，没有将管理者制订的制度文本、价值期待转化为教师群体共同认可的行为框架和意义模式，教师也会因此缺乏制度认同感，在教学过程中遵守制度的主动性和积极性也会受到消极影响，从而导致其执行力下降。

（2）科层管理法理权威的强调导致教学管理制度外控过强

在韦伯的科层制组织结构中，曾提到三种制度化权威——传统权威、魅力权威和法理权威，其中最为稳妥和可靠的是法理权威。这一权威来源于组织中特定的职位设置以及职位本身的权力等级，其不以人的变化而变化，是相对稳定的，并且在价值取向上是价值中立的，可以排除情感因素的干扰。组织依托法理权威实施科层化管理，可以节约管理成本，提高组织的工作效率，减少组织"人治"色彩。但是，过于强调法理权威的刚性控制作用，忽视非正式群体的黏合作用，忽视柔性的文化引导和共享意义的建构，对于提高组织成员对组织的长期承诺和可持续投入是不利的。这也证明，在韦伯的科层制概念中宣称的专业权力

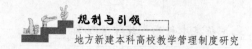

和行政权力不存在冲突这一结论是一个假命题——它的前提假设是站不住脚的，即每当上级和下级之间的意见出现不一致情形时，上级的判断从技术专业性的角度来看也是比较正确的。[①]一般来说，行政权威的管理思维和专业人员的思维是有本质区别的，前者追求的是一致性，后者追求的是自由性，两种思维方式存在根本的差异。另外，行政人员不可能成为权限范围内每个专业领域的首席专家。因此，在管理过程中，如果一味地强调法理权威的作用，忽视魅力权威或者专业权威的作用，容易导致专业权威对行政权威的排斥，并使行政权威失去公信力而影响双方的合作。

在教学管理过程中，教学管理部门和管理人员作为学校教学行政管理权力的拥有者，受科层化管理思想的影响，为了稳定教学秩序，提高管理效率，凸显管理权威，往往通过制订制度文本来实施管理。其前提假设是：教学管理者负有管控教学的不可推卸的责任，管控需要制度，只要制订了足够多、足够硬的制度来约束教学行为，教师的教学质量自然就会有保证。在这一假设之下，教学管理者理所当然地成为了管理权力的拥有者，而教师则是责任的履行者。这些制度发挥作用的机制主要是自上而下的强制控制机制。制度通过管理者以会议的形式层层传达：学校教学领导和教学管理部门通过教学会议将制度文本的主要精神传递给院（系）教学管理者；院（系）教学领导再通过教学例会将学校的制度传递给教师群体。教师作为制度的受众虽然有时候在学校教学制度制订的末端环节也会被征求意见，但也只是仅仅停留在被征求意见的环节上，大多时候教师只能被动地按照规定去做，很少有机会将意见反馈给学校有关部门和领导；即使有机会反馈，由于教师长期在受压抑的制度环境中生存，他们已经习惯了"默默无语"，很少有人积极参与。因此，制度最终体现的还是教学行政权力拥有者的意志。加之，教学管理部门为了保证制度的执行效果，往往将教师对制度的执行情况和其利益

① ［美］彼得·M.布劳、W.理查德·斯科特：《正规组织——一种比较方法》，夏明忠译，上海：东方出版社 2006 年版，第 40 页。

紧密挂钩。如果在教学过程中，教师违反了教学规定，造成教学事故，带来不良影响，那么教师就会受到相应的惩罚。在这种强制管理的作用下，教师为了在利益上不遭受"过多的损失"，往往会按照学校教学规定被动去做，这在表面上营造了一种统一但肤浅的管理文化。

由此可见，地方新建本科高校科层制这一结构形态是一个充满了矛盾的统一体。尽管在合理的限度内，学校科层制对于实现学校的教学目标可能是利大于弊，但把它的任何一项结构性特征极端化，都可能会导致学校科层制走向其功能的反面。①

（三）教学管理制度设计者对制度本质和形态认识的局限

目前，受管理学学科范式的影响，教学管理制度设计者对教学管理制度本质的认识，首先将其视为规范范畴，并理解为"制订教学行为标准"；其次将其视为对教学行为进行规范和约束的行为规则，并主要以正式的、成文的制度的形态公布。它让教师明确什么应该做、什么不应该做、怎么做会受到奖励、怎么做会受到惩罚。不仅如此，教学管理者还会依赖一定的组织结构设置、权限划分等手段提高其权威性，通过管理对象的遵守和执行得以发挥作用。在管理者那里，教学管理制度的建设几乎等同于制度的建立和组织机构的设置，似乎制度的建立对教学质量有种天然的保障作用。这种科学管理逻辑体现了管理双方主客二分的关系定位，体现了管理者的权力主体身份，教师则被置于被管理者或者是责任主体的位置。

在这里，我们并不否认成文规则是对教学进行有效管理的重要保障，甚至是关键要素。但是，明文的制度并不等同于教学管理制度的全部。正如英国麦考密克在《制度法论》中提到的："制度显然与规则有某些关系，但并不与规则等同。"② 如果将制度等同于规则，抹杀两者之间的区别，就缩小了制度的外延，不利于全面认识制度的内涵。从教

---

① 张新平：《对学校科层制的批判与反思》，《教育探索》2003 年第 8 期，第 29—31 页。

② ［英］麦考密克、魏因·贝格尔：《制度法论》，周叶谦译，北京：中国政法大学出版社 1994 年版，第 63 页。

学管理制度建设的实践来看，管理者对制度本质和形态的认识局限导致了在管理过程中，过于强调成文的、规制性制度的建立，忽视对非成文的、柔性的价值规范、文化—认知性制度要素的关注。

其实，跳出科学管理的思维定式，从社会学角度来看，制度在本质上不仅是一个规范范畴，也是一个关系范畴和文化范畴。说其是一个关系范畴，是由于本研究认为，制度从本质上体现了场域内主要利益相关者之间以制度为中介形成的互依关系。制度先于行为者而存在，行为者以不同程度的制度化为手段获得进入场域的合法性。在这里，行为者之间相互关系建立的纽带是对场域内制度的关注。因此，从本质上来看，制度不仅是一个规范范畴，形塑着行为者的交往活动；还是一个关系范畴，具有整合作用。

另外，说制度是一个文化范畴，是出于对制度与文化耦合关系的认识。制度的内涵之中所指代的符号资源，尤其是行为者在长期实践过程中自发形成的非成文的价值规范、共享认知图式等非正式的制度要素本身，常常体现出文化的积淀性。当其中某些非成文的制度要素依靠管理权威外化之后，其就可以转变为规制性制度要素，获得深层次的合法性。同时，获得行政权威支持的规制性制度要素在获得行为者的价值认可的情况下，经过反复实践，也会反过来促进积极的文化认知的扩散和传递。

因此，制度应该是一个多层面、多类型的构体，不仅有明文的制度规则，还包括非成文的制度要素；不仅体现为规制形态，还体现为文化价值形态。它们借助不同的作用机制，共同作用于制度对象，以促进对象的制度化。将这种对制度内涵和存在形态的认识，借鉴到教学管理制度内涵和形态的认识中，就可以发现，应该打破管理学等学科范式的限制，不仅不能单从行为规则角度认识制度内涵，还要将其视为关系范畴和文化范畴。也就是说，在教学管理场域中，对教学行为产生实质规约作用的意识形态、行为习惯、价值规范等要素也要被视为教学管理制度的要素形态，要正视它们的客观存在，力求实现显性的制度要素与这些隐性的制度要素的有机结合，使之刚柔相济，为教学提供优化的制度环境。在现实中，教学管理制度设计的缺陷与管理者对教学管理制度内涵和存在形态的认识不足不无关系。

本章小结

本章主要是从静态的角度对教学管理制度设计的现状进行把握，指出当前制度设计存在的缺陷并进行理性分析。

本研究的制度梳理，是按照从上到下的逻辑思路展开的。首先，对国家教育行政机构出台的与地方新建本科高校教学管理制度的设计直接相关和间接相关的法律、法规、政策、条例等，按照时间顺序做出纵向梳理。其次，以三所地方新建本科高校为调查对象，对其内部现行的教学管理制度构成进行横向梳理。

本研究借助搜索引擎等等工具，对文献资料进行整理发现，在地方新建本科高校内部，教学管理制度的构成大多遵循着国家有关的政策精神，即将教学管理制度建设作为教学基本建设的一部分，围绕着教学工作的需要进行规则的完善和工作制度的建设。教学管理制度的建设，主要体现在日常教学管理制度、教学质量监督与评价制度、教研和课程建设制度等三个方面。这三个方面相互关联。日常教学管理制度包括日常教学行为规定和教学责任事故认定与处理，是基础；教学质量监督与评价制度主要包括领导干部听课制度、教学督导制度、学生评教制度、优秀教师（个体/团队）评选制度以及教师同行评价和学生教学信息员制度等，是核心；教研和课程建设制度的建设有助于促进制度变革，为教学质量提高注入动力，同时，可以保证教学改革真正落到实处，是途径。这一结构构成体现出了明显的线性逻辑思维的特点。

通过对地方新建本科高校内部教学管理制度构成现状的分析，不难看出，这些高校在从外延式发展向内涵式发展转变的过程中，教学管理制度建设已经取得了较大的成绩，形成了一系列相对完善的正规管理制度，这对于保证教学质量、提高管理效率发挥了积极的作用。但是，制度设计也存在缺陷。从制度设计者的教师人性假设偏差、高校组织属性认识偏差以及制度本质认识局限可以解释这一问题，这为本书第五章引出制度三要素视角下的制度重构奠定了实践基础。

第四章　现实透析（动）：地方新建本科高校教学管理制度的执行

在前文对地方新建本科高校现行教学管理制度构成进行梳理的基础上，本章打算通过实证方式进一步了解其在实践中的贯彻执行情况。由于在实际的教学管理过程中制度安排有很多方面，限于研究精力和研究能力的不足，不能一一展开调查。本研究选择了当前教学管理制度构成中比较有代表性、影响较大、较普遍的四个具体的制度安排——教学日常行为规定、教学督导制度、学生评教制度以及课堂教学改革制度，通过问卷和访谈相结合的方法对其执行情况进行了实证分析，了解其实际作用的有效性，并对存在的主要问题做出理论阐释，力求为后面引出教学管理制度的重构奠定实践基础。

第一节　调查设计

一　调查目的的确定

对地方新建本科高校教学管理制度执行情况进行调查，其目的主要有三个方面：一是要了解地方新建本科高校教学管理制度安排的执行情况以及存在的主要问题；二是了解教师群体内部有无受规范性、文化—认知性制度要素的影响，教师对其接受程度如何以及这种接受状态能否规避当前制度执行中的问题①；三是了解学校内部教师群体

---

① 注：这一部分的调查结果主要是为第五章的材料分析所准备。

对教学管理制度完善的期待。

二　调查对象选择

在预测阶段,问卷选择的调查对象,主要针对地方新建本科高校内部的教师群体和学生群体。在调查的地域范围上,主要选择了山东的两所地方新建本科高校。在正式调查过程中,稍微扩大了调查的范围,最后选择了山东的两所高校、河北的一所高校。正式调查的对象范围主要是一线的专职教师和不同年级段的学生。专职教师的基本情况调查包括专业技术职称、年龄、工龄、学位、性别等;学生的基本情况调查包括性别、年级、专业性质、学历等。

三　调查方法选择与基本过程

对地方新建本科高校教学管理制度执行情况的调查,采用了问卷和访谈结合的方法。其中,问卷调查的教师问卷部分,一方面是要了解教师作为制度执行的直接主体或者是间接主体,在具体的教学管理制度安排上的遵照和执行情况;另一方面是要了解教师对隐性制度要素的感知和接受情况。学生问卷主要针对几个具体的教学管理制度安排进行设置。目的是从学生视角考察教师在执行或接受教学管理制度规约时的基本情况,与教师问卷中教师执行教学管理制度的情况形成比较,看情况是否一致,如果一致说明教学管理制度安排教师执行良好;如果不一致,则进一步探究问题存在的原因。另外,在本部分的调查中还用到访谈法。访谈的目的,一是用访谈数据来弥补问卷调查的不足,增加调查的广度和深度;二是通过访谈来进一步了解教师制度执行背后的真实动机,以及他们对改进制度安排的真实想法。

(一)　问卷调查基本过程

1. 问卷的编制

本研究自编问卷,主要包括两个,分别是《地方新建本科高校教学管理制度执行情况》的教师问卷和学生问卷。

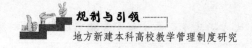

教师问卷分为五大部分。第一部分是调查对象的基本情况。第二部分是当前教学管理制度的执行情况，主要围绕教学日常行为规定、教学督导制度和学生评教等具体制度安排进行设置。对于教学日常行为规定，在题目设置上主要针对的是调查学校关于教学日常行为规定的制度规定，分别从课堂纪律、教学计划、作业辅导、考试考查等维度来设置具体指标；对于教学督导制度和学生评教制度，在题目设置时，考虑到教师在这两项制度安排中不是直接的执行主体，而是以制度受众的身份存在，因此，从教师视角来考察这两项制度的执行情况，主要是通过考察教师对其的认知熟悉程度、情感支持程度以及意志行为程度来获得。第三部分和第四部分的问卷设计主要是围绕教学管理规范性制度要素和文化—认知性制度要素来设置，通过将其具体化为明确的行为表现和态度感知指标来测量教师对规范性和认知性制度要素的接受情况，为后面的实证分析做好资料准备。整个问卷的第五部分是一个开放题目，主要了解被调查者对教学管理制度完善的建议。

学生问卷的调查目的，主要是从学生视角来看教师执行教学管理制度安排的情况，以证实在教师问卷中教学管理制度执行所反映出的基本情况。

2. 问卷预测

问卷设计结束后，本研究又花费了近两个月的时间来进行问卷预测。预测的目的主要有三点：一是对问卷中的问题表述和理解的难易程度、清晰程度进行测试，在此基础上对问卷进行完善。二是听取调查对象的意见，对问卷中没有实质意义或者重复的题目进行删减。三是对问卷的长度进行测试，合理控制调查时间，以免调查对象因为调查时间过长而产生排斥心理和应付心理。

问卷预测的范围，主要集中在山东的两所地方新建本科高校，共发放教师问卷100份、学生问卷100份。同时将问卷通过E-mail的方式传给三位实证经验丰富的教授进行指导。问卷预测结束后，教师问卷收回有效问卷100份，共得到9条修改建议；学生问卷也收回100份，排除无效问卷 5 份，得到有效问卷 95 份，共得到 17 条修改建议。根据调查对象反馈的建议对问卷进行修改，尤其对问卷中部分题目的表述进行了补充和完善。在问卷预测阶段中，学生问卷的调查对象基本上能在 12 分钟左右完成，教师问卷的调查对象基本上能在 20 分钟左右完成，说明问卷设计的长度和时间安排还是比较合理的。

3. 问卷的正式施测

《地方新建本科高校教学管理制度执行情况》——学生问卷和教师问卷的正式发放最后主要在两个省的三所地方新建本科高校进行。发放采取分层取样的方法。学生问卷共发放 230 份，实际收回 226 份，回收率为 98.3%；对回收的问卷进行有效处理，最后保留有效问卷 196 份，回收问卷有效率为 85.2%。教师问卷共发放 220 份，实际收回 215 份，回收率为 97.8%；对回收问卷同样做有效处理，最后获得有效问卷 205 份，回收问卷有效率为 93.2%。表 4-1 反映了本研究问卷收集数据的学生样本总体特征；表 4-2 反映了本研究问卷收集数据的教师样本总体特征。

表 4-1　　　　　　　学生样本描述性统计 （n = 196）

调查项目		样本数（个）	百分比（%）
性别	男	89	45.4
	女	107	54.6
学历	本科	156	79.6
	专科	40	20.4
专业性质	文科	79	40.3
	理科	63	32.1
	工科	54	27.6
年级	一年级	71	36.2
	二年级	46	23.5
	三年级	41	20.9
	四年级	38	19.4

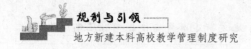

表4-2 　　　　　　　　教师样本描述性统计（n=205）

项目		样本数（个）	百分比（%）
性别	男	95	46.3
	女	110	53.7
年龄	35以下	75	36.6
	36—45岁	90	43.9
	46岁以上	40	19.5
教龄	5年以下	36	17.6
	6~10年	87	42.4
	11年以上	82	40.0
职称	助教	24	11.7
	讲师	90	43.9
	副教授	64	31.2
	教授	27	13.2
学位	学士	21	10.2
	硕士	137	66.8
	博士	47	22.9
学科	文科	73	35.6
	理科	74	36.1
	工科	58	28.3

　　从学生问卷调查对象的基本情况看，与预期的调查对象选择基本符合，除了学历层次的选择差异较大以外，其他项目的样本选择所占比例比较平均。学历层次之所以以本科为主、兼顾专科，主要是因为本研究调查的地方新建本科高校，目前以本科办学为主、兼顾专科办学。因此，在选择样本群体时有意向的向本科倾斜，专科比例较少。

　　学生问卷调查数据的分析主要采用SPSS19.0。通过对问卷测量指标进行独立样本T—检验，发现问卷中21个题目与总分的T值检测均小于0.05。根据统计学原理，T值小于0.05，说明题目具有一定的鉴别度，能够测试不同调查对象的反应程度。

通过对问卷整体进行克朗巴哈 α 系数的信度分析，《地方新建本科高校教学管理制度执行情况》（学生问卷）的克朗巴哈 α 系数是 0.861。根据统计学原理，克朗巴哈 α 系数达到 0.8 以上，说明问卷具有较高的内部一致性，问卷中的题目能够有效地测量所研究的问题。

关于学生问卷的效度，主要请在实证调研方面非常有经验的三位专家以及两位专门从事学生教育管理研究的老师对该问卷进行指导，故该问卷具有较好的效度。

从教师问卷调查对象的基本情况看，与预期的调查对象选择基本符合，项目的样本选择所占比例比较合适。男、女性别所占的比例基本上较平均。而在年龄、教龄、职称、学位等方面的样本选择和这类学校目前的基本情况吻合。这些地方新建本科高校基本上是于 2000 年左右，在专科办学基础上通过高校合并或升格而建立。在这些地方新建本科高校本科办学规模迅速扩大的情况下，这些地方新建本科高校为了满足教学需要以及达到教育部规定的高校师生比，近年来引进了大量师资。这些新引进的教师大多拥有硕士研究生以上学历，年龄偏小，职称偏低，以助教、讲师为主，只有一部分为副教授，少部分为教授。另外，从目前一线教师的职称分布看，主要以讲师和副教授为主。为了保证调查结果的有效性和针对性，本研究在选择样本群体时有意向地向讲师、副教授倾斜。

教师问卷调查数据的分析主要采用 SPSS19.0。通过对问卷测量指标进行独立样本 T—检验，发现问卷 27 个题目与总分的 T 值检测均小于 0.05。根据统计学原理，T 值小于 0.05 说明题目具有一定的鉴别度，能够测试不同调查对象的反应程度。

通过对问卷整体进行克朗巴哈 α 系数的信度分析，《地方新建本科高校教学管理制度执行情况》（教师问卷）的克朗巴哈 α 系数是 0.837。根据统计学原理，克朗巴哈 α 系数达到 0.8 以上说明问卷具有较高的内部一致性，问卷中的题目能够有效地测量所研究的问题。

关于教师问卷的效度，主要请在实证调研方面非常有经验的三位专家以及两位专门从事教育管理研究的专家对该问卷进行指导，故该问

具有较好的效度。

（二）访谈调查基本过程

1. 访谈提纲的拟定

访谈调查的目的主要有两个。一个是为了弥补问卷调查的不足，通过教师访谈，了解教师在教学管理制度执行中的一些真实想法和行为动机，并追问其对完善制度的建议；另一个是针对本研究在后面要提到的隐性的教学管理制度要素的接受情况进行了解和整理。对于教学管理制度中隐性制度要素，因为没有明文规定的制度文本给研究提供调查的依据，所以对教学的作用只能通过教师的行为和态度认知来推断。通过问卷调查的方法获得可靠的数据是有难度的，需要通过与教师的交流来获得更多的、更真实的有价值的信息。因此，本研究采取了现场观察与深入访谈相结合的方法，来获得更多的关于隐性制度接受情况的数据，以支撑本研究的论点。

教师访谈提纲也主要针对对教学有规约作用的隐性制度要素来设置。初拟访谈提纲的核心问题有 10 个，后来根据研究的需要，对访谈提纲进行了补充和完善，在原来的基础上增加了 4 个。访谈时间控制在 30 分钟左右。

教学管理者的访谈提纲问题为 4 个，考虑到他们工作时间的因素，不宜耗费太长时间，所以设置问题较少。

2. 访谈对象的选择

访谈对象主要有两个，一为教师，主要选择一线的专职教师来进行；二为教学管理者。访谈的方式采取面对面访谈、网络访谈、电话访谈来进行。

3. 访谈结果的呈现

由于访谈结果，较之问卷调查结果具有灵活性强、标准化低的特点，比较难做定量分析，所以主要采用定性分析的方法。在汇总访谈结果时，可以发现对问题理解的共性地方，推导出与调查问题相关的信息，以此来支撑研究的论点。

第二节 教学管理制度执行情况调查结果呈现

本部分主要借助问卷调查法和访谈法,对教学日常行为规定、教学督导制度、学生评教制度以及课堂教学改革制度等的执行情况的调查结果进行总结性呈现。

一 不同教学管理制度安排的执行现状

(一) 教学日常行为规定执行现状

题目的设置主要针对教师在课堂教学纪律、教学计划遵守、作业辅导、考试考查等环节的有关行为规定来进行。本次研究的赋值情况表明,各题各维度的均值得分越高,教学日常行为规定执行的就越好。本研究采取利克特五点量表将题目选项分为"完全符合""比较符合""一般""比较不符""完全不符",并依次赋值为5、4、3、2、1,其中3为均值。

1. 绝大多数教学日常行为规定在形式上执行较统一

从教学日常行为规定执行总体情况描述性统计分析来看(见图4-1),关于考试考查的规定执行总体均值为3.77,其他关于课堂教学纪律、学期教学计划、作业辅导等方面的常规执行总体均值都在4.0以上,说明这些教学日常行为规定的执行在教师看来执行良好。尤其是针对教师问卷(见表4-3)中"您会按时上、下课,不会拖堂或者提前下课","完全符合"和"比较符合"的比例高达96.1%,说明教师对于上、下课时间的遵守非常好。在制度规定之下,经过教师较长时间的实践已经形成一种良好的教学行为习惯。但是也有少部分教学日常行为规定执行不到位,如关于"您对作业不达标的同学会取消其期末考试资格"的调查,"完全符合"的仅占8.8%。关于"您在课程考试之前会给学生圈定复习范围"的调查,"完全不符"的占13.2%,等等。由此说明少部分教学日常行为规定的执行存在问题。

这些教学日常行为规定的具体执行情况通过频数统计分析的数据能

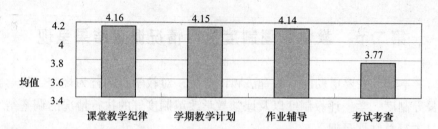

图 4 - 1   《教学日常行为规定执行情况》（教师问卷）描述性统计分析

得以具体说明（又见表 4 - 3）。

表 4 - 3   《教学日常行为规定执行情况》（教师问卷）频数统计分析

问题	完全符合	比较符合	一般	比较不符	完全不符
您会按时上、下课，不会拖堂或者提前下课	55.6	40.5	2.9	0.5	0.5
您在上课前会将您的通讯工具关闭或调为静音	48.8	29.8	17.1	4.4	0
您在上课期间对来访客人会及时会见	4.9	4.9	17.1	29.3	43.9
您因病、因事不能上课时会私下给学生调课	6.8	9.3	8.8	32.7	42.4
您因病、因事不能上课时会缺课或私下找人代课	3.4	9.3	6.8	34.1	46.3
您编制教学日历时会遵照课程的教学大纲	41.0	50.7	6.3	1.5	0.5
您上课的教学内容与教学大纲吻合	30.7	60.0	7.3	2.0	0
您的教学进度与教学日历的教学安排一致	14.1	68.3	17.1	0.5	0

续表

问题	完全符合	比较符合	一般	比较不符	完全不符
您会依据院（系）规定对所教的课程布置作业	36.1	48.3	14.1	1.0	0.5
您对学生作业批改及时，意见、日期等齐全	30.2	45.9	16.6	5.9	1.5
您对作业不达标的同学会取消其期末考试资格	8.8	13.7	20.5	37.6	19.5
您会及时向学生反馈作业存在的共性问题	32.2	41.5	24.4	2.0	0
您平时会针对教学的难点对学生进行辅导答疑	27.8	47.3	23.4	1.5	0
您在给出学期末总评成绩时会按比例折算平时作业成绩	57.1	35.1	4.4	3.4	0
您在课程考试之前会给学生圈定复习范围	8.3	14.6	33.2	30.7	13.2
据您了解，部分老师在监考过程中有玩手机、聊天、看报等现象	5.9	14.1	42.9	26.3	10.7
您可以理解考试成绩不理想的学生的不合理行为（如送礼、请客等）	2.0	11.7	25.9	28.8	31.7
您会提前完成考试的善后工作（阅卷、交卷、提交成绩等）	44.4	46.3	6.3	2.0	1.0

由表4-3的数据呈现可以看出，从教师角度看，在有关课堂教学纪律、教学计划、作业辅导、考试考查等教学日常行为规定执行情况的调查中，大部分执行情况较好。

《教学日常行为规定执行情况》（教师问卷）体现的结果，是不是

真正代表着教师的现实表现，还可以通过学生问卷的结果来佐证。如果教师问卷结果和学生问卷结果大体一致，那么就能在一定程度上证明教师问卷的教学日常行为规定的执行情况是真实的。

学生问卷的赋值情况与教师问卷一致，此处不再赘述。各题各维度的均值得分越高，说明教学日常行为规定执行情况越好。从《教学日常行为规定执行情况》（学生问卷）的描述性统计分析图（见图4-2）上看，课堂教学纪律、作业辅导、考试考查等有关常规的执行情况，均值都在3.5以上，高于3这一平均值，说明在学生看来，教师对这些教学日常行为规定的执行整体良好，大部分教师都能按照相关规定去做。但是也有少部分教师在规定执行过程中存在不执行和执行不到位的情况（见表4-4），如"有同学会因为作业不达标而被取消考试资格"和"考试之前老师一般会给出复习的重点、难点"两题目的调查，前者"完全符合"的仅占1.5%，后者"完全不符"的仅占8.2%，说明这些规定的执行不是很彻底。当然其余的规定在执行中不是没有问题，只不过问题没有那么明显和集中而已。

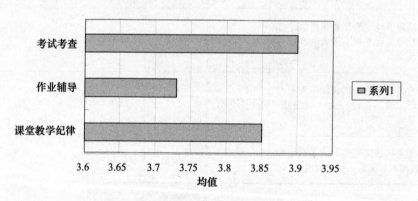

图4-2　《教学日常行为规定执行情况》描述性统计分析（学生问卷）

这一结论在《教学日常行为规定执行情况》（学生问卷）的频数统计分析（又见表4-4）中可以具体地体现出来。

表4-4　《教学日常行为规定执行情况》频数统计分析（学生问卷）

题目	完全符合	比较符合	一般	比较不符	完全不符
老师会准时上、下课，不会拖堂或提前下课	35.2	52.0	8.7	2.0	2.0
老师在课堂上通信工具（如手机）经常处于静音或关闭状态	36.2	39.8	12.8	9.2	2.0
老师上课没有教案或讲稿，讲课随意	4.6	12.8	14.3	31.1	37.2
老师因病、因事不能上课时会暂时缺课或找人代课	4.1	17.3	13.8	26.0	38.8
老师因病、因事无法上课时会私下给我们调课	1.5	15.3	29.1	43.4	10.7
老师布置的作业次数一般与院（系）的相关规定一致	42.9	35.2	11.2	7.1	3.6
老师对作业非常不认真的同学会责其重做并给予具体指导	11.7	28.1	31.6	17.9	10.7
老师会及时反馈我们课程作业中存在的共性问题	36.7	34.2	17.3	8.2	3.6
有同学会因为作业不达标而被取消考试资格	1.5	12.8	18.9	37.6	27.6
老师平时会针对课程学习的疑难点给我们辅导答疑	33.2	34.2	18.4	9.2	5.1
考试之前老师一般会给出复习的重点、难点	9.2	35.2	33.2	14.3	8.2
老师在监考过程中存在聊天、看报纸、玩手机等现象	5.6	7.1	14.8	32.7	39.8

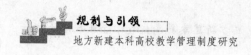

续表

题目	完全符合	比较符合	一般	比较不符	完全不符
据我了解，老师阅卷的过程中存在送人情分的情况	9.7	9.2	17.3	28.1	35.7
老师成绩提交很及时，我们能在规定时间内查到成绩	48.0	32.1	10.7	4.1	5.1
老师对课程考试的试卷分析反馈很及时	37.2	26.0	20.9	11.2	4.6

另外，从师生问卷中相同题目的均值统计结果的对比（见表4-5），我们也能看出，教师群体对大部分教学日常行为规定的执行在形式上较好。

表4-5 《教学日常行为规定执行情况》师生问卷均值比较

	上、下课时间的遵守	教师上课手机关闭或静音	教师缺课或私下找人代课	教师私下调课	教师按规定布置作业	给学生及时反馈作业情况	对学生平时辅导答疑	部分教师监考不认真	教师阅卷存在不合理行为	考试后提交成绩及时
教师问卷	4.50	4.23	4.11	3.95	4.19	4.04	4.01	3.22	3.77	4.31
学生问卷	4.23	3.99	3.78	3.46	4.07	3.92	3.81	3.94	3.71	3.80

从相同题目的均值对比看，关于教学日常行为规定的执行情况，不仅教师自我评价相对较高，而且从学生视角看，教学日常行为规定的执行情况也较好，验证了教师的自我评价。同时，从教师问卷和学生问卷相同题目的调查结果看，教师群体自身对规定执行情况的评价，除了"部分教师监考不认真"这一项，"比较不符"和"完全不符"的比例低于学生调查结果以外，其他的均超过学生给出的评价。由此说明，教

师对群体教学态度和行为的表现还是持非常肯定和认可的态度,教师内部教学文化从整体上看还是比较积极的。另外,师生评价结果的差异也反映出学生对教学行为和态度的改善还有更高的期望。

2. 部分教学日常行为规定执行情况存在"中梗阻"

所谓教学日常行为规定执行情况"中梗阻",是指教学日常行为规定的实施者在执行过程中,由于制度内外因素的影响,导致其执行受阻的现象。它具有两大特征:一是教学日常行为规定执行情况"中梗阻",强调的是一种阻抗行为,其反映在具体的制度安排执行中,可以是执行者有形的阻抗,也可是无形的阻抗。二是教学日常行为规定执行情况"中梗阻",可以导致制度效果的弱化,降低制度的规范与约束作用,对制度效果的实现起了阻碍作用。[①] 由于教学日常行为规定执行情况"中梗阻"大多是隐性的行为表现,其背后都有复杂的心理活动,因此,还需要借助真实的访谈材料来加以说明。具体来看,教学日常行为规定执行情况"中梗阻"问题主要体现在以下几个方面。

(1) 部分教学日常行为规定执行的敷衍行为

在教学日常行为规定执行过程中,执行主体有时做权宜应对,并没有采取实质性的操作措施,或者执行起来前后紧、中间松,敷衍塞责,使教学日常行为规定变成一纸空文。这个结论可以通过访谈材料来进一步证明。

笔者:您觉得老师在课堂教学纪律的遵守上有没有执行不到位的现象?比如上、下课时间、上课时对手机的处置、请假调课纪律等具体规定。

L1 老师:当然有啦。比如调课。学校规定调课必须要到教务处去填调课单,给系里说了都不行。你说对那些人家确实有急事的老师来讲是不是规定的太死、太苛刻了。教务处一竿子管到每一位老师这

① 房敏:《高校教师教学管理制度执行"中梗阻"问题的反思》,《现代教育科学·高教研究》2014 年第 1 期,第 46—50 页。

里来了。我觉得有些不近人情。其实，在现实中，有些老师，比如临时有急事，但是又有课，就跟其他老师调一下，很少经过教务处的。因为到教务处填表、盖章，真的很麻烦的。再比如，上下课时间的把握吧。学校的制度确实规定我们要按时上、下课，不能迟到或者早退。可是我觉得太死了。你比如上午三四节课，老师可以连着上，然后稍微早下一会。因为严格按照时间上课，到十二点，学生也很反感。所以我认为上课早上五分钟或晚下五分钟其实都可以，只要教务部门抓不住就行。（D 学院 L1 老师）

从与 L1 老师的对话中，能够看出她对学校某些教学日常行为规定虽然存在不满的情绪，但是没有公然对抗，而是在规定执行的过程中进行了权宜应对。这种对有关规定的形式化执行，虽然从表面上看来，老师都很遵守规定，但是实则弱化了规定的约束力。

另外，与 Z1 老师的对话也反映出同样的问题：

我觉得学校对教学事故的认定太细，比如某位教师临时有急事，找人代课，这就不能算是教学事故——因为没有耽误学生的学习，再说学校调课的手续太麻烦了，还得去和教务处打交道。所以，我们私下如果谁有急事确实不能照常上课了，都是和同事调一下课。当然，因为是私下的行为，心里总觉得不安，所以我们一般是按照课表正常上课的，只是偶尔不得已而为之。另外，确实有部分教师不照着规定去做。比如有些老师提前下课，下课干点别的和教学无关的什么事儿，在办公室看看电脑、上上网什么的。我觉得这是不应该的。老师教学，不管你教的如何，至少应该遵守基本的教学纪律，比如上、下课时间。只有老师严格遵守了，才能要求学生去遵守，否则学生就会效仿老师的做法对自己不能严格要求了。（D 学院 Z1 老师）

在有关作业辅导的相关规定中，教师也存在敷衍的问题。在与 C1、Z2 等老师的交流中有如下反映：

148

关于作业问题，为什么老师不愿意布置作业，其实并不是有时候学生不愿意做作业，而是我觉得作业起的作用不大。作业往往流于形式。布置一次就是为了检查。同事内部对某些制度规定，时间长了会摸索出一定的"规律"。比如对学生的作业，学校规定至少是三次。可是同事就会形成一种共识，大一、大二的学生期中检查的时候是重点，一般得按照学校规定的作业次数布置，不能怠慢。至于大三、大四的学生，因为他们不是教学检查的重点，加上有关检查部门就检查一次作业，很多老师摸到这规律了，所以一学期就只布置一次作业，应付过检查就可以了。其实说实话，我们作为老师，觉得是应该给学生留作业，通过作业可以看看大家对知识掌握的情况。可是，现在的学生不愿意做作业，他们大多是应付我们。你看那些布置的相对比较灵活的作业，学生基本上都是在网上搜索、复制过来的，没有什么价值。封闭一点的作业，学生都是到教材上去抄，敷衍了事。我们当老师的都了解这样的情况，所以在改作业的时候就不一定认真地看。这样的作业没什么价值的，更不用说什么有效的反馈了。(D 学院 C1 老师)

常规都是一些框框，只要我的行为没有跑出这个框框就行。比如学生作业吧，这一般是教学督导组中期教学检查的内容。系里很少自己检查的。再说督导组的检查也是抽查，不一定抽到哪门课的作业，所以有的时候作业不写也不要紧，只要查不到就行。当然，像我教的那门有机化学就不行了。因为里面含有大量的习题要练习，所以必须让学生做作业，并且还要及时讲解反馈，否则学生很有可能学不好。但是我知道，像我们系里有些应用性不是很强的课程，大多是描述性的，他们的作业要求就比我们松很多。(D 学院 Z2 老师)

与 C1、Z2 等老师的对话反映出，鉴于学生对待作业的态度和作业实际发挥的作用，有些老师感觉没必要要求所有的课程都按照学校规定

149

去布置作业。可是，他们当中很少有人真的站出来去跟学校教学管理部门和有关领导据理力争。他们大都认为"反映也没有用，还惹得领导烦"。因此，大多数老师就按照学校的作业辅导规定灵活处理，对有关规定的执行打了折扣。

以上列举的这些外紧内松、敷衍塞责的"软措施"，不仅会浪费大量的制度资源，也容易给年轻同事以及学生带去不良的影响。学者指出，教师的认真负责，会因为其他同样认真负责的教师而得到激励；学生的认真学习，会因为其他认真学习的学生而得到鼓励。[1] 同事间的制度执行行为，会通过关系权威来发生传递。因此，制度的敷衍执行，尤其是同事群体中有声望的老教师集体选择的制度执行行为，会使年轻教师有意无意地去模仿，从而产生制度执行的敷衍。

（2）打教学日常行为规定的"擦边球"

所谓打教学日常行为规定的"擦边球"，是指执行者能够从教学日常行为规定的某些条文中找到微弱的依据而采取与原制度规定偏离的做法。

在前面的问卷调查中，教师问卷和学生问卷都针对考试环节设置了类似的题目——"教师在考试之前不准给学生提供复习范围"。结果，问卷显示，不管在教师看来，还是在学生看来，这一教学日常行为规定的执行情况均不是很理想（见表4-6）。在教师问卷中，这一题目的调查结果均值为2.74，在学生问卷中，这一题目的调查结果均值为2.77，两个问卷都低于均值3，说明这一常规的执行的确存在问题。

表4-6　考试纪律——"教师在考试之前不准给学生提供复习范围"
遵守情况均值统计

问卷性质	N	极小值	极大值	均值	标准差
学生问卷	196	1	5	2.77	1.069
教师问卷	205	1	5	2.74	1.119

---

① ［美］爱德华·希尔斯：《教师的道与德》，徐弢等译，北京：北京大学出版社2010年版，第41页。

这一规定的具体执行情况通过频数统计更清楚地体现出来（见图4－3）。被调查教师对"教师在考试之前不准给学生提供复习范围"这一做法的选择，"完全符合"和"比较符合"的比例占43.9%，"比较不符"和"完全不符"的比例占22.9%，有33.2%的教师选择"一般"，说明部分教师在考试之前确实曾给学生提供复习范围。也有部分教师虽然没有明确以"复习范围"的名义提供，可是也在变相地提供，如考点串讲、提供复习大纲等。被调查学生反映的情况与教师差不多。学生中选择"完全符合"和"比较符合"的比例为44.4%，有33.2%的学生选择"一般"，选择不符的比例仅为22.5%。说明关于在考试之前划范围这一做法在师生之间似乎形成了隐性的约定。

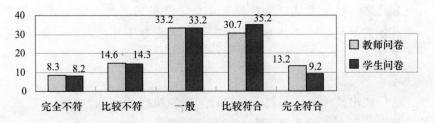

图4－3 考试纪律——"教师在考试之前不准给学生提供复习范围"
遵守情况统计图

同时，从选择"一般"这一选项的较高比例中也能看出，部分教师对在考试之前划范围这一做法很无奈、很纠结，最后采取了灵活处理或者打"擦边球"这一比较中庸的做法。这可以通过访谈进一步得到证实：

考试是检测学生课程学习效果的一种手段。当然，通过学生成绩也能看出任课老师教学的一些情况。按说，老师考前给予学生必要的辅导是正常的。但是现在却存在不正常的现象——教师最好给学生们划出具体的范围。这件事我一直很纠结。每学期期末考试之前，我都尝试着不去给学生划范围。我觉得在平时上课的时候，一些学习的重

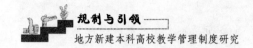

点、难点我已经告诉学生了，感觉没必要再去重复。可是最后，学生们会委托班委给我打电话，百般要求划范围。说其他老师都给了，我要是不给，他们没法考试，或者说他们如果考不好，对我影响怎么怎么不好，诸如此类的话。最后，我感觉很无奈，因为学生们会轮番找，很麻烦，所以就给串一下知识点，缩小复习的范围。我一般是从前往后按章节顺序串。可是，我听学生说，有些老师直接按题型给范围，学生觉得那么做效果会更好。我觉得欠妥。(T 学院 Y 老师)

在与其他老师的交流中也反映出类似的问题，表达了老师的无奈：

现在很多学生学习浮躁得很。平时上课不认真听，甚至不去上课。就等着考试之前给他们划范围。如果不给他们划范围，让他们自己学，然后考试，估计没有几个能及格的。所以没办法的办法，只能简单地给予"指导"。要不最后学生都不及格，学生背后骂你不说，领导也会追问。现在老师难当呀！(T 学院 M 老师)

这反映出教师对这一教学日常行为规定执行的困惑。按照学校教学管理规定，教师考前不得圈定考试范围，但是，现实中却形成了师生之间的隐性约定。教师不愿意看到自己学生的平均成绩不理想，学生也希望能以最小的精力获得尽可能高的分数。部分教师在明知道学校不准在考试之前给学生划范围的情况下，采取串讲的方式，将每一章的重点告诉学生，而这些所谓的重点其实就是考试出题的范围，只不过换上了具有合法性的概念符号来表达而已。

（3）教学日常行为规定执行抵制

教学日常行为规定的执行主体对现有制度不认同，产生抵触情绪，进而产生抵制制度执行的显性梗阻行为，使教学日常行为规定达不到预期效果。比如，本研究在调查中发现，学校规定主讲教师要有教案和讲稿，教案上要清楚表明本课程的授课计划、授课重点与难点、教学设计等。讲稿和教案不能一样。学校也将此项列为教学检查的必查内容。但大多教师对此不认同，认为这是对教学的过度干预，是对教师的不信任。因此，部分教师对制度要求不作为或者消极作为，教案要么没有，要么就是应付检查的摆设。

笔者与 L1 老师的交流反映了这一问题：

> 我觉得教案的准备也很有意思。去年期中教学检查的时候，非要让我上交教案，结果检查的领导说这不是教案，是讲稿；教案应该有明确的教学目的、教学重点、难点的提示；这太不可思议了。大学的教学和中小学的教学是不一样的，中小学可以或者必须明确地告诉学生什么是这节课的重点、难点，但是大学还这样规定，太离谱了吧。但是非要你这样改，真是浪费人力、物力。没办法，学校检查组要得紧，我只能现到网上搜一个应急了。你说大学的老师有几个是按照那种模式备课、上课的，那不是回到中小学的教学管理模式去了吗?!（D 学院 L1 老师）

再比如，对"作业不达标的学生取消其考试资格"的教学日常行为规定的执行（见图 4-4），也存在抵制问题。其中，教师问卷中对这一教学日常行为规定的执行情况，认为符合（"完全符合"和"比较符合"）的比例为 22.5%，不符（"完全不符"和"比较不符"）的比例

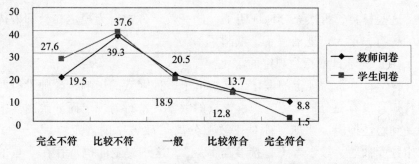

图 4-4　作业纪律——"作业不达标的学生取消其考试资格"执行情况统计图

153

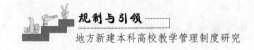

为57.1%。在学生问卷中符合的比例为14.3%，不符的比例为66.9%。也就是说，目前学校规定"学生作业不达标要被取消其考试资格"的规定基本上流于形式。这一教学规定的执行严重不到位，暗示了这一规定执行的实质消解。

本研究针对这一教学日常行为规定在现实中的执行情况，在访谈中也有所了解：

> 我从来没听说过有哪个学生因为作业没交或者不合格而被取消考试资格的。这种规定其实等于没规定。因为，作为老师来讲，我们的权力仅仅是，假如某位学生作业做得不够好，平时成绩就给这位学生少加点，但是肯定不会取消其考试资格。因为为了作业得罪学生，我觉得不值。现在的学生惹不起。（D学院H老师）

> 因为作业不合格取消其考试资格，这是不可能的。我就曾经经历过这样的事情。我教的是全校的公共课，某系的学生出勤率很低，作业也不完成。期末考试的时候，我向领导反映情况，想给不守纪律的学生一个警告，取消他们的考试资格。可是最后还是考了，因为上面的领导讲情了，不得不让他们照常考试。所以，我觉得一项教学日常行为规定执行得好，不仅取决于执行者，还取决于制度的制订者。要有原则，上面不能松动。（D学院Z2老师）

这些材料，再次充分地证明了，这一教学日常行为规定在教师群体中的执行，被无声地消解了，抵制了。

（4）教学日常行为规定的虚化

教学日常行为规定的虚化，是指由于多种因素的影响，教师没有明确获知且没有充分地学习、理解学校的教学日常行为规定而导致制度执行受到隐性梗阻。比如，针对"教考分离"政策中的规定"课程考试采用题库抽题，教学者不直接参与命题"，这一规定的执行存在严重的虚化倾向（见图4-5）。被调查教师选择"教考分离""完全符合"的仅占16.6%，"比较不符"和"完全不符"的比例占49.7%，几乎占到一

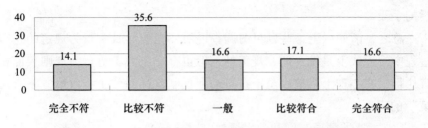

图4－5 "教考分离"规定执行情况统计图

半。由此可见，学校规定的"教考分离"制度执行得很不彻底。绝大部分教师认为"教考分离"没有真正得到实现。教学日常行为规定存在不执行或不彻底执行的受阻现象，同时也反映了这一规定的虚化。

另外，本研究通过访谈也获知，学校的教学日常行为规定在部分教师那里形同虚设。教师没有主动学习、了解教学日常行为规定的兴趣。这种态度影响到教师对制度的认可、接受和遵守的程度。

有两位教师表达了自己的看法：

我一直都觉得学校的制度是针对不自觉的、或者是已经在教学中犯了错误的老师来讲的。对我这种工作很负责、很认真的老师来讲，我觉得那些制度离我很遥远，没有必要去了解他们，我也没有兴趣，没有时间。(D学院L3老师)

我来学校五年了，还真不知道学校的教学日常行为规定有哪些、怎么规定的。我觉得它们跟我的工作没关系，我只要按时上下课、完成我的教学任务就可以了。当我在某些方面不清楚的时候，我直接问问其他教师就行了，也没有必要看制度规定。所以我觉得制度和我没关系。(T学院Y老师)

这样的情况，就容易导致学校教学日常行为规定的闲置、虚化。规则制定的目标原本应该是为了指导成员的行为，促进教师的教学专业成长，可成员对此并不了解，制度汇编成为应付外界检查、凸显组织正规

性的手段。

总之，诸如以上这些题目的调查说明，在教学日常行为规定的执行过程中，形式上是统一的、规范的，但也存在行为者对行为规则表面权宜执行，在心理上阻抗以至于在行动上抵制这样的"上有政策，下有对策"的问题。

（二）教学督导制度和学生评教制度执行现状

对教学产生制约作用的教学督导制度和学生评教制度是学校委托、赋权教学督导委员会和学生群体对教学情况进行监督、评价、指导的制度。教师群体虽不是直接执行制度的主体，但却需要按照制度规定去做。因此，制度作用的效果取决于教师对这些制度的认知态度和行为倾向。所以，本研究针对这两项制度在教师那里的实际执行情况，一方面通过问卷调查的方式，了解教师对其的态度和行为倾向，了解教师是否熟悉这两项制度以及是否愿意接受它们的影响；另一方面通过访谈验证和补充教师对这两项制度的态度以及其对教学的实际作用，以此来判断制度的执行情况。同时，通过对有关教学管理者的访谈也能了解到关于两项制度的实际执行效果的信息。

教师对教学督导制度和学生评教制度的认知、情感、行为倾向的调查在教师问卷和学生问卷中都有所设计，目的是在结论上相互验证。赋值情况根据利克特五点量表的方法，赋予"完全符合""比较符合""一般""比较不符""完全不符"分别为5、4、3、2、1。其中3为均值。

1. 大多数教师对教学督导制度和学生评教制度了解但不是很全面

教师对教学督导制度和学生评教制度的执行情况表现在教师对其的了解程度、欢迎程度、效果评价以及愿意接受其指导的程度上，两者在教师那里执行的总体情况见表4-7：

表4-7　教学督导制度和学生评教制度执行总体情况描述性统计（教师问卷）

维度	N	均值	标准差
教学督导制度	205	3.83	.892
学生评教制度	205	3.68	0.903

　　由表4-7发现，教师对教学督导制度和学生评教制度整体上是认可和接受的。两项制度执行情况的总体均值均在3.5以上。两项制度下各指标具体情况通过频数统计分析能给以进一步证实（见表4-8）。

表4-8　　教学督导制度和学生评教制度执行情况频数分析（教师问卷）

题目	完全符合	比较符合	一般	比较不符	完全不符
您了解学校制订并实施的教学督导制度	27.8	42.0	25.4	4.4	0.5
您欢迎学校教学督导委员会成员随机进入您的课堂听课	25.4	34.6	27.3	9.3	3.4
您认为学校教学督导的意见反馈很及时	13.2	36.1	37.1	12.7	1.0
您愿意接受教学督导活动对您教学的建议反馈	35.1	54.1	8.3	1.5	1.0
您了解学校制订并实施的学生评教制度	23.9	44.4	26.8	4.4	0.5
您觉得学生评教结果在教学质量考核中占比例合理	17.1	23.9	44.9	11.7	2.4
您认为学生评教结果的反馈及时	13.7	25.4	42.0	15.6	3.4
您愿意接受学生评教活动对您教学的结果反馈	34.1	50.2	12.2	2.9	0.5

　　由教师对教学督导制度和学生评教制度作用情况的频数统计分析得知，"您了解学校制订并实施的教学督导制度""完全符合"和"比较符合"的比例占69.8%；"您欢迎学校教学督导委员会成员随机进入您的课堂听课""完全符合"和"比较符合"的比例占60%。"您了解学校制订并实施的学生评教制度""完全符合"和"比较符合"的比例占68.3%。由此说明，在教师群体中，绝大部分教师对教学督导制度和学

生评教制度还是了解、认可并接受的，至少是部分了解的，但是了解不是很深刻。比如，对教学督导机构的性质、人员结构以及督导工作重点等不是很熟悉，这种浅层的认识导致教师对制度缺乏足够的信任和支持。

这样的问卷调查结果通过访谈也得到了证实。在访谈中，部分老师反映，对教学督导制度和学生评教制度到底怎么回事，评价结果的好坏与老师利益到底有多大的关系，督导是由谁组织、实施等一系列问题不是很清楚。

有两位老师表示：

我对学校的教学督导制度了解不是很多，只知道督导组里面的专家基本上都是退休的老教师或者领导。他们一般是在期中的时候对各系的教学任务完成情况进行检查。所以，我觉得他们更多影响到的是系里的工作。因为一般他们是到系里去进行教学检查，检查教学日历、作业完成、试卷、教案、毕业论文什么的。即使有些老师完成得不好，最后他们的结果反馈也是以系整体的名义反馈存在什么问题，需要下一步从哪些方面进行整改，不会或者很少涉及具体哪一个老师。再说，直接针对老师的听评课，毕竟涉及的还是少数老师，对于大部分老师来讲教学督导没什么压力。督导成绩优秀可能会在评职称的时候加分，可是，具体占多少比例我不是很清楚。再就是学生评教制度，我根本不知道学生是怎么评出来的，包括哪几项。实事求是地说，有些学生也是瞎评，他们评教的主观性很大。越是对他们严格要求的老师，比如每次上课都考勤，上课纪律要求较严的，越得不到高分，反而那些不怎么管学生的老师，上课随意的老师得分很高。我们现在都不敢对学生严格要求。因为学校现在改革了职称评定的办法，学生评教结果在教学效果考察这一项里占的比重还挺高，所以对学生现在都睁一只眼闭一只眼。差不多就行了。现在对老师的要求是"上好课，做好人"。（D 学院 Z2老师）

我对学校的教学督导制度基本上不了解，对这一制度的获知也是通过领导开会知道的。因为我没有被督导专家直接听过课或者检查到，所以我觉得这个制度对我的教学影响不是很明显。至于学生评教制度我还是了解一些，但是，具体学生评教的指标是什么、评教结果对我的影响除了评职称以外还有什么其他的影响、什么时候评、什么时候反馈我都不是很清楚。因此，我认为，督导制度也好，学生评教制度也罢，虽然本身初衷是好的，但是作用的实际效果并不是很突出。(D学院F老师)

由此，我们可以了解到：在教师群体中，教学督导制度和学生评教制度并没有深入每一位教师的内心之中，有少部分教师对这两项制度持一种怀疑或中庸的思想。这种想法导致少部分教师对这两项制度采取应付的策略，不利于养成良好的教学文化。

2. 大部分教师愿意接受督导提供的意见反馈，但反馈不及时且笼统

从表4-8的调查结果可以看出，教师对"您愿意接受教学督导活动对您教学的建议反馈"，认为"完全符合"和"比较符合"的比例占89.2%，对"您愿意接受学生评教活动的结果反馈，认为"完全符合"和"比较符合"的比例占84.3%。对"您认为学校教学督导的意见反馈很及时"和"您认为学生评教结果的反馈及时"认为"完全符合"的比例分别为13.2%和13.7%，"比较符合"的比例分别为36.1%和25.4%，由此说明大部分教师愿意接受教学督导、学生评教的建议。但是，这两项制度的意见反馈均不是很及时。教学督导制度和学生评教制度作为第三方执行的制度，其作用机制是通过督导专家和学生的意见反馈来作用于教师的教学。如果意见反馈不及时，无疑会影响到制度作用的实效性，会导致部分教师将其视为形式化东西而加以排斥。

通过访谈，对这一调查结果可以进一步证实：

我觉得学校教学督导意见反馈不是很及时，督导专家听完课之后，一般就走人。他们一般是将听评课的结果汇总给委托他们进行教学检查的教务处，教务处以系的名义再发文件到教学单位来进行反馈。我觉得缺乏针对性和及时性，不能给被督导的老师提出什么具有实质价值的建议，再加上反馈慢，所以督导的效果有限。对于学生评教结果的反馈也不是很及时，我几乎没在教务系统的网站上查到过评教的结果，每次进去查的时候，都显示"现在不是查询评教结果的时间"。老师也不知道什么时候是查询时间。不过现在好像教务处最后有一个汇总结果，我没见过，也没听说过关于评教结果的通知。兴许针对那些评教较差的老师，领导单独谈话了吧，谁知道呢。反正好坏都不知道。（D 学院 Z2 老师）

除此，笔者与 Z3 老师的对话也反映出类似的问题：

督导结果的反馈不是很及时，除非是督导到个别老师教学严重失职的，会及时反馈，否则都不能及时知道督导的结果。我觉得这样的督导制度对教学的影响不会很深入，老师也会养成应付检查的心理。从长远来看，这对学生是不利的。另外，学生评教的结果反馈也不及时，我几乎没见过学生评教的结果，可能我属于比较中庸的类型吧，不会太好，也不会太差，所以领导没有私下找我谈话。（D 学院 Z3 老师）

另外，笔者在与 Z1 老师就教学督导制度和学生评教制度执行情况的访谈中，该老师还指出，这两项制度在结果反馈方面比较笼统，缺乏针对性：

我觉得这两项制度的反馈结果比较笼统。不管是教学督导制度，还是学生评教制度都是这样子。比如教学督导制度的反馈。首先是督导专家将意见汇总之后给教务处，教务处再统一下发给各系，说明该系在督导检查中存在什么问题。至于哪个老师存在什么问题，有什么改进的意见，好像没有。另外，学生评教的指标我觉得也没有那么细致，比较笼统。学生评教，哪些方面反馈的是满意，哪些方面是不满意，好像并没有明确地呈现出来。教务处下发到各院（系）的就是学生评教的一个总结果，要么优秀，要么良好，要么合格，好像很少有不合格的吧。所以，我觉得老师从评教结果那里并不能有针对性地知道学生的评价如何，也不知道下一步该往哪个方向改，怎么去改。教学督导和学生评教的意见反馈对老师的教学改善好像并没有真正的发挥制度预期的作用。（D 学院 Z1老师）

通过与教师的交流了解到，由于教师没有参与到教学督导制度和学生评教制度制订中，加之两项制度宣传不到位，反馈制度不健全，意见反馈不及时、没有针对性，因此，在部分教师那里，并没有对教学发挥出实质的制约和指导作用。

然而，教师对制度安排的评判与教学管理者的观点还是有一定的出入：

为了全面保障教学质量，我们实施了教学督导制度和学生评教制度，定期地组织督导专家和学生对教学进行督导考核评价。一方面，可以便于我们获得有关教学管理制度执行情况的信息，为完善制度规定提供帮助；另一方面，这两项制度的实施对于教师来讲，也的确能起到一定的督促作用，可以督促教师认真地对待教学工作，保障教学质量。从实践效果来看还是不错的。比如，我们对青年教师开展的课堂教学督导在提升他们的教学能力、规范教学行为方面就起到了重要的促进作用。另外，对院（系）教学工作进行的教学督导检查也调动了基层教学单位加强教学管理、保障教学秩

序、提高教学质量的积极性。（D 学院 L 教学领导）

3. 在教学督导和学生评教制度执行过程中行政干预过多，促进功能弱化

教学督导制度和学生评教制度，从理论上来讲是教学管理民主化的体现，让教学专家来督导教学、让教学直接受益主体——学生来评价教学质量，这是教学管理的进步。但是，现实是，不管是教学督导制度还是学生评教制度，都表现出过多行政干预的色彩，导致教师对这两项制度的认识发生偏差。教师在接受督导或者评价的过程中，出现手段和目标的置换问题。制度作用的效果差强人意。

有两位老师讲道：

教学督导组是受教务处或者学校领导的委托来进行教学督导检查的。他们开展督导活动的依据、督导的内容、督导的次数、督导的对象几乎都是教学管理部门的有关领导确定的。他们没什么决策权、强制权或者奖惩权，再加上督导之后没有及时和老师们座谈，意见反馈不及时，所以它对老师的教学帮助不是很明显。对于督导组成员来讲，他们好像只要完成教务处的督导任务就可以了。对于老师来说，只要在督导专家来督导检查的时候比平时多注意就行了。（D 学院 L1 老师）

我觉得让学生来评教是正常的，也是必要的。但是，制度本身如果漏洞很多的话，就会影响到学生们评教结果的客观性和真实性，同时也会影响到老师对结果的认可和接受。比如，在评教中，有些学生一学期基本不来上课，或者有些学生已经申请免修这门课，按理来讲他们是不能再参评的，没有参评的权力。可是，最后网评系统还是要求他们必须去评教。如果不评，就会影响到他的一些利益。你说他们没上这位老师的课，凭什么去评课呢？再就是学生反映，在评教过程中，如果想给自己认为很满意的老师全优的话是不可能的。因为系统提交不了,必须得有一个不优秀才行。我觉得这样的制度规定或系统限制是不合理的,明明给学生自主权,可是又设置一定的障碍去妨碍学生行使自主权,这有点行政化。(D学院 Z3 老师)

教学督导制度和学生评教制度的初衷,充分体现了教学管理的学术化、民主化、人本化的变革方向,教师在心理上对其还是持一种积极的认知态度。但是,由于在制度执行过程中教学行政权力的越界干预,使得部分教师感觉这两项制度的执行好像是教学管理者在对教学直接进行控制之余又安插的第二只、第三只监视的眼睛,教师不免在心理上产生抵触或者应对的想法,最终影响到制度功能的有效实现——不能充分地发挥促进教学的积极作用。

从整体来看,教师虽然对这两项制度的执行情况存在一定的情绪,但是他们对于这两项制度存在的价值还是持积极的态度。督导专家在教师看来是学术权威的代表,学生作为教学的直接对象也拥有评价教学的权利。教师期待着获得教学学术权威和学生群体对其教学工作的高度认可和诚恳建议,这在日常教学行为倾向上也有所体现,可以通过学生问卷来证明(见表4-9、表4-10)。其中,表4-9是从学生视角来观测教学督导制度和学生评教制度在教师身上的执行情况,二者的均值都在3.5以上,这说明绝大部分教师的教学态度和行为表现在这两项制度的作用下有所改变。教师对学生评教制度的关注程度更高,通过教师行为上主动与学生交流、改善教学手段和方法可以推知。

表4-9 教学督导制度和学生评教制度执行情况描述性统计(学生问卷)

维度	N	均值	标准差
学生评教制度	196	3.84	1.09
教学督导制度	196	3.6	.876

表4-10　　教学督导制度和学生评教制度执行情况频数分析（学生问卷）

题目	完全符合	比较符合	一般	比较不符	完全不符
老师主动向同学公开他（她）的 E-mail 或其他联系方式，搜集对其教学的要求和意见	52.6	26.5	14.8	2.6	3.6
老师课下经常面对面与我们交流对其教学情况的意见和要求	30.1	29.6	23.0	12.8	4.6
老师的教学手段（方法）等较评教之前有所改善	22.4	36.2	24.0	14.3	3.1
老师在教学督导专家进入课堂听课时讲课内容比平时丰富、信息量大	13.8	30.1	37.8	16.8	1.5
老师在教学督导专家进入课堂听课时讲课的态度比平时积极（如师生互动频数）	10.7	43.4	35.7	9.7	0.5
老师在课后会主动与同学交流督导听课的心得体会及建议	24.0	43.9	28.6	3.1	0.5

　　这两项制度执行情况的频数统计分析可以进一步证明这一结论。

　　由表4-10可以看出，教学督导制度和学生评教制度对教学确实产生了一定的促进作用，影响到了教师在教学中的行为表现。因为，这两项制度作为第三方执行的制度，如果教师很关注并给予适当重视的话，其在教学态度和行为上就会有明显的表现。学生作为教学的直接受众，是可以从侧面感知和体察到的。因此，通过对学生的调查发现，在学生能够认可和体察的、与教学督导制度和学生评教制度相关的教学态度和行为表现中，除了"老师在教学督导专家进入课堂听课时讲课内容比平时丰富、信息量大"这一题目以外，"比较符合"和"完全符合"均达到了50%以上。由此可以看出，这两项制度确实对教师群体的教学态度和行为产生了作用。除此，通过调查，也能清楚地发现到，除了"老师向同学公开他（她）的 E-mail 或其他联系方式，搜集对其教学的要求和意见"这一题目以外，其余的题目均有 20% 以上的学生选择"一般"，也说明了教师对待这两项制度的态度并不是同一的。有少部分教师对其采取漠视或者"与我无关"的态度。这样的认知态度会影响到教师对制度的认可，进而影响到制度对教学的规约作用。

这样的调查结果与教师问卷的调查结果基本一致。由此说明，这两项制度在某种程度上对部分教师的教学产生了制约作用，并且在他们的教学态度和行为表现上有所体现。

（三）课堂教学改革制度执行现状

高校的课堂教学不仅要有知识的传递，还要有知识的创新。因此，地方新建本科高校为了提高人才培养的质量，纷纷鼓励教师进行课堂教学方法和内容的改革。比如，目前比较普遍的就是，鼓励开展研究性课堂教学和实践性课堂教学。部分学校也制订了相关的政策来提高教师对此项工作的重视，调动其参与改革的积极性。但在实际上，这些指导性的政策被教师了解、熟悉和贯彻执行的情况并不尽如人意。传统的以知识传递为目的的"一言堂式"课堂教学依然广泛存在，反映出地方新建本科高校的课堂教学改革正处于攻坚阶段。本研究对所调查学校的教师开展研究性课堂教学和实践性课堂教学的情况进行了访谈，下面借助访谈资料来呈现其实施情况。

1. 教师对课堂教学改革基本上持认可态度，但认识比较模糊

在调查中，当被问及"您对学校开展的研究性课堂教学和实践性课堂教学改革了解吗？支持吗？"这一问题时，大部分教师表示，随着学校应用型人才培养目标的逐渐明晰，加上学校对研究工作和人才培养转型工作的日益重视，他们对学校推动的课堂教学改革基本上持认可态度，但是对其认识比较模糊。

有位老师这样认为：

　　笔者：您对学校开展的研究性课堂教学和实践性课堂教学改革了解吗？是通过什么途径了解的？您如何认识这一改革？

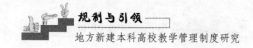

A：对于我们来说，研究性课堂教学应该是个新事物。但是这一说法好像在若干年前就听说过，很时髦。我觉得所谓的研究性课堂教学应该是要突出教学的研究性吧。这样既能实现我们已经习惯的知识传递，也能促进知识的创新，突出人才培养的创新性和实践性。至于实践性课堂教学，我觉得无非就是让学生多参与、多讲话，所以我在课堂上有时候会开展课堂讨论，尤其是小组讨论。

笔者：那您对这样的课堂教学改革是一种什么样的态度？您觉得怎么样才能凸显教学的研究性和实践性？

A：我觉得大学课堂进行这样的改革是必要的，我个人是很欢迎的。我觉得要突出教学的研究性，应该是把自己的研究课题尽量往教学上靠吧。通过研究成果的学术性来增强课堂的研究性。实践性的突出，我一直都比较困扰，因为我所在的专业是文科专业，一般来说，文科专业理论性比较明显，实践性的凸显可能更多地需要改革教学方法吧。（T学院M教师）

另外，与该校Z老师的交谈也反映出他对研究性课堂教学改革的态度和认识情况：

我觉得研究性课堂教学是应该开展的，最起码可以让那些善于研究的老师研究一下如何才能使现在死气沉沉的课堂活起来。现在上课真的很没意思，你在课前认真地备课，上课卖力地讲课，可是学生认真学习的屈指可数。我觉得研究性课堂应该是能够发现问题、解决问题的课堂吧。（T学院Z老师）

从与T学院M和Z教师的交流中可以看出，他们对研究性课堂教学的态度是积极的，但是，他们将研究性课堂教学简单地等同于将课题研究带进课堂的这种认识并不是很到位。因为，研究性课堂教学的实现不仅需要课题研究的支撑，也需要在教与学的实践中不断进行反思和探索积累；不仅是问题的发现和解决，而且是将问题升华的教学相长。相比研究性课堂教学来说，教师对实践性课堂教学的认识较模糊，尤其是文科专业的教师对于什么是实践性的教学，如何提高教学的实践性还不是很清楚。

2. 部分教师将课堂教学改革当作学校外在的要求而非内在需要

当学校教学管理者开展一项重要的教学改革项目之时，颁布指导意见来作为实施的依据，这是合理合法的。可是，政策出台之后的贯彻执行，还需要处于课堂教学一线的教师来推动。教师对课堂教学改革规定的了解程度、对课堂教学改革活动的认识深度都会影响到他们的参与积极性和自主性。在调查中，部分教师反映，他们对课堂教学改革政策并不是很了解，对改革参与的热情也不是很高涨，他们将研究性课堂教学或实践性课堂教学的参与视为来自学校上层的外在要求而不是内在需要。这种负面认识无疑会影响到他们对此项改革的认识和参与。

有位老师讲道：

我觉得目前让大学老师进行课堂教学改革并不是件容易的事情。因为我们也是传统课堂教学的产物，已经习惯了这种"授受教学"。突然间"从上而下"地要开展课堂教学改革，推行研究性教学，加强课堂教学的实践性，这对于还没有还来得及做好准备的我们来讲，更多感受到的是"这又是学校教学管理者想出来的主意"，是在"摆花架子"。我参加过研究性课堂教学比赛，可惜没有获得什么奖项。因为我对"研究性课堂教学"到底是怎么回事，真的不是很清楚。我们学院老师少，领导让我参加，我只能"赶鸭子上架"，还是按照传统的教学形式上课。我在比赛的过程中，虽然增加了与学生的互动次数，也留了问题让学生们思考。可是，我感觉这没有充分地体现出研究性。实践性嘛，多少有点，因为毕竟学生参与到课堂中来了吧。（T学院L老师）

与H学院X老师的交流也反映出这样的认识：

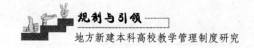

　　课堂教学的研究性我觉得真的有必要。毕竟是在培养大学生嘛。可是，一个不得不正视的问题就是，在现在学校里，教师的科研和教学很多都是脱节的，教师科研的东西很难应用在教学上，因为科研的成果具有较强的专业性，将这些成果贯穿在本科教学中——考虑到我们这类学生的素质——应该是不容易的。另外，就是度的把握问题。如果研究性课堂教学要求教师将学科前沿的东西综述给学生们，那应该综述到什么深度才算是合适的？因为，我感觉在课堂上，我把资料辛苦搜集整理之后告诉学生，可是如果他们不感兴趣，或者不认真听、记录下来，还是等于白讲。再说，现在学校鼓励的是科研，重金奖励的也是科研，职称评审的时候，重点参考的也是科研。因此，我觉得，目前学校里推行的研究性课堂教学和实践性课堂教学的改革有必要性，但是在我们教师这里，由于教学习惯的影响和科研精力的投入较大，坚持课堂教学改革其实不容易。（H 学院 X 老师）

　　本研究通过与教师的交流发现，课堂教学改革政策的贯彻执行并不是很彻底。这和学校本身对政策的宣传不到位、激励不足有关系。由于学校没有在开展这项改革之前进行充分的宣传，使其深入人心，导致教师对课堂教学改革了解不够。再加上激励不足，使得文本意见的制订和相应活动的开展在部分教师那里被视为外在的要求而不是源于他们内在的需要。当然，除了学校这一层面的原因外，教师对已经习惯的教学形式的路径依赖也是导致研究性课堂教学和实践性课堂教学很难推进的主要原因。

　　3. 教师对课堂教学改革的认识存在群体差异

　　教师对研究性课堂教学或实践性课堂教学的认识存在的群体差异，不仅体现在年龄的差异上，还体现在教师的职业状态上。

　　一般来看，年轻教师比年长教师对类似的政策和活动的态度要积极、乐观些。与 D 学院 L2 老师的交流说明了这一点：

对于刚入职没多长时间的我们这些年轻教师来说，我觉得课堂教学改革应该是个有意义的事情——不管是对于学生、还是对于我们自身。你拿研究性课堂教学来说：这个教学模式的推进，对于学生来说，老师进行研究性课堂教学的尝试，他们可以获得更多的知识，开阔专业视野；对于我们自身来说，我们刚刚毕业，应该说在研究这个道上还没有真的入门。以往在学校的时候做的研究主要是和导师的课题有关系，可是现在自己工作了，怎么能开辟出一个属于自己的新的研究课题，并能对自己的工作有促进作用，我觉得研究性课堂教学就是一个很好的途径。通过发现课堂教学中的问题，借助学到的理论知识来进行研究，然后反哺课堂，这是一举两得的事情。再说实践性课堂教学形式的推动，其实也是非常必要。因为，就我的观察来看，咱们这类学校的学生，虽然高考成绩稍微低一些，理论基础稍显薄弱，但是实践能力并不差。这几年，我带学生参加了几项大学生科技文化竞赛，还取得了不错的成绩。由此看出，咱们学生的实践能力并不比重点大学差多少，所以，我觉得实践性课堂教学改革真的很有必要。(D 学院 L2 教师)

相对来说，年长教师因为多年形成的教学习惯和教学思维的局限，他们对课堂教学改革的热情并不是很高涨：

研究性课堂教学这个事情，在院领导在例会上传达学校教学文件的精神时多有提起。可是对于具体的指导意见，我还真不是很清楚。另外，学校教务处这几年也连续开展研究性课堂教学比赛，尤其是鼓励年轻教师（37 岁以下）参加，因为他们是学校今后的教学主力。对于一个马上就要退休的老教师来说，我觉得与我的关系似乎不是很直接。要说实践性课堂教学改革，我觉得就是花样。(D 学院 C1 老师)

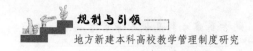
另外，从教师的职业状态①来看，在教师群体中，发展型教师比生存型教师对此项政策和活动的态度要积极、主动些。

在与 D 学院某青年教学骨干针对研究性课堂教学的交流中提到：

> 课堂教学改革其实是自己的事情，不管学校有没有政策，有没有奖励措施，我觉得作为年轻教师来说，都应该积极地去尝试。如果你在大家都还没认识到这个事情的重要性时，你就积极进行探索和实践，那等到别人都认为很重要，学校又给予适当鼓励和支持的时候，你不就比别人进步了吗？(D 学院 L3 老师)

同样的，与 D 学院 W 老师交流也体现了发展型教师对此的支持和建议：

> 了解学校研究性课堂教学改革的政策，努力尝试进行教学形式的改革，我觉得这应该是一件有意义的事情。当然，直接受益的可能是学生，但是最终受益的应该是自己。因为，从最实际的角度看，进行课堂教学改革，契合学校的发展趋势，有了这方面的思考和研究成果之后可以进行相关的立项，有了立项，应该就是名利双收了吧。同时，我觉得作为教师来讲，可能更关注自我价值的实现。尝试进行课堂教学改革并能取得成绩的话，就能获得学生们的认可以及同行们的认可，甚至是领导的认可，这也就会使自己有价值感了。当然，再好的指导政策如果没有广大教师的共同接受，也很难形成良好的执行氛围。因此，我觉得学校要想推进研究性课堂教学改革，除了制订相应的指导意见，适当开展相关活动以外，还要积极宣传，营造出支持改革的文化氛围。

---

① 根据叶澜教授在《教师角色与教师发展新探》一书中对教师职业状态的归类，他把教师分为追求养家糊口的生存型教师、品味教学乐趣的享受型教师以及追求完善自我的发展型教师三种类型。本研究认为，一个能够积极地去品味教学乐趣的享受型教师其实是追求自我完善的发展型教师的前奏，二者应该都是发展型教师。因此，将教师最后分为两类。

(D 学院 W 老师)

但是,并不是所有的教师都会以这样的积极态度来对待课堂教学改革。有些以工作为谋生手段的生存型教师或者教学任务繁重的年轻教师对相关的规定和活动态度消极。

有两位年轻教师说:

> 对于刚参加工作的教师来说,我们面临的生存压力可能要比发展压力还要大。因为,在一个城市要想定居,首先我得有房子,得结婚、建立家庭,得孝敬父母。这些都是很大的开销。所以我现在的课比较多,有些老师不愿意上的课,人家找到我,我也不会拒绝。这样的教学工作量,再让我腾出时间来进行课堂教学的研究和实践,真的是很难。(D 学院 L4 老师)

> 我们专业的学生多,老师少。每位老师头上一学期都得有至少两到三门课。除了上课,我们还要写论文、搞科研,还要辅导学生写论文。所以,我们能完成正常的教学任务就不错了,哪有更多的时间和精力去做真正的研究性或实践性的课堂教学呢。在迎接督导听课和领导听课的时候,如果被抽到了,就只能再积极地去完善一下教案,尽量地补充些前沿性的知识信息。(D 学院 F 老师)

二 调查结论

(一)大部分教学管理规定执行有序

大部分教师对于教学日常行为规定、教学督导制度、学生评教制度以及课堂教学改革规定的制订和实施的价值比较认可,基本上能够按照规定要求运作。这些制度安排确实维护了教学秩序、提高了管理的效率。

(二)部分教学日常行为规定存在执行"梗阻"问题

那些在外在形式上被较好执行的教学日常行为规定并不意味着教师

在内心深处完全认可和接受。教师在执行教学日常行为规定的过程中，也存在执行阻抗问题——比如教学日常行为规定的敷衍执行、打"擦边球"、常规虚化等。这些现象的存在降低了教学日常行为规定的约束功能。教学日常行为规定的执行更多体现了教师群体对行政权威的遵从。尊重或服从权威已成为人们社会化过程中普遍的心理因素。因此，教师会认为，服从教学管理制度在道义上是正确和合乎情理的事情。这样，习惯的先决条件和力量有助于制度的实施。[1] 还有各种形式的惩罚也有助于教师对这些制度的遵守。之所以适当的惩罚有利于制度的遵照执行，并不是因为行为者惧怕处罚本身，而是因为行为者担心因不遵守制度会影响其声誉。因此，制度的效力在很大程度上取决于人们的自觉自愿而非是被迫的遵守。[2] 很多有争议的制度存在的时间越长，人们争议的越激烈，在人们头脑中留下的痕迹就越重，被执行的可能性就越大。随着"时间的推移，一度有过争议的制度为人们熟悉起来，不但成为被接受的现状的一个组成部分，而且还是人们从事活动的条件之一"。[3]

（三）部分教师对教学督导和学生评教制度存在权宜应对问题

在教学督导制度和学生评教制度方面，教师所扮演的角色主要是目标受众。从调查结果来看，教师作为制度作用的目标群体，他们主观上对教学督导制度和学生评教制度持认可和接受的态度。这是因为，教学督导制度的执行主体是督导专家，也就是一些教学骨干或者已经退休的教授，他们是专业人员，代表的是学术权威，教师作为督导专家的同行，对获得专业权威的认可和鼓励是非常看重的。另外，在教师看来，学生群体作为教学工作的直接对象，由学生来评价教学的优劣也是合适的。调查发现，教师对这两项制度的制订持积极认可的态度，但是对其执行过程以及执行的效果远没有预期的积极。

在执行过程中，教学督导制度和学生评教制度明显地渗透着行政干

---

[1]　张波：《我国大学教学管理制度问题研究》，华中科技大学博士论文，2009 年，第 126 页。

[2]　张波：《我国大学教学管理制度问题研究》，华中科技大学博士论文，2009 年，第 127 页。

[3]　[美] 詹姆斯·E. 安德森：《公共决策》，唐亮译，北京：华夏出版社 1990 年版，第 144 页。

预色彩。也就是说，教学督导和学生评教只是在形式上实现了对教学评价的民主，坚持了多元评价的原则，但是，在实际执行过程中，督导组构成、督导时间、督导对象、督导标准、督导反馈以及学生评教指标、评教标准、评教分值的分布、评教与否、评教时间等都是由教学行政管理部门决定的，教师参与不足。

另外，对督导和评教意见的反馈也缺乏及时性、针对性和充分性，由此导致教师对这两项制度的作用持怀疑的态度，进而产生阻抗行为。作为目标群体，教师为了在督导专家督导检查的时候不出现问题，往往在各方面比较谨慎，小心翼翼地应对督导检查；对于学生来说，部分教师为了能获得较好的评教结果，他们往往以放松对学生的要求为代价来换取学生的"手下留情"。教师在这两项制度的作用下，感受到的是制度带来的压抑而不是充分的激励。由于对制度安排缺乏充分信任和依赖，部分教师产生出了阻抗心理和行为表现。

（四）课堂教学改革活动的推行存在受阻问题

通过调查发现，地方新建本科高校积极推进的研究性课堂教学和实践性课堂教学改革，其被实际贯彻执行的情况并不是很乐观。

首先，虽然绝大部分教师对课堂教学改革持一种肯定的态度，表示这是件有意义的事情，但是，由于学校对这项政策的宣传和推广不到位，教师对其认识比较模糊。这在一定程度上影响到了他们支持改革、参与活动的积极性。

其次，部分教师认为，课堂教学改革是学校外在的要求而非内在的需要。由于学校对研究性课堂教学和实践性课堂教学改革的推动是自上而下依靠行政力量来进行的，缺乏前期的基层调查和宣传，加上教师对传统课堂教学模式的路径依赖，他们将其视为学校外在的管理要求而进行阻抗。

最后，在教师中，对待这一政策和活动的态度也存在群体差异。一般来说，年轻教师比年长教师的态度要积极些、乐观些。年长教师对传统教学模式的路径依赖更强，因此，对待课堂教学改革的态度和行为可能比较消极。以享受教学、追求自我完善为目的的发展型教师比以谋生

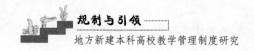

为目的的生存型教师的态度要积极、主动些。后者由于生计所迫，承担的教学任务较重，或者由于其他原因对研究性课堂教学和实践性课堂教学改革参与的主动性不足，出现权宜应对现象。

总之，这四项制度安排，从整体上看实施的比较顺利，但是，不得不承认的是，都或多或少地存在执行者权宜应对和执行受阻问题。这里的执行受阻概念主要是借鉴了公共政策执行的相关研究结论。

在关于公共政策执行的研究中，有些学者认为，公共政策的执行是对相关领域的利益所进行的分配和调整。他们还进一步指出："目标群体是否认可和接受政策，是决定政策目标实现与否的关键因素之一；接受政策或支持政策，则促进政策目标的实现；不接受政策则可能采取不合作态度，对政策进行消极抵制，甚至强烈对抗。"[1] 由此导致政策执行差距的产生，也就是政策执行受阻。这里提到的执行受阻，不能简单地理解为外在行为上的简单抵制——即不作为；还要将阻抗的外延扩大：阻抗有行为的直接表现——不作为，也有心理上的隐性表现——对政策不认可、不接受，但是基于利益的考量，又不得不进行消极作为的隐性阻抗。不管是哪种阻抗，都意味着政策执行力的降低。

公共政策具有公共性。作为约束教学行为的教学管理制度也具有公共性——是为了通过制度的约束和激励，激发教学的公共善。因此，政策执行的概念在教学管理制度执行的概念中可以借鉴。教学管理制度执行就是指学校运用各种管理资源，通过有关职能部门对教师群体进行制度的宣传、解释、服务等行动，使文本形态的制度内容转化为现实效果，最终提高教学质量的动态过程。所谓制度执行受阻，既包括教师群体作为目标群体对制度的不认可、不接受，但又不得不在形式上或者有选择性的权宜执行而产生的隐性阻抗；也包括教师群体作为执行主体在行为上直接对某些文本制度进行的抵制。

---

① 谢炜：《中国公共政策执行中的利益关系研究》，上海：学林出版社 2009 年版，第 34 页。

第三节 对教学管理制度执行中存在问题的反思

前面提到,教学管理者所制订的教学管理制度在执行过程中不同程度地存在着教师执行阻抗问题。那么,原因是什么呢?本研究认为与两个关键因素有关。

一个是制度执行者。从制度执行者角度看,学校、教学管理部门、二级学院(系)以及教师群体之间构成了多层的委托—代理关系,而委托—代理关系的本质是在一定激励约束条件下实现利益的双赢。因此,教师群体作为教学管理制度的执行者或受众,在其执行过程中存在执行阻抗问题,从个体主义的方法论视角看,与激励约束条件的欠缺以及部分教师存在的道德风险有关。

另一个是制度本身,包括制度的合理性和合法性。制度的合理性是制度合法性的前提;而制度的合法性,从社会学角度看,体现了制度受众对制度认可和执行的信念。当前,教学管理制度执行受阻问题反映了制度面临着合理性的不足以及合法性的危机。

一 教学管理制度执行中问题分析的个体视角

委托—代理关系研究是从个体方法论的角度出发,主要探讨在信息不对称情况下,委托方和代理方之间为何会出现代理问题,委托方如何通过机制设计来激励和约束代理方的行为,以规避代理风险的发生。它以"有限理性人"为人性假设,以目标不一致和信息不对称为理论的前提假设,以代理人的参与约束和激励相容约束为条件实施管理。具体到本研究,教学管理制度也是学校作为委托方为了规避教师作为代理方的代理行为问题而形成的制度约定。教师作为代理人出现的教学管理制度执行阻抗行为,其本质就是代理问题。因此,本研究试图基于学校与教师之间的委托—代理关系进行分析。其逻辑起点也是假设教学管理双方是"有限理性人",以教师个体或者群体与教学管理者之间的信息不对称和目标不完全一致为前提假设,探讨由于委托人的激励约束条件不

完备以及代理人的道德风险而导致的制度执行受阻。

（一）教学管理场域中的委托—代理关系分析

地方新建本科高校内部基于职能分工、教学的专业化和人才培养的合作化，在教学管理场域中学校校长、教学管理部门、院（系）等主要利益相关者与教师之间形成连续的委托—代理关系（见图4-6）。

校长和教学管理部门将专业化的教学事务委托给专职教师去做，他们主要承担管理任务。教师作为专业人员凭借其掌握的知识资本被学校聘用。当然，掌握知识资本的专业人员要想获得教师身份的合法性认可，也必须要受雇于某一学校。然后，由教师作为学校的代理人对学生直接行使教学职责；而学校作为委托人，为了保证从代理人那里获得期望效用，往往借助显性和隐性的制度手段来规约和监管教学行为，以规避在信息不对称的情况下，教师作为代理人借助信息优势而出现的机会主义行为（见图4-6）。

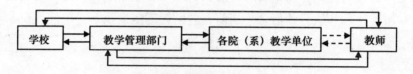

图4-6　教学管理场域中委托—代理关系链

如果不考虑校外因素，只考虑校内教学管理场域，从整个委托—代理关系链条来看，则是如下结构：学校作为初始委托人，将教学管理的权力委托给教学管理部门，教学管理部门再部分分权，将其委托给各院（系）教学单位，各院（系）教学单位与教师形成最终的委托—代理关系。在这里，需说明的一点是，由于目前在地方新建本科高校内部，各院（系）教学单位的管理权力并不到位，对教学的实质管理权还是在教学管理部门那里，因此，在图中将各院（系）教学单位与教师之间的委托—代理关系以虚线表示，而教学管理部门与教师之间间接的委托—代理关系以实线表示。在初始委托人和最终代理人之间，每个部门和个人都同时扮演着委托人和代理人的双重角色，既是上一级委托人的代理人，也是下一级代理人的委托人。

就本研究的主题来看，核心的委托—代理关系是学校和教学管理部门作为委托人与教师作为代理人之间的委托—代理关系。

（二）制度执行的激励约束条件欠缺

基于委托—代理双方信息不对称和目标不一致两个假设前提，在委托—代理关系中，委托方在设计最优契约时，应该同时满足两个约束条件：一个是代理人的参与约束条件——使雇员从事这项工作获得的效用至少等于他在别的可供选择的方案中可能获得的效用。[①] 另一个是代理人的激励相容约束——委托人为实现自身效用最大化而要求的代理人努力程度也要使代理人自身实现效用最大化。[②] 只有满足了这两个约束条件，委托方的价值期待才有可能成为代理人的行为目标，也才能实现共赢。因此，本部分主要从两个激励约束条件的缺失来考察当前地方新建本科高校教学管理制度的执行受阻。

1. 教学管理制度有效执行的参与约束条件欠缺

参与约束条件发挥作用的情况是代理人在从事这项活动中获得的效用大于或者至少等于其在其他方案选择中获得的效用，只有这样，才会对代理人产生有效激励，以规避其机会主义行为。也就是说，在学校、教学管理部门与教师之间形成的委托—代理关系中，当教师作为代理人从严格遵守教学管理制度中获得的效用大于权宜执行制度所得到的效用时，才可能规避教师在制度执行中的受阻问题。因此，教师群体中出现的制度执行阻抗这一代理问题与代理人的参与约束条件不成熟——即未获得有效的激励，有直接的关系。具体表现在两个方面：

第一，缺乏促进教学管理制度有效执行的多样化激励。

激励理论的研究成果表明，在一个由众多专业技术人员组成的社会群体中，有两个必须要承认的前提——教学信息的不完备和活动目标的

---

① 周兴国、李子华：《高校教学管理机制研究》，合肥：安徽人民出版社 2008 年版，第 57 页。

② 刘有贵、蒋年云：《委托代理理论述评》，《学术界》2006 年第 1 期，第 69—78 页。

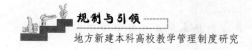

不一致。① 这两个前提是激励问题的基本因素。从逻辑上讲，这两个前提在地方新建本科高校教学管理过程中也是存在的——教学组织、管理人员的目标与教学人员的目标不一致，信息也不对称。教学组织、管理人员的直接目标是创造井然的管理秩序、提高管理的效率、营造统一的管理文化；教学人员的目标是自主地进行知识传递和创造，实现自身的专业发展。两者在目标上存在控制和自主的矛盾。同时，在教学信息的流动上，教师占有私人信息，而管理人员处于信息劣势。以督导专家进入课堂听课为例：从表面看，被听课教师的所有信息都在督导专家所能掌握的范围之内，但是实际上，督导专家作为身处现场之中的人，也只能掌握其知觉范围内的信息或者只能掌握教师在短短的授课时间内所传达出来的信息，以此推断教师对学校教学管理制度的执行情况似乎有些偏颇。因为，在这个过程中，教师掌握着信息的绝对优势，很有可能存在着隐蔽信息的情况。由此可见，管理人员必须要通过适当的激励才能有效地规避教师作为代理人而产生的代理问题。

但是，从调查的实际来看，地方新建本科高校内部的教学管理部门往往习惯依靠行政手段"自上而下"地实施教学管制。有些教学管理制度，如教学日常行为规定中的部分制度，看起来非常严格，然而实施效果并没有达到管理者预期的目的。这些实施效果不佳的制度之所以还要存在，表明他们的象征性价值远比实际价值要大。也就是说，这些规定的存在至少使学校上级行政主管部门能够认为学校管理者在"做事情"。这种对上负责的思想导致校内出现形式主义。另外，对制度执行情况虽然也伴有一定的奖惩措施，但是基本上都是以物质利益的形式存在，缺乏多样性和有针对性的激励。在部分教师那里的结果就是：对那些学校硬性的规定没有直接地反抗和抵制，而是采取形式主义的、隐蔽的抵抗策略，消极对付；甚至，一些过于物质化的激励会导致教师在制度执行过程中出现目标置换——以获得奖励或者规避惩罚为目的，在制

① 周兴国、李子华：《高校教学管理机制研究》，合肥：安徽人民出版社 2008 年版，第152 页。

度执行上出现形式化执行的现象。

第二，缺乏对教学管理制度有效执行的强化激励。

激励并不是万能的，有时候，激励也会出现失灵的情况。作为有限理性的人，在自利行为存在的情况下，在教师群体中也会存在机会主义行为。如果对这些机会主义行为不加规避，不及时进行处罚，长此以往，就会导致原本没有机会主义倾向的教师产生心理的不平衡，在缺乏有效激励的情况下滋生机会主义心理。因此，管理者为了规避不当行为的发生或者减少此类行为发生的频率，就需要在教学管理制度执行过程中运用督导这一手段，及时发现问题，采取措施予以解决。但是，这里需要说明的是，由于委托人和代理人之间信息的分散，教学管理者对教学的监督并不是完全的。拿课堂教学纪律来说，教学监督人员可以通过教师是否按时上、下课来了解他们是否守规矩。但是，对于教师"有无备课、如何备课、占有的资料是否充足、是否会全身心的投入教课、是否真的关注学生的发展等"问题就很难获得充分的信息。这一不完全监督的实质性难题蕴含了监督的有限性。也就是说，教学监督虽必不可少，但也不是全能的。

本研究从调查中获知，学校的教学管理者出于对监督成本的考虑，一般并不直接对各教学单位和教师进行教学检查。他们往往借助教学督导组、学生或者教学信息员、同行等群体对教学情况以及教学管理制度执行情况进行监督检查。但是，这些监督主体的监督活动是有限的，尤其是同事之间的监督，受面子、人情等非理性因素的影响很难全面发挥应有的作用。学生通过评教活动或者部分学生通过教学信息员这一角色对教学的监督应该是有一定力度的。但是，由于指标设置过宽，评价缺乏针对性，加上结果反馈也并不是很及时、内容也不是很充分，由此导致监督水平下降。学校的教学管理者委托教学督导组开展的督导活动因为是随机抽样、定期进行，因此，很多院（系）为了应付督导检查往往做很多"精致"的形式主义工作，导致督导信息失真。

另外，教学督导反馈制度也不是很健全，督导信息反馈的乏力以及事后反馈的不连续，导致教师对教学督导有效性的信任缺失，以至于部

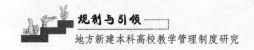

分教师产生抵触情绪或者产生应付督查的机会主义行为。

2. 激励相容约束条件的欠缺

激励相容约束条件，是指委托人约束代理人行为以保证委托人效用最大化，同时也保证代理人从中获得利益最大化，即二者利益达到共赢，这样才能对代理人的行为产生有效的激励和约束，从而避免代理问题的发生。教学管理制度执行受阻这一代理问题，说明在依靠现有的教学管理制度模式实施教学管理时，管理者由于对传统教学管理制度模式的路径依赖所获得的效用远远大于教师所获得的效用，后者由于在遵守制度的过程中没有获得期望效用而出现了制度的执行阻抗。

所谓制度模式的路径依赖，是指当下的制度选择受历史继承过来的既定制度模式的影响。利用它可以解释为什么当下很多制度模式总是难以改变——即使那些被实践证明低效的制度亦是。

其原因是，制度经济学家主要是从收益递增和成本控制的角度进行分析。他们认为，"之所以存在这样一种路径依赖过程，是因为存在一种'正反馈'过程，即如果坚持同样的方向，进一步的发展就会得到奖赏，而向替代路径的转化则需要付出成本，且这种成本会随着实践的进行而逐渐增加"。① 制度经济学家 W. 布莱恩·亚瑟（1994）将支持这种"正反馈"的必要条件归纳为："第一，高初始成本的存在——一旦获得某一特定路径，其他替代路径的形成和发展就会涉及额外的、常常是高昂的成本；第二，学习效应——在个人投入时间努力学习某一特定路径的同时，会难以或者不愿考虑其他的替代方案；第三，协同效应——选择某一特定路径会对选择者带来成倍的优势，因为其他人已经同样选择了这种路径；第四，采纳预期——当后来者发现某一特定路径已被他人广泛采纳时，自己也倾向于采纳这一路径。"② 除了从成本、收益角度可以分析制度模式路径依赖的原因之外，还有些学者（如保

① ［美］W. 理查德·斯科特：《制度与组织——思想观念与物质利益》（第 3 版），姚伟、王黎芳译，北京：中国人民大学出版社 2010 年版，第 130 页。

② ［美］W. 理查德·斯科特：《制度与组织——思想观念与物质利益》（第 3 版），姚伟、王黎芳译，北京：中国人民大学出版社 2010 年版，第 130 页。

罗·皮尔逊）从政治学角度进行了补充，其认为："在社会生活尤其是政治活动中，总会产生相应的既得利益集团，这些既得利益集团在既定制度结构下拥有较大的权力，无形之中，那些被制度结构赋予较多权力的制度相关人会进一步维护该制度，进而形成路径依赖效应。"①

中国传统高校教学管理制度模式主要是指具有明显科层控制倾向以及行政化、标准化的教学管理制度模式。它受传统大学教学管理观——科学管理观的影响，具有刚性、强制和防范的特点。地方新建本科高校的管理者对其产生路径依赖，究其原因，可以归纳为以下三点：

第一，学校内部二元权力的非对称。

前文在分析制度模式路径依赖的原因时所说：在既定的制度结构下，占有不同既得利益的制度主体所拥有的权力是不对称的。也就是说，权力的拥有和利益的占有往往是相互的，拥有较大的权力一般也拥有较大的利益。同时，为了维护既得利益，那些拥有较大权力的制度相关者也会进一步地维护已有的制度结构，尽管这一制度结构已经呈现出缺陷。

在地方新建本科高校的教学管理制度中，如果只考虑校内权力结构的话，这种二元权力的非对称性主要是指学校、教学管理者与教师之间的权力不对称，即行政权力和学术权力的不对称。这种二元权力结构的实质，在谢维和教授看来，"实际上反映和体现的是在学校组织结构中两种不同的资源配置原则"。② 从多层次的委托—代理关系来看：学校接受政府和教育行政部门的委托，学校教学管理部门又接受学校校长的委托，院（系）再接受教学管理部门的委托，广大教师最后接受院（系）的委托并最终代理直接的教学职责。在这个较长的委托—代理链条中，贯穿链条始终的是行政权力。除教师以外，其他各代理方接受的都是上一级行政权力的委托，这就导致行政权力在教学管理过程中似乎

---

① 张波：《我国大学本科教学管理制度问题研究》，华中科技大学博士论文，2009 年，第 22 页。

② 谢维和：《教育活动的社会学分析——一种教育社会学的研究》，北京：教育科学出版社 2000 年版，第 204 页。

天然就具有了实施管理的合法性。于是，学校的教学管理者往往就成了教学管理制度的供给者。也就是说，教学管理制度一般是由他们来制订和实施的，广大一线教师在这个过程中很少或几乎没有充分、有效的话语权。学校内部教学资源的配置也往往是由教学管理者来支配的。只要教学管理者在资源配置和制度改革过程中占有主导地位，那么学校教学管理制度的科层化就不会有太大的变化。也就是说，在行政权力占据资源配置绝对优势且教师学术权力式微的情况下，科层化的教学管理者对传统教学管理制度模式依然会有较强的路径依赖。

第二，学习效应和协同效应的影响。

制度经济学家在分析制度路径依赖的必要条件时指出：学习效应和协同效应，同正式规则和非正式规则的形成与发展密不可分，这两种效应都促成了各种博弈者对这些规则的认可。① 学习效应是指在既定的制度结构中，行为者会努力主动或者被动地去适应制度以保证获益，很难再考虑其他的替代方案；协同效应则是指在社会关系网络中，其他人都已经选择了这一制度路径，行为者为了获得更多的利益也选择和坚持这一路径。不管是学习效应还是协同效应，都强调了成本逻辑在路径依赖中的作用。

在地方新建本科高校，学校和教学管理部门选择并坚持科层化的教学管理制度也受这两个效应的影响。

一方面，地方新建本科高校在"升本"之前，教学管理所采用的制度模式，主要受传统科层化管理思维以及苏联集权化管理模式的影响，比较倾向于外部控制和规约，并且已经形成了一套在管理者看来行之有效的管理制度。在教师那里，这些制度由于长期的实施也已经"学习并内化"。因此，在"升本"以后，这些高校基于学习效应沿用了这一制度模式。

另一方面，地方新建本科高校在"升本"以后，面对那么多老牌本

---

① ［美］W. 理查德·斯科特：《制度与组织——思想观念与物质利益》（第 3 版），姚伟、王黎芳译，北京：中国人民大学出版社 2010 年版，第 131 页。

科大学的冲击和竞争，为了尽快获得社会各界——包括政府、教育行政部门、家长、用人单位等对——其本科办学资质合法性的认同和接受，也纷纷效仿其他本科大学教学管理的制度模式，来建立、健全本校的教学管理制度。但是，从整体来看，以规制为主流的教学管理制度模式并没有发生实质性的变化，积极的文化——认知性制度的建设依然不受重视。正如杨东平教授曾评论："我国的高等教育……就整体而言，它仍未能超越20世纪50年代形成的苏联模式和计划体制的构架，其内在的品质、文化和属性——或者说教育的'软件'——并未得到应有的更新和改善，远远落后于社会现代化、人的现代化的实际要求。"① 因此，地方新建本科高校的教学管理者对"强规制、弱文化"的教学管理制度的路径依赖与苏联集权化的教育管理模式存在密切的关联，同时也与政府和教育行政部门集权化的教育行政管理体制有不可分割的联系。

第三，"官本"管理文化传统的影响。

地方新建本科高校的教学管理部门对科层化、外控式教学管理制度模式的路径依赖，不仅与权力的非对称性、学习效应和协同效应带来的成本、收益的衡量有关，而且与隐性的管理文化传统的渗透也有深厚的关系。从管理文化的传统看，中西方存在较大的差距。郭冬升总结道："自启蒙运动时候起，西方便将社会建制视为实现所有社会成员利益的工具，管理者的权力被认为来自于公众，管理者的首要职责是为公众服务。"② 而反观中国的社会建制，郭冬升认为："大多是强权的产物，管理者以'得天下者'自居，管理演化为对他人的控制，成为权威的象征。"③ 中国的管理文化中渗透着鲜明的"官本"色彩。受这种文化的影响，组织中的管理者理所当然地成为命令者和指挥者，享有建章立制的权力，而管理对象也理所当然地成为命令的执行者和服从者，处于被

---

① 吴苾雯：《"逃离"大学》，南宁：接力出版社2002年版，第3页。
② 郭冬升：《平等与维权：大学教学管理制度改革的两个新视角》，《江苏高教》2005年第3期，第56—58页。
③ 郭冬升：《平等与维权：大学教学管理制度改革的两个新视角》，《江苏高教》2005年第3期，第56—58页。

动和从属的位置。

地方新建本科高校作为社会环境的产物，理所当然地也会受到这种"官本"文化传统的影响。学校领导和教学管理者自然地被视为教学管理权力的合法拥有者，享有对教学进行管控的权力。而教师作为被管理者似乎也已习惯于组织内部的制度管控或者已经对制度管控的价值产生确信。也就是说，官本位的外控式制度管理模式之所以被组织中的成员所普遍认同和接受，是因为制度控制模式已经成为一种能够对人的认知和行为选择产生强制同化的力量，使人们在潜意识里认为管理权力的拥有者既然已经被上级任命为组织的管理者，委托他们来实施管理，那么他们就应该拥有建章立制的权力，拥有实施管理的权力。这就为管理者拥有的广泛权力以及依赖权力实施管理赋予了认知合法性，从而使外控成为必须和可能。因此，在"官本"文化传统影响下，学校教学管理者对科层化的教学管理制度模式产生路径依赖也是必然选择。

相对于管理者从传统教学管理制度模式的路径依赖中获得的效用满足，教师群体作为代理方似乎逊色不少。教师处于教学管理链条的末端，他们小心翼翼地工作，按照制度规定完成被安排的任务，其专业学术权力不彰，专业发展受到限制。总之，不管是因为客观的文化因素和权力不对称因素，还是由于成本效益的因素，其所造成的制度路径依赖，学校教学管理者作为委托方在其中获得的效用满足远大于教师群体这一代理方。因此，激励相容约束条件的不成熟导致了教师在制度执行中产生代理问题。

（三）部分教师在教学管理制度执行中存在道德风险

在地方新建本科高校教学管理过程中，管理双方所占有的信息不对称是一种客观的事实存在，无论管理者做出何种努力都难以避免。因此，在学校以及教学管理者同教师之间的委托—代理关系中，教师作为代理人掌握着信息优势，可以根据利益考量和价值追求做出行为选择。这种行为选择根据学者（梁若东，2004）的研究主要有三种："单纯精神性需要为主——无私奉献型。……单纯物质性需要为主——机会主义型。……物质需要和精神需要相结合——等价交换型。"① 在该学者看来，前两者数量较少，而大部分教师属于等价交换型。但是，受市场经济的影响，教师的物质性需要越来越明显，教师越来越从物质利益得失的角度思考和处理不同的关系。这样，教师的不同期望就会导致他们做出不同的行为选择。而管理者为了弥补信息劣势，促使管理对象采取符合组织要求的行为，就会制订越来越多的制度来控制教师的不当行为。即便如此，在教学过程中，当教师认为通过教学获得的利益满足不及为此付出的成本时，他们也会产生机会主义倾向。尽管这种情况并不为社会道德所认可，但是它确实是个体有限理性选择的结果，并且广泛存在。

机会主义行为产生的主要原因在于信息不对称。信息不对称又主要是由于专业分工造成的。专业分工又是由个体所支配资源的专用性导致。因此，教育个体的机会主义行为是可支配资源的专用性与稀缺性的必然产物。而教育专业分工则为教育个体机会主义行为的实现提供了必要的条件。② 在经济学中，在信息不对称情况下导致的机会主义行为主要体现为两种：契约签订前的隐藏信息或者逆选择；契约签订后的隐蔽行动或者道德风险。前者是指在个体与组织没有订立合作契约之前，个体总是尽可能地隐藏自己的缺点，利用对方无法全部了解自己信息的漏洞来获得收益；后者是指在个体与组织订立合作契约之后，没有按照事先约定去完全地付出努力增进组织的收益，而是从降低自己的成本、提高自己收益的角度出发采取隐匿行动。基于信息问题的这两种机会主义行为都容易带来效率损失。

本研究中提到的对教师的教学管理只涉及对在职教师的管理，并没有考虑到个体与学校订立契约之前的情况。也就是说，本研究的前提假设是：被学校招聘来的教师都是符合学校要求的，都有能力完成学校布

① 转引自孟繁华《学校发展论》，北京：教育科学出版社 2011 年版，第 39—40 页。
② 周彬：《决策与执行：制度视野下的学校变革》，北京：教育科学出版社 2005 年版，第 73 页。

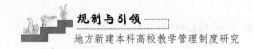

置的教学任务。但是，教师基于支配资源的有限性和信息不对称性而在教学管理过程中可能产生机会主义行为——教师在进入学校之后的道德风险或者隐匿行动这种情况。根据道德风险在教师身上的不同表现，其可以总结为三种行为倾向：

第一，"搭便车"。

经济学家柯武刚认为："'搭便车'是指信息的排他成本高得不可能阻止他人从一个人所提供的产品或服务上获益。"[①] 当产出的物品具有公共物品的特性时，"搭便车"现象比较明显。在学校中，"搭便车"特指学校对教育个体的监督成本高得不可能排斥教育个体无偿享受学校利益或制度收益。[②] 以此推之，在对全校教师进行制度化教学管理的过程中，由于人员规模较大，监督管理成本过高，学校教学管理部门和督导机构等往往采用随机抽查的形式，对部分院（系）的部分教师进行教学情况的检查，以此结果来判断所属教学单位所有教师执行教学制度的程度、对教学工作认真负责的程度等。如果抽查结果较好，那么整个教学单位也会获得较好的教学评价。但是，在这样的教学检查过程中，并不是被检查的教师有良好的教学行为表现就能代表所有教师都会严格按照教学制度的要求和学校教学规范的要求去做。这其中，也有部分教师从节约的角度出发，无偿地占有了院（系）其他被检查的教师创造的良好声誉，且不用分担这项收益的成本。这种"搭便车"现象就反映出部分教师在教学过程中存在的机会主义行为。比如，在调查中，D学院 W 老师就曾描述过他们在接受检查时的情况：

> 我们的教学检查并不是对所有教师的检查，拿学校领导和督导组听课来说。一般学校里会事先告诉我们："今年期中教学检查抽到你们系，谁谁，什么时候要听几位老师的课，什么年龄段、什么

---

① ［德］柯武刚、史漫飞：《制度经济学——社会秩序与公共政策》，韩朝华译，北京：商务印书馆 2000 年版，第 139 页。

② 周彬：《决策与执行：制度视野下的学校变革》，北京：教育科学出版社 2005 年版，第 75 页。

职称等级的。"系里先自行安排一下,然后报给教务处。最后督导专家就听那几位上报老师的课。被上报的老师一般也是系里教学反馈较好的老师,让他们去应对检查肯定没有问题。所以,其他老师就不用再对随机听课这件事担心了。期中检查的风口,我们只要比平时稍微注意,别让检查组抓到就行。(D学院W老师)

从W老师对教学听课检查这件事的描述中可以看出,这种随机抽查——而不是全面检查的督导评价——使得那些没有被抽到的教师产生了"搭便车"行为。也就是说,从表面上看,好像所有的教师都能遵规守制,按照责任规范要求去做,实际上部分教师在教学管理制度的执行过程中是存在形式主义执行、执行中断等情况,只是由于监督成本太高,管理者只能从被抽查教师或院(系)的表现情况推测最终的结果。这在无形中导致了部分教师的"搭便车"。

第二,偷懒。

偷懒是一种违法或者违反事先约定条件的行为。它往往是个体通过损害他人的收益,来达到减少使用可支配资源的目的。[1] 例如,在教学管理过程中,学校明文规定:"教师上课要合理使用PPT等多媒体教学工具,不能念课件、不能没有适当的板书。"但是,在实际调查中本研究却发现,有部分教师存在上课不带教案、不带课本,过于依赖多媒体的情况。在T学院调查时,部分学生曾反映:

有的任课老师上课就念课件。比如我们的某某老师,他教我们经济学,本来内容就不好学,再加上他念的又快,我们都跟不上。老师几乎不用教材,所以我们一学期下来教材就跟新的一样。考试之前老师会给我们复习范围,班里学习自觉的同学就会整理,我们最后拿过来背背就可以应付考试。(T学院部分学生座谈)

---

① 周彬:《决策与执行:制度视野下的学校变革》,北京:教育科学出版社2005年版,第75页。

针对这一问题，其他学校也有同学反映：

> 现在老师上课基本上都使用多媒体，没有多媒体的教学，就像是没有电的日子，没法过。我们曾经就有一次因为教学楼停电而不上课的事情。我们老师说："今天没电，我们没法上课了，大家回去吧。"（D学院部分学生座谈）

不仅是座谈中学生们有反映，而且教学管理者也深有同感：

> 原来老师上课就是靠黑板、粉笔、教案。现在教学技术先进了，有多媒体设备什么的，的确很方便、很直观。但是，如果过于依赖这些技术，那我们老师的看家本领就越来越没有用了。比如，粉笔字，这是老师的基本功。可是，现在为了节省时间，老师几乎都用PPT上课，很少写板书，尤其是年轻教师。因此，为了提高年轻教师的基本教学能力，尤其是教学基本功，学校近几年一直在坚持开展青年教师教学基本功大赛、研究性教学比赛、微课比赛等活动。（D学院C教学管理者）

多媒体使用这一问题虽然不能说明教师在本质上有问题，但是至少体现了教师作为有限理性人，在对学校制度遵守过程中存在偷懒行为。尤其是在教学监督缺位的时候，部分教师会在成本和收益之间做权衡，通过偷懒节约自己的人力资源。这种节约行为，从短期来看，似乎只是损害了学生的利益，没有充分调动学生的学习兴趣，让学生真正理解和掌握所学的内容，而对教师个体来说似乎是有利的——因为部分教师可以将在教学上节约下来的时间、精力用于在他们看来价值更大的科研或者是社会兼职。但是，从长远来看，教师个体的偷懒行为不仅会降低其在学生中的信誉，也会降低其在同事中以及在学校中的教学声誉。

第三，"应声虫"现象。

"应声虫"现象源于委托—代理组织中的"Yes Man"现象，即下属揣摩上级的意图行事。① 下属对管理者掌握的资源比较依赖，对其管理偏好比较了解，加上下属对工作执行信息的掌握又占有优势，导致下属在工作中存在表面应对上级管理偏好、而实际上偏离需要的情况。

在教学管理制度执行过程中，有些教师将教务管理的高效统一认作是教学管理的偏好。在面对一些需要假以时日的特色化的工作时，只强调"快与省"的工作目标，忽略了"优与用"的标准，导致高投入、低产出，造成了资源的浪费。例如，某地方新建本科高校为了促进教学质量的提高和课程资源的充分利用，在 2010—2011 年开展了校级网络课程建设工作，学校教学管理部门为了保障网络课程建设的统一化，预制了课程建设框架；同时，为了鼓励教师开展网络课程建设，承诺针对网络课程建设的考评结果将给予适当的物质激励，并择优建立校级精品课程，推选省级精品课程。在这一工作推进过程中，大部分教师响应了教学管理部门的号召，按期完成了或者是超额完成了网络课程建设工作，获得了适当的奖励。可是，在这批开发的网络课程中，有些课程看似框架中的各部分都存在，可内容的广度和深度并没有达到课程建设的要求，加之特色不突出，实效性也没有如当时预期的那般发挥出来，造成了有形无实。

教师个体在执行学校教学管理制度时之所以会存在道德风险或者隐匿行为，究其原因，除了信息不对称以外，最主要的就是遵守制度的成本和获得的收益不成正比。因为，"任何一个教师对学校制度的遵守，都等同于向学校全体教师提供一项公共服务——比如为学校带来稳定的教学秩序，能够为他人的教学带来良好的预期等。教师个人要承担遵守学校制度的所有成本（包括机会成本），他却无法组织其他教师来分享因为他遵守学校制度带来的收益"。② 承担收益和成本之间的不对等使

① 夏雪：《农村中小学布局调整中的机会主义》，《教育科学》2009 年第 3 期，第 10—13 页。
② 周彬：《决策与执行：制度视野下的学校变革》，北京：教育科学出版社 2005 年版，第 100 页。

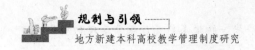

得教师遵守制度的积极性和自觉性大打折扣。

二 教学管理制度执行中问题分析的制度视角

当前，制度执行受阻体现出了教学管理制度基础的不完整——只重视文本性的正式制度建设，而忽视非文本性的规范性制度和文化—认知性制度建设。制度基础建设的不完整导致教学管理制度在教师中合理性和合法性的失衡。正是由于制度本身合理性和合法性的缺失导致制度执行出现了问题，因此，以组织社会学理论中关于合理性和合法性的分析逻辑来剖析教学管理制度的合理性和合法性问题，对于提高制度的作用效果具有重要的现实意义和深远的理论意义。[①]

（一）教学管理制度合理性与合法性的内在意蕴

1. 合理性与教学管理制度的合理性

第一，合理性的内涵和本质。

学者廖辉在探讨学校课程制度生成与变革的合理性时提出："从中文词义上看，合理性就是'合乎理性'。'合理性'是一个基于'理性'而派生出来的概念，理性是形成合理性的前提和基础。"[②] 也就是说，该学者对合理性的认识，侧重点在"理性"上。除此，也有些学者在讨论合理性概念时，将侧重点放在"合理"上，强调："应当关注'合理的特性'，关键在于追问什么是合理的，要强调对事物存在或人的活动及其结果是否'正当''应当''可取'的认识和评价。"[③] 这是一个将合理性视为一个评价概念的认识。[④] "合理性"在英语中有两个词汇，即"Reasonableness"和"Rationality"，前者属于认识论的范畴，来自黑格尔的理性（Reason）认识。黑格尔曾言："凡是合乎理性的东西都

① 房敏：《组织合法性理论视阈下高校教学管理制度的合法性——以 D 大学为例》，《现代教育管理》2014 年第 3 期，第 56—60 页。

② 廖辉：《合理性和合法性：学校课程制度生成与变革的基础》，《中国教育学刊》2014年第 4 期，第 59—63 页。

③ 王树松、陈凡：《合理性视阈中的技术创新》，《科技导报》2006 年第 2 期，第 84—86页。

④ 吴国娟：《大学制度伦理反思》，北京：中国社会科学出版社 2012 年版，第 51 页。

是现实的，凡是现实的东西都是合乎理性的。"他在认识论上将合理性与经验事实的把握相结合。后来，马克斯·韦伯将黑格尔认识论基调上的理性说发展成为价值论意义上的理性（Ration），即将认识论的理性引入社会实践领域，通过社会实践的成果与预期标准的比较来判断合理性的程度，从而赋予"合理性"这一概念一种有秩序的、合乎理性、合乎目的性的色彩。本研究是在后者的基础上来探讨教学管理制度的合理性。

有些学者认为："从黑格尔到韦伯，合理性概念已被泛化为对事件和标准之间关系的判断与评价，这种判断与评价仅是从一种特殊的观点来说的，并不在事情本身，从属于使用它的人的价值取向。"① 也就是说，应当在价值论意义上探讨合理性。因为一事物的价值本身就是相对于对其他事物的需要满足程度来说的，所以合理性的判断主要依赖于评价人的价值取向。从学校管理的角度出发，制度的价值取向主要有两种：即学校本位和个体本位。前者体现在制度设计的目的在于学校，以实现学校目标为宗旨；后者体现在制度设计的目的在于个体，以促进个体发展为目标。从组织与个体之间互相依赖的关系角度来看，合理性的考虑应该是综合学校本位和个体本位，以现实中对学校和个体目的的达成和趋势遵守的程度为评价依据，那些能够高效能地实现目的、符合事物发展趋势的就是合理的。

而事实上，人们由于各自的利益驱动和各自对认识对象的价值判断能力的不同，对同一个组织的相关制度的合理性判断能力与接受程度也是有差异的。评价一项制度是否具有合理性有三个重要标准：一是看其能否符合当前的实际情况，并在一定程度上满足人们对目的的追求，即合目的性；二是制度应该合乎逻辑地遵循事物存在和发展的规律，满足事物未来发展的需要，即合趋势性；三是看制度的受众在制度影响之下的行为表现是否具有较强的自我规范意识，即合规范性。也就是说，合

---

① 周群英：《合理性与合法性：中国公立高校董事会的实践与争议》，《现代教育管理》2009 年第 8 期，第 41—43 页。

理性体现在合目的性、合趋势性和合规范性的统一上。在这个意义上，关于合理性和不合理性的判断，其本质都是一种关于逻辑关系的判断，亦即是关于某种行动与某种特定目标之间逻辑关系的判断。① 它是建立在行动主体的价值判断基础之上的。

根据学者（廖辉，2014）的有关研究，合理性主要存在三种类型②，即工具合理性、价值合理性以及规范合理性。其一，工具合理性是关于不同事实之间因果关系的判断③，这是最低要求的合理性。它不考虑目的本身合理与否，只考虑选择正确的手段来达到目标，易造成工具主义。其二，价值合理性是对于行为目的和后果的价值关系的判断④，它强调行动与价值标准的符合，对目的本身的价值进行反思。其三，规范合理性是最高意义上的合理性，从手段和目标、过程和结果两方面来反思行为的合理与否。受科学理性思维的影响，现在的管理者在制订制度时，大多重视制度的工具合理性，忽视价值合理性和规范合理性。

第二，教学管理制度合理性的内涵。

由合理性的内涵和本质来认识教学管理制度的合理性。教学管理制度的合理性是指教学管理制度对学校组织目标和教师个体目标的达成、对组织和成员发展趋势的遵守、对群体行为的有效规范。其一体现了制度的合目的性，也就是说制度的制订和实施有利于实现学校组织和教师个体当期的目标；其二体现了制度的合趋势性，即制度符合组织和个体未来发展的需要；其三体现了制度的合规范性，即在实践中对群体行为有效规范的程度。同时，在促进学校组织和教师个体当期目标实现这一判断标准上，制度充当了工具或者手段，体现了制度的形式合理性或是工具合理性；在发展趋势的迎合上，制度体现了与主流价值观、认知文

① 周群英：《合理性与合法性：中国公立高校董事会的实践与争议》，《现代教育管理》2009 年第 8 期，第 41—43 页。

② 廖辉：《合理性和合法性：学校课程制度生成与变革的基础》，《中国教育学刊》2014 年第 4 期，第 59—63 页。

③ 刘复兴：《教育政策的价值分析》，北京：教育科学出版社 2003 年版，第 137 页。

④ 刘复兴：《教育政策的价值分析》，北京：教育科学出版社 2003 年版，第 137 页。

化契合的程度，体现了制度的非形式合理性或是价值合理性；在合规范性上体现了前两者的结合。

不管是哪种合理性，其本质都是一种关系的逻辑判断，即关于教学管理制度的设计和实施与特定目标之间关系的判断。本研究主要从教学管理制度合理性的缺失来分析当前地方新建本科高校教学管理制度的执行受阻问题。

（2）合法性和教学管理制度的合法性①

第一，合法性内涵。

在中文语境下，对"合法性"（legitimacy）的语义分析见智见仁。从狭义上理解就是指人的行为符合法律法规的要求。可是，不同学科的研究范式会导致对合法性认识的差异。从政治学、社会学立场出发来对合法性进行研究的代表人物应首推马克斯·韦伯和哈贝马斯。他们关于合法性的讨论是将合法性和社会权威、政治制度相结合，不局限在合乎法律法规的合法性认识上，是在宏观的视角研究政治主体在行使政治权力时所需要服从的规范或需要获得的认可。② 也就是说，在韦伯看来："一种秩序系统能否有效地存在，取决于其成员对其存在意义的普遍认同和支持，或者说，'合法性的基础是同意'，是'对统治的同意'。"③ 这种从政治秩序视角对合法性的认识，被夸克（Jean-Marc Coicaud）做了完整的描述："合法性是对统治者与被统治者关系的评价。……被统治者的首肯、社会价值观念和社会认同、与法律相关联等是理解合法性的三个重要方面。"④

从微观的组织角度对合法性的研究，始于20世纪60年代的帕森

---

① 这一部分的相关内容已经发表。参见房敏《组织合法性理论视阈下高校教学管理制度的合法性——以D大学为例》，《现代教育管理》2014年第3期，第56—60页。

② 戴鑫：《政治合法性与组织合法性理论比较研究》，《北京理工大学学报》（社会科学版）2010年第6期，第96—101页。

③ ［美］迈克尔·罗斯金：《政治科学》（第六版），林震等译，北京：华夏出版社2001年版，第6页。

④ ［法］让—马克·夸克：《合法性与政治》，佟心平等译，北京：中央编译出版社2002年版，中译本序言。

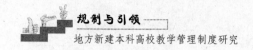

斯（Parsons）。他认为：合法性是指在特定的信念、规范和价值观等社会化建构的系统内部，对行动是否合乎期望的恰当的一般认识和假定。后来，这一概念又成为组织社会学新制度学派研究组织趋同的逻辑起点。此后，因为合法性关注组织与环境的关系，又引起了战略管理学派研究者的关注，将合法性视为组织必须获得的资源引入到组织战略管理中去。

制度视角的合法性概念，强调的是制度环境对组织的要求，尤其是共享的文化—认知环境，是由外往里看；而战略视角的合法性概念，强调的是组织在制度环境中为获得合法性而采取的策略应对，是由里往外看。从现实来看，组织在环境中的反映是主动和被动的结合，不仅要考虑制度环境的制约作用，还要考虑组织的能动作用。因为环境对组织的制约作用也是通过组织能动的感知和行为反应来应对的。

除此之外，目前，在组织理论中关于合法性的研究，从研究的层次或者群体来源差异上看，还可以进一步细分为内部合法性和外部合法性。① 内部合法性就是组织的权威机构和领导者的管理获得内部的组织成员的承认、支持和服从的状态。外部合法性是组织的权威机构和领导者的管理获得组织外部的利益相关者的承认、支持和服从的状态。在组织的结构和行动与内外部已有的制度环境保持一致和协调的情况下，组织才会被认为是合法的，才能长久存在。

第二，教学管理制度的合法性内涵。

教学管理制度的合法性，是其在学校层面的存在基础。它对制度的有效实施具有重要影响。因为，相关的制度主体在教学管理场域中所处的地位不同，由此享有的制度效益也会有所差异，有时甚至会产生对立冲突，所以明确教学管理制度的合法性内涵，并尽力提高其合法性，具有重要意义。

教学管理制度的合法性是指相关群体所感受到的制度与相关法律

---

① J. V. Singh, D. J. Tucker and R. J. House, Organizational legitimacy and the liability of newness, *Administrative science quarterly*, 1986（31）：171 – 193.

政策、价值观规范、传统典范和认知性规范相一致，从而产生对制度的自觉认同、支持和服从的状态。合法性是教学管理制度被承认的基础，其本质是教学管理制度的价值选择①符合教师群体的需要和价值追求。

根据相关群体来源的层次，教学管理制度的合法性可分为外在合法性和内在合法性。外在合法性，即学校外部的利益相关者或者权威机构对学校教学管理制度与国家相关法律、法规、政策规定的一致性的承认、支持，这种认同对组织获取发展的外部空间起到了制约作用。内在合法性，即学校内部成员对教学管理制度的承认、支持和服从，这种认同对制度的执行效果起着根本的制约作用。从本质上说，教学管理制度的合法性就是制度的组织理性与组织内部个体和外部的个体或者社会势力理性的契合。②

组织理性思维下产生的教学管理制度嵌入组织成员理性的程度，构成了制度内部合法性的源头；与组织外部社会势力的理性一致性的关联，构成了制度外部合法性的源头。教学管理制度的制订和作用，只有获得内、外相关群体的认可和支持，才能获得合法性。这种从利益主体那里获得的合法性，按照马克斯·韦伯和哈贝马斯的观点，对于促使行动主体自愿地、非强制性地认可和遵守制度具有根本性、关键性的意义，它有利于提高制度作用的有效性。③ 因此，教学管理制度的合法性和有效性是密切相关的，其关系可以通过图 4 - 7 这一矩阵展示出来：

---

① 根据刘复兴教授对教育政策基本价值特征三个向度之价值选择向度的分析得知，教学管理制度的价值选择是指制度设计者在自身价值判断基础上所作出的一种集体选择。它体现了制度设计者的某种价值偏好，表达出制度追求的目的和价值。

② 赵孟营：《组织合法性：在组织理性和事实的社会组织之间》，《北京师范大学学报》（社会科学版）2005 年第 2 期，第 119—125 页。

③ 根据《新编现代汉语词典》（2012 版）中对"有效"的界定，即"能够产生预期效果，实现预期目的"，来界定有效性，就是指能够产生预期效果、实现预期目的的性质和能力，即以最小的代价获得具有最大化正价值的管理效益。

	有　效　性		
合		+	−
法	+	A	B
性	−	C	D

图 4 – 7　教学管理制度的合法性与有效性的关系①

　　由这一矩阵可以看出：如果教学管理制度在学校教学管理场域的状态为 A，即具有高合法性、高有效性，这时候，教学管理制度的状态是最佳的。当环境发生变化，有效性降低时，就会向 B 转移，但是制度存在的合法性还是很高的，一旦合适的环境重新找回，还是会回到 A 的状态——也就是说，当教学管理制度拥有高合法性的时候，有效性一般是比较高的，即使面临一定的环境变化，有效性会受到一定的消极影响，但是，当变化引起的危机消除时，还是会有较高的有效性，因为，制度受众对制度有着较高的认同和忠诚。当教学管理制度的状态处于 C 的时候，即高有效性、低合法性，这时候，制度面临着潜在的有效性危机，导致制度的状态有可能从 C 转移到 D，即同时面临合法性危机和有效性危机，制度处于瓦解的状态。

　　因此，从教学管理制度合法性和有效性的矩阵关系可以看出，教学管理制度应该是建立在由学校教学管理部门和教师组成的教学共同体的信任和价值认同的基础之上，只有符合他们的意愿和利益，才能保证制度被有效地内化和执行，才能增强制度的影响力和执行力。

　　由以上对合理性和合法性、教学管理制度合理性和合法性的内涵探讨可知，合理性和合法性是有机联系的。教学管理制度的合理性意味着制度的合目的性、合趋势性和合规范性的统一，它是制度存在的内在基础。合法性主要体现在行动主体对制度的服从和遵循。教学管理制度的合法性应

---

　　①　此处教学管理制度合法性和有效性的关系矩阵借鉴了廖辉教授关于学校课程制度合法性与有效性的关系矩阵思路。

以合理性为其实质内容与基础，因为，教师只服从具有合理性的教学管理制度。制度只有被认为是正当的、合理的，而不是强制权力的时候，才能得到教师的认同和遵从。合理性通过合法性得以体现。合理性是合法性的基础，指向实践的合理性着眼于教学管理制度何以有效的问题。合法性解决的是依据教学管理制度进行管理何以可能的问题。两者从价值和工具两个向度保持张力，从而保持教学管理制度作用的平衡和稳定。

2. 教学管理制度执行受阻的合理性和合法性归因

教学管理制度对教学的有效作用涉及制度本身合法性认同以及合理性实现的问题。如果在制度实施过程中出现执行受阻，以致影响到制度有效功能的实现，那么应该是制度的合法性和合理性的认同等方面出现了问题。之所以会出现这一问题，主要原因在于外部供给的教学管理制度没能有效地被制度行为者"重新建构"，没能将价值理性充分地体现出来。下面具体从合理性失衡、合法性失衡以及合理性和合法性综合归因三个方面来探讨。

（1）教学管理制度合理性失衡的表征及其导致制度执行受阻分析

教学管理制度的合理性是关于某种行动与某种特定目标之间逻辑关系的判断，包括工具合理性、价值合理性和规范合理性。工具合理性是指教学管理制度符合实际，能够满足当前制度设计主体需要的合理性；价值合理性是指制度与社会、组织和人的全面发展趋势相一致，与主流的社会价值观和文化认知取向相一致，能够满足未来制度主体需要的合理性；规范合理性是指综合过程与结果、目标与手段之后的最高意义的合理性。

本研究通过调查发现，在地方新建本科高校内部，教学管理制度的合理性存在失衡现象，主要体现在重工具合理性，轻价值合理性和规范合理性。具体来说，其体现在三个方面：在制度合目的性上，重外控轻指导；在制度合趋势性上，重"物化"轻人本和文化管理要求；在合规范性上，重制度的外部供给轻制度的内部建构。

第一，在制度合目的性上，重外控轻指导。

本研究在访谈中，就教学管理制度中教学日常行为规定的合理性进行调研。当问到"您觉得学校针对教学制订的教学日常行为规定是否合理"时，不同的教师给出了大致一致的回答：认为教学日常行为规定的制订和实施是必要的，但是，规定内容存在太多不合理的地方。另外，教学日常行为规定制订的目的也存在偏差，似乎是为了"控制"教师而非促进教学自主权的实现。大多数教师认为，大学的教学不同于中小学，除了具有知识性以外，还具有学术创新性。教师需要教学自主权去管理自己的课堂，而现实是，教学日常管理规定对他们的限制太多、太细。教师常感到"被控制"，失去了教学的自主权，更失去了专业发展的权利。教学本应是教师的"内务"，课堂本应是教师的"地盘"，但现在被教学的各种日常规定"侵入"，使本应成为了教师"生活方式"的教学，成为了教师"谋生"的手段。① 教学日常行为规定的制订和实施本应是为了维护教学秩序、提高教学质量、实现教学目标，应该是手段，可由于科层化控制的严格，制度的底线遵守却变成了教师获得利益满足、规避风险的目标。

第二，在制度合趋势性上，重"物化"轻人本和文化管理的要求。

在调查中，本研究通过收集不同学校的教学管理制度文本，来对其合理性进行分析。通过对文本的整理和解读，本研究发现，在教学管理制度文本中充斥着严重的管理主义情结，"不得""必须""不准"等字眼出现的频率较高。由此可以看出，在这些制度背后更多地体现的是管理者的意志，是为了便于管理和控制。但是，在控制的同时，失去的却是"制度为人"的人文主义取向；是将教师放在被管理的客体位置，采用物化管理的思维进行管控，忽视了管理者对其应该履行的服务责任。管理主义的价值追求常常引起教师群体的不满，因此，在教学管理制度实践中遭遇合理性和合法性危机并不是一件让管理主义者感到意外的事情。同时，这种管理主义情结的管理模式，和当前已经深入人心的人本化管理、民主化管理价值观以及共同体文化管理价值取向相背离，导致了很多制度仅停留在文本形式上，可接受性和可执行性较差。

---

① 房敏：《组织合法性理论视阈下高校教学管理制度的合法性——以 D 大学为例》，《现代教育管理》2014 年第 3 期，第 56—60 页。

第三，在合规范性上，重制度的外部供给轻主体的内部建构。

教学管理制度的实质性规范作用能否持续，从根本上来说取决于管理对象对制度的主体内化和意义建构。而这种共享意义的建构需要管理双方同时"在场"，需要借助一定的平台进行有效的互动和交流才能实现。也就是说，教学管理制度合规范性体现出来的合理性不是行政性权力外在强制的结果，而是管理主客体间在交互基础上对共享意义内在生成的外化。从本研究的实际调查来看，地方新建本科高校对教学产生影响的教学管理制度的供给，比较重视外部的制度供给——尤其是正式的、成文的制度，但是部分规定存在执行形式化、表面化的问题。之所以会出现这种制度执行受阻的问题，主要是由于教师和制度设计者之间针对制度的规范价值缺乏有效的对话和沟通，缺乏制度共享意义的建构。从制度受众——也就是教师群体来看，学校教学管理部门制订的制度或者管理者自认为合理的程序规范，在教师看来是外在强加的、是不合理的，由此，出现制度执行受阻问题。

（2）教学管理制度合法性失衡的表征及其导致制度执行受阻分析①

教学管理制度的合法性失衡是与合法性均衡相对应的。它是指已颁布实施的教学管理制度，在实际运作中，由于不同主体对制度的体认存在差异，导致制度执行存在偏差。这里的教学管理制度合法性失衡，从群体来源的层次看，主要是指制度能够获得最主要的组织外部利益相关者的认可与支持，但是组织内部却存在合法性危机——制度在组织内部认同度低，或者不为群体成员所认同与支持，难以有效地贯彻实施。由于制度执行主体不愿接纳，或消极接受，这种制度虽在现实中存在，但是效果差强人意。

第一，教学管理制度外部合法性的拥有。

教学管理制度外部合法性，主要是指获得外部相关者或者权威机构认可的状态。学校外的社会势力是一个复杂的组合：有政府和教育行政

---

① 这一部分已经公开发表，参见房敏的论文《组织合法性理论视阈下高校教学管理制度的合法性——以 D 大学为例》，《现代教育管理》2014 年第 3 期，第 56—60 页。

机构以及学校外的其他相关组织、社会群体，还有作为个体的社会成员等。不同的构成部分具有不同的理性要求。按原则讲，学校对这些外部相关者的利益理应都要兼顾，才能获得稳定的外部合法性。但是，鉴于中国高校与政府之间的依存关系，学校外部相关群体对组织影响最大的莫过于各级政府和相关的各级教育行政职能机构。政府影响学校外部合法性的制度首推办学资格登记制度。当然，办学资格登记制度表达的只是社会的理性诉求，虽然它并不直接规定学校的组织理性，但是，它会通过规定组织的目标和结构（包括权威结构）的方式来间接规定组织必须有的基本共识，只有这些基本共识被体现出来，组织才被登记为合法组织。① 学校内部教学管理机构的设置、职权的划分以及建章立制，均受到政府行政机构的设置、权责划分等的影响，这充分体现出学校的组织理性与政府和教育行政职能部门的社会理性的高度一致。这种高度一致保证了教学管理制度之学校外部合法性的拥有。

另外，教育部本科教学水平评估制度也是各地方新建本科高校获得政府承认和社会认可的外部合法性的重要途径。由于政府和教育行政机构据此对其本科办学水平和质量进行监管，同时将评估结果作为政府进行高等教育资源分配的重要依据，因此，这一制度备受高校的重视。评估指标体系中五个一级评价指标主要是针对教学管理，五个二级评价指标包括管理队伍和质量控制，其中评价质量控制的观测点包括：教学制度的建设与执行；各主要教学环节的质量标准；教学评估与检查。从已经达到评估标准的高校来看，各高校教学管理制度，在量的方面都能达到国家的考核标准，同时，各高校在制订本校的教学管理制度时都依据的是国家的教育法律法规以及相关的政策文件，因此，高校制订教学管理制度的组织理性与政府组织的行政要求也保持高度一致，这保证了学校教学管理制度外部合法性的获得。

以 D 学院为例，该学院是在 2000 年伴随着高校扩招而出现的地方

---

① 赵孟营：《组织合法性：在组织理性和事实的社会组织之间》，《北京师范大学学报》（社会科学版）2005 年第 2 期，第 119—125 页。

新建本科高校,从原有的专科办学通过四校合并升格为综合高校,以本科办学为主,兼专科办学。该校于 2006 年接受教育部组织的本科教学评估,获得了"合格"的评估结果。从其出台教学管理制度的时间分布、密度分布来看,先后有两项制度建设高潮:一个是在该校由专科办学升格为本科办学的初期(2000—2002)。为了保证教学质量、强化教学管理,在国家法律法规、政策的影响下,其积极向老牌大学学习,先后制订和完善了一系列的教学管理制度。另一个是在"迎评"前后(2005—2008)。以后,其逐渐对部分原有制度进行调整和补充。学校制订的正式的教学管理制度在迎接教育行政部门的督导检查中获得了认可。这种认可既体现了国家对其办学资质和能力的认可,也体现了社会各界对学校是一个正规组织的认可。这样,组织在外部获得了合法性,保证了其在激烈的竞争中获得生存的空间和资源的提供。

第二,教学管理制度内部合法性危机。

教学管理制度的内部合法性是指获得内部成员认可的状态,实际就是将组织的制度要求中的相关"规则"嵌入到组织成员的个人理性的程度。嵌入越是普遍、持久和深入,制度在组织内部的合法性基础就越牢固,反之,基础就越薄弱。而学校教学管理制度嵌入教师个体理性的程度,最终取决于教师对制度实施所带来的价值的判断——包括客观价值与主观价值之判断。管理制度满足组织和主体需要的那些客观功能体现了制度的客观价值,而管理制度的主观价值实际上体现了主体对管理制度的价值意识——即以主观意识的形式表达出来的价值。[①] 地方新建本科高校教学管理制度内部的合法性危机,其实就是教师群体对制度价值认同的危机,也就是组织理性与成员个体理性的背离。本研究通过调查研究发现,教学管理制度在组织内部成员中,尤其是在教师群体中存在价值认同危机,包括客观价值认同危机和主观价值认同危机。

教学管理制度在客观上是要维护教学秩序,保障教师的教学自由,

---

① 祁型雨:《利益表达与整合——教育政策的决策模式研究》,北京:人民教育出版社 2006 年版,第 75 页。

促进教师的专业发展。可是，现实的调查发现，制度功能的发挥，主要是重控制、轻指导，并体现出了"强教务"的科层化管理主义思想。比如，教师教案的设计、作业布置的形式和次数、考试出题的类型等，这些原本应由教师自主决定的事情，却在相关制度中被明文规定出来。教师由此产生了被控感，缺失了自主的专业发展权，使本应成为教师"生活方式"的教学，成为教师"谋生"的手段。教学管理制度的遵守本应是为了保障教师的教学自由，却变成了对教学自由的控制。由此引发了教师对教学管理制度客观价值的认同危机。另外，部分教学管理制度存在形式化和表面化的现象，装订成册的制度文本似乎成为了学校专门应对教学检查的手段，至于其在教学中是否会真的有效实施反而不那么重要了。这种对教学管理制度象征性价值的过分追求，导致了教师对其客观价值产生认同危机，进而影响到制度的实际执行。执行受阻，尤其是隐性的执行阻抗成为难以规避的制度风险。

除此，教师群体对制度的主观价值的认同也存在危机。在调查中，部分教师反映的问题可以充分地体现出来。

一是制度人本化缺失。教学管理制度的制度表达和制度实践背离。制度制订者想表达出来的是为教学提供服务，以方便教学、提高教学质量为目的，但是通过对文本的整理和解读，本研究却发现，在教学管理制度文本中充斥着严重的管理主义情结，"不得""必须""不准"等字眼出现的频率较高，由此可以看出，这些制度背后更多体现的是管理者的意志，是为了便于管理和控制，但是，强控制的同时失掉的却是"制度为人"的人文主义取向，将教师放在被管理者的位置，忽视了管理者对其应该履行的服务责任。

二是制度缺乏公平性。制度的不公平首先体现在制度制订的不公平上，针对教学工作制订的行为规定太细、太繁杂，几乎每一个环节都有约束条文，但是对管理者和其他人员的规定就比较宽泛。再就是制度执行不公平，教学管理制度的监督是由督导委员会和教学管理部门来进行，而教学管理者除了是制度执行的监督者以外，还是制度的制订者，这样的双重身份就导致管理者对教师的监督是真实的，而依靠管理者自身对其工作的监督就是虚化的。

三是制度缺乏公正性。制度的公正体现了制度的正义价值。根据罗尔斯的正义第二原则，正义应该体现对弱势群体的关照。制度应该适当地向其倾斜。可是，在调查中发现，很多普通教师认为现行制度造成了资源分配的"马太效应"。

正是由于教师对教学管理制度存在价值认同危机，导致合法性认同出现危机，所以其在执行中存在执行阻抗就不难理解了。因此，要提高制度的执行力，就必须提高制度的合法性和合理性，而这又需要对制度进行重构。

（3）教学管理制度执行受阻的合理性和合法性综合归因

从前文对合理性和合法性的关系所做的分析可以看出，合理性是合法性的基础；合法性较之合理性具有更明显的社会实践性。在教学管理制度这里，两者应然的关系是：具有合理性的教学管理制度为其获得合法性认同和制度忠诚提供了前提保证。但是，拥有合理性不一定就具有合法性，因为，当合理性的理性只来源于制度设计者时就已经潜在地蕴藏了制度合法性的危机。因此，拥有合理性的制度想要获得合法性，还必须依靠权力推动和对其他制度主体必要的利益满足。反之，拥有合法性的制度也不一定都是具有合理性的。随着环境的变化，既得利益者的制度路径依赖容易导致其效率降低。因此，要促使具有合法性的制度具有合理性，合理性的制度能拥有较多的合法性，实现二者的结合，最好是能找到制度双方相同的利益需求作为激励因素来激励行为者采取适当的行动。但是，在现实中，教学管理制度执行中存在的问题，说明制度的合理性和合法性没有很好地结合，出现了矛盾。这具体体现在以下两个方面。

第一，教学管理制度外部合法性的强烈关注导致其内部工具合理性的强化。

地方新建本科高校由于其办学较晚，学校发展基础较薄弱，在高校群体中处于相对弱势的地位。加上政府及其教育行政部门对高校采取集权式的教育行政管理方式，通过考核评选来确定财政拨款的制度影响到

了学校的自主发展。学校为了获得政府和教育行政部门的认可,往往制订很多制度来显示处于对外部制度环境的遵守——包括针对教师的教学工作。同时,学校为了应对来自社会团体的量化排名压力,为了获得社会组织的捐赠,为了应对来自学生家长对教学质量问责的压力,也纷纷出台很多制度,向外部传达应对压力的"积极作为"的信息,从而赢得社会认可,获得更多的资源支持。

这种功利性的发展逻辑,一方面导致了学校对教学管理制度外部合法性的无限关注;另一方面也导致了学校对教学管理制度工具合理性的强化——比较看重教学管理制度的象征意义,强调制度的标准化和外控作用,以此来实现教学秩序的稳定、管理效率的提高,而对教学管理制度的价值合理性没有很好的兼顾,比如促进教师的专业发展、促进教学学术的发展等。从客观上讲,教学管理制度虽然是出于对教学秩序的维护、对教学质量提高等明确的功利目标,但是也难免存在制度确立后的目标偏离情况——即对教学管理制度外在价值的关注强于内在价值。

第二,教学管理制度价值合理性的缺失导致其内部合法性危机的显现。

教学管理制度价值合理性的缺失,导致了当教学管理者的利益和教师的利益发生矛盾时,教师利益被迫置于次要位置的窘态。学校教学管理部门为了保障教学秩序,往往比较重视教学管理制度的工具合理性——强调通过教学管理制度的规约使教学行为符合学校的要求,从而保障教学秩序,提高教学管理的效率。

但是,教学管理制度和教师之间的关系不能简单地归结为"制度只能单向度地约束教师的价值和行为选择"这一层面。随着教学实践发展的需要以及教师群体专业发展的需要,教师会对那些不合理的、滞后的教学管理制度提出变革的要求。因此,教学管理制度和教师之间的关系是双向的。教师期待的是在教学管理制度规定的阈限内,他们还能获得专业发展的自主权,也就是能实现教师的自我价值。如果教学管理制度的设计者对这一点没有足够的重视,一味地强调制度的工具理性,就会导致制度价值合理性的缺失。而制度价值合理性的缺失容易导致教师对制度信任的缺失，从而导致制度认同和忠诚的危机，即内部合法性危机。这对教学管理制度的有效内化和执行无疑会带来消极影响。比如，学生评教制度的执行：目前评教制度的结果虽然和教师的利益所得有一定的关系（尤其是在职称评定的过程中会有一定的加分），但是除此，似乎与教师的物质利益、精神利益等并无直接的关系。这就使得评教制度在教师那里被视为监控教学的"第三只眼"，对其价值合理性的认可程度较低，由此导致部分教师对评教制度的认同危机。这种认同危机带来的结果就是教师对评教制度或采取形式化应对、或持"无所谓"的态度。

总之，从以上两个角度对制度执行阻抗问题的分析可以看出，教学管理制度设计与执行之间并不是简单的线性关系。教学管理制度能否被教师积极地践行，成为其行为的实践框架，不仅受教师利益满足程度的影响，而且还受教师对制度的合理性认同和合法性认同等社会心理的影响。而这种心理不是单纯地依靠线性的控制式管理就能实现的，它需要借助非理性的道德规范与文化制度建构来实现。因此，要提高教学的积极性、提高教学管理的合法性，首先需要管理者转变科层化的思维定式，站稳教师"利益人"的立场，广泛理解教学管理制度的外延，优化整合显性制度要素和隐性制度要素，促使显性制度要素嵌入到隐性的文化制度和规范制度中，诱使制度执行主体在利益激励机制之下主动地实现制度建构。因此，本研究确信：从制度三要素视角切入，对教学管理制度进行"大制度"的探讨，不失为一个好的思路。

本章小结

本章借助问卷法和访谈法，选取现行教学管理制度构成中四项有代表性、有影响力的制度安排进行实证调查。通过调查发现，这四项制度安排在实际执行过程中，大部分制度执行得较好。教师对于四者的制订和实施的价值比较认可，基本上能够遵守制度要求。

除了少部分教学日常行为规定在教师那里明显执行不彻底以外，绝大多数教学日常行为规定的执行在形式上还是比较好的。但是，外在形

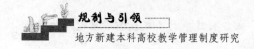
式上执行较好、并能得到遵守的教学日常行为规定并不意味着教师在内心完全认可和接受，教师在执行的过程中存在执行阻抗问题——比如常规的敷衍执行、打"擦边球"、执行虚化等。

绝大多数教师对教学督导制度和学生评教制度在主观上持认可和接受的态度，但是对其落实以及执行的效果远没有预期的积极。而这两项制度在执行过程中更渗透有明显的行政干预色彩。另外，督导和评教意见的反馈也缺乏及时性、针对性和充分性，导致教师对这两项制度的作用持怀疑的态度，进而产生应付心理和阻抗行为。

课堂教学改革的规则制订和执行情况也不是很乐观。由于学校对研究性课堂教学和实践性课堂教学改革的推动是自上而下依靠行政力量进行的，缺乏前期的基层调查和文化宣传，加上教师对传统课堂教学模式的路径依赖，部分教师将其当作学校外在的要求而非内在的需要对其权宜应对。另外，教师对待这一政策和活动的态度也存在群体差异。一般来看，年轻教师比年长教师的态度要积极些。以享受教学、追求自我完善的发展型教师比以谋生为目的的生存型教师的态度要积极、主动些。

总之，这四项制度安排从整体上看实施较顺利，但是，不得不承认的是，也存在执行受阻问题。

对于执行受阻问题，本章主要从委托—代理视角，对制度执行的个体和制度合理性与合法性失衡进行分析。其中制度执行激励约束条件的欠缺和道德风险的分析主要借助委托—代理理论展开。因为，从个体主义方法论视角看，制度执行离不开对制度执行主体的激励约束条件的完备。参与和激励相容的欠缺以及教师作为制度执行者的道德风险的存在会导致制度执行受阻。另外，制度执行受阻还和自身的合理性与合法性有密切的关系。最后，本章从制度合理性失衡和合法性失衡以及合理性和合法性综合归因三个方面，对制度执行受阻进行解析。由此说明，要想完善教学行为的激励约束条件，提高教学管理制度的合理性和合法性，需要扩大对制度内涵和外延的认识，并在此基础上对教学管理制度进行重构。

第五章 规制与引领：地方新建本科高校
教学管理制度的重构设想

在对当前地方新建本科高校教学管理制度设计缺陷以及具体制度安排执行情况进行调查分析的基础上，本研究认为，要调动教学的积极性，克服当前制度设计的缺陷，克服制度执行中的问题，需要重新考虑教学管理制度的重构，需要对其构成要素重新挖掘，来优化教学的制度环境。

本研究通过走访调查发现，在教学管理过程中，对教学行为产生规约作用的制度要素，不仅包括管理双方在博弈过程中形成的正式的规则，也包括在长期实践基础上形成的非正式的群体道德规范、行为习惯、文化—认知要素等。前者对教学行为表现出刚性的约束作用，后者对教学行为具有价值引导和文化塑造的作用。同时，后者对前者的遵守程度以及作用效果也会产生影响。由此，要想调动教学的积极性和自主性，提高教学管理的合法性，在教学管理制度的完善上，就需要打破以往的管理惯性，关注到制度的规范层面以及文化—认知层面。据此，本章将依据制度三要素理论，在其对制度概念认识的启发下，对地方新建本科高校教学管理制度的构成做"大制度"视角的探索，而不再局限在单一类型或单一层次制度形态的探讨上。这种新的认识视角不仅延续了我们对教学管理制度显性的规制层面的肯定，而且将价值规范、文化—认知等隐性的制度要素也考虑进来，以追求显性要素和隐性要素的有机结合和协同。

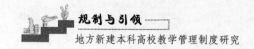

第一节 "制度化—利益人"：教学管理 制度的逻辑起点

在前文中，本研究已经详细地阐述过制度设计者的价值取向偏差会直接影响到制度的合理设计。因此，如何将对教师人性的认识、对学校组织属性的认识以及对制度本质的认识结合起来并加以融合，形成一个科学、合理的制度价值取向将成为构建合理、合法的教学管理制度的逻辑起点。[①] 基于对高校双重系统组织属性和教学管理的特殊性分析，本研究认为，将"制度化—利益人"假设作为教学管理制度的逻辑起点，比较符合教学管理的内在本质。

一 教师人性认识的二维向度

本研究从立体制度结构和能动利益追求两个向度剖析教师的人性，主要是受哲学中人性论的启发。哲学人性论认为，人的本性既有自然属性的因素，也有社会属性的因素。人的需要、利益追求体现了人的自然属性，而对外界环境的适应或者依存于外界环境获得需要的满足则体现了人的社会属性，也可以说是体现了社会属性对自然属性的制约。

首先，为了生存和发展，教师追求合理利益的满足，是人性中最本真的体现。这也是教师群体和其他群体的共性所在，恰恰体现了人的一般本性中的自然属性。在学校中，教师群体是分层的，教师所处的职业状态、各自追求的需要层次和内容也是不尽然。华东师范大学叶澜教授曾将教师的职业存在状态分为三种：谋生和养家糊口的生存状态——生存型教师，体验人生和品位幸福的享受状态——享受型教师，服务社会和完善自我的

---

① 房敏：《制度化—利益人：高校教学管理的逻辑起点》2017 年第 2 期，第 34—37、50页。

发展状态——发展型教师。① 这三种状态的教师由于所持有的人生态度不同而有所区别。从追求功利的生存型到追求非功利的享受型再到追求超功利的发展型, 体现了教师职业状态的升华。② 三种状态在同一教师个体身上不是同时存在的, 而是依次由低到高的螺旋上升。但在教师群体中的不同教师身上可能是同时存在的。

职业状态体现出了不同状态下教师利益追求的偏好。生存型教师的需要更多地集中在生理需要和安全需要等较低层次上, 但是这并不代表这一类型的教师没有高层次需要的渴望, 只不过是因为低层次的需要还没有得到充分的满足, 所以他们的需要层次偏低一些。享受型教师的需要则更多地集中在归属需要、尊重需要和求知、求美的层次上, 体现出他们"职业即生活"的享受职业的态度。而发展型教师更多追求的是较高层次的自我价值的实现和成就需要的满足。由此可见, 在教师群体中, 教师基于不同的生活环境、教育背景和价值追求, 他们的行为动机和欲望模式往往存在较大的差异。诸多动机和行为模式的交织充分体现出教师群体复杂"利益人"这一本性特征。从行为科学的角度看, 需要的产生应该是内外刺激综合作用的结果。其中, 内因是根本, 外因是条件。因此, 既然教师群体和其他群体具有"利益人"这一共性的本质体现, 那么对于教学管理者来说, 在进行教学管理时, 要充分意识到教师群体"利益人"这一内在的基本特性, 并通过外界适当的手段来引导和塑造教师群体的合理需要, 这才是符合人性的管理。

其次, 制度化是保障个体或群体利益获得持续满足的基本条件, 体现了人的社会性本质对自然属性的制约。所谓制度化就是指教师在让渡部分自由权利的基础上, 接受并按照学校制度的要求有所为、有所不为, 以获得资源配置部门的认可和支持。那么, 教师为什么要在制度环

---

① 叶澜、白益民等:《教师角色与教师发展新探》, 北京: 教育科学出版社 2001 年版, 第82页。

② 叶澜、白益民等:《教师角色与教师发展新探》, 北京: 教育科学出版社 2001 年版, 第93页。

境中接受制度化呢？最根本的动力机制就是因为合法性的获得和利益满足之间存在着因果关系。或者说，合法性的获得是成员获得利益满足的前提条件；而合法性恰恰是制度环境对社会成员的基本要求。因此，教师要想在学校教学管理中获得必要的资源支持和身份认可，接受各种行为规范，接受制度化，这是最起码的条件。

但是，如果将教师群体和企业中的工人群体相比，可以发现，教师群体除了具有"经济人""社会人"的本性特点之外，还具有"知识分子"的特质。这一特质就要求管理者在实施教学管理时，要逐渐转变以往"制度即规则"的思维定式，不能简单地利用强制作用机制从外部强迫教师发生行为的改变，而应该对教学管理制度的外延加以多层次的考量，尤其是要重视制度中的非正式制度要素的建立和宣传，利用规范机制和模仿机制促使教师自觉发生行为改变。在完善科层化的教学管理制度的基础上，还要加强规范性制度要素的建设。正如萨乔万尼所言："唯利的力量还不足以说明人类动机的全部，我们同时还受我们所相信的是正确的、好的，受我们对事物的感受，受我们与他人的联系中所出现的种种规范的驱动。"① 同时，教学管理部门也要注重文化—认知性制度要素的建设，形成管理双方共享的核心价值观、信念和认知图式，"以文化化人"，力求潜移默化、持久有效地影响教学行为。

总之，"制度化—利益人"这一教师人性假设的提出，兼顾了自然属性——主体需要、社会属性——制度化两个人性向度，在尊重教师需要满足这一自然属性的基础上，肯定了制度化这一社会属性对教师的制约。因为，随着社会和人自身的发展，自然属性已经被深深地打上了社会属性的烙印。

二 "制度化—利益人"的特性

"制度化—利益人"的特性体现在以下三个方面。

---

① ［美］托马斯·J. 萨乔万尼：《道德领导——抵及学校改善的核心》，冯大鸣译，上海：上海教育出版社2002年版，第30页。

一是能自我地确立其追求的合理需要。自我是一种人自觉存在的状态。也就是说，在教学管理活动中，教师具有高度的主观能动性，具有敏锐的外界感受性，能够根据外界刺激和主观欲望确立其追求的合理需要。这种趋利避害的本性，正是教师能动性的充分体现。

二是能自主地选择对其利益满足比较有利的方式。教师的能动性不是仅体现在教师合理逐利的本性上，还体现在他们会根据环境要求自主选择满足需要的合理、合法的方式上。教师的群体交往性使得他们能够清醒地意识到，大众的就是合理的，制度化的就是合法的。因此，他们会根据自己已有的经验，在和他人不断的信息交流和互动中逐渐就某些行为模板和符号意义达成共识，主动地接受制度化，以保证利益满足的持续性。

三是能自为地接受环境并创造性地对环境产生影响作用。教师与教学管理制度之间应该是双向的关系。教学管理制度对教学行为具有约束和激励作用。教师为了获得合法性，往往会有选择地接受对自己行为有利的制度要求。同时，教师在教学管理制度环境中的持久的行为表现和共享的意义认知，也会影响制度内容和形式的变革。教学管理文化的逐渐形成，尤其是教师共享的与学校发展相适应的主流价值观的形成，就是教师和管理者不断交流、不断互动的产物。

三　"制度化—利益人"假设符合教学管理制度的要求

首先，"制度化—利益人"假设的提出回归了教学管理制度的初衷——对教学尊严的保护。在教学管理过程中，由于教师的专业性、教学工作的特殊性，管理者借助教学管理制度而实施教学管理的重点，应该不在"管"上，而应落在"理"上，对专业性较强的教师要动之以情、晓之以理，要尊重教学的尊严，使教师充分地感受到制度给他们带来的权益保护和自由保障。"制度化—利益人"假设的最大特点就是在承认教师群体逐利这一本性的基础上，努力通过立体化的教学管理制度的构建来促使教师自觉、自愿地接受制度化。立体化的教学管理制度对教师的规约所依赖的作用机制不是简单的、单向度的，而是尊重教师作

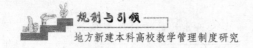

为教学主体的能动性，通过规范性制度、文化—认知性制度的规范式、模范式作用机制引导教学行为向学校预期的方向发生实质性转变，保证教师在学校有尊严地开展工作。

其次，"制度化—利益人"假设的提出符合了"大教学管理制度"的基本理念。受古典管理理论模式下"经济人""社会人"等传统思想的影响，管理者形成了狭隘的制度观念，认为制度即成文规则，他们努力将学校教学管理制度的内容不断地扩充、不断地细化，以至于教师认为"管理者给他们编织了一个巨大的规则之网，让他们深陷其中"。可是，制度的效果并没有因为制度数量的增加而提高，反而降低了。因为，根据经济学中边际效用递减原理——每增加一单位的消费量，由消费增量所带来的效用满足是递减的。在教学管理中，随着管理部门制订出台的教学管理制度的增加，那些由增加管理制度所带来的实际效用由于制度对象的情绪或者行为抵触而递减。

因此，教学管理制度的完善需要树立"大制度"的变革理念，要对制度内涵进行重新审视，扩充对制度外延的认识。而"制度化—利益人"假设的提出，恰恰符合了"大教学管理制度"的理念。它尝试通过立体化的制度结构设计来建立一套完善的教学管理制度体系，从而对教师的教学行为发挥积极的引导和塑造作用。

第二节　制度三要素视角下教学管理制度的构成与关系解析

在制度三要素理论的启发下，本研究从"大教学管理制度"的认识入手，以制度存在的形态为标准对教学管理制度进行广义的界定和研究，不仅考虑到传统、显性的规制性制度要素，而且还将隐性的规范性和文化—认知性制度要素也纳入到对教学产生规约作用的制度结构中来。从教学管理规制性制度、规范性制度以及文化—认知性制度三种类型来探讨教学管理制度的构成。正如斯科特和戴维斯所言："在任何发育完全的制度系统里，都存在三方面的力量或要素，他们相互作用，促进有序的行为。"① 在一个稳定的教学管理场域中，也并非是某一单独的制度要素在发挥作用，而是三种形态的制度要素协调组合在一起发挥作用。这三者可以被看成是构成教学管理制度的三根支柱，这三者的有机结合和协调作用是教学质量提高的有力保证。

一 制度三要素视角下教学管理制度的多维构成

（一）教学管理规制性制度要素：教学行为的刚性约束

无矩不成方圆。地方新建本科高校教学活动的开展要想能按照预先设定的目标有条不紊地进行，当然离不开教学管理制度的订立、教学管理机构的设置以及相应的教学管理活动的开展。本研究将其视为教学管理规制性制度要素。下面分别对其内涵、作用机理及要素维度进行探析。

1. 教学管理规制性制度要素的内涵

制度研究者一般都强调制度的规制性，尤其是新制度经济学家们更是强调这一层面的重要性。斯科特作为新制度社会学的代表，虽然比较强调文化—认知制度要素存在的意义，但是，对于规制性制度要素也是认同的，并且将后者视为前者顺利发挥作用的保障。制度的规制性基础要素的核心成分，包括强制性暴力、奖惩、权宜性策略反应。② 也就说，规制性制度要素发挥作用，在通常情况下是运用权力，有权力的一方可能以威胁或诱惑的方式来获得别人对制度的遵从。

地方新建本科高校教学管理制度构成要素中所提到的教学管理规制性制度要素，主要是指拥有行政性权力的学校领导或教学管理者，通过正式程序制订、实施的教学管理规则和建立的组织机构以及开展的相应活动等。它们往往以正式的显性制度要素的形式存在，具有一定的强制

---

① ［美］W. 理查德·斯科特（Scott, W. Richard）、杰拉尔德·F. 戴维斯（Davis, Gerald F.）：《组织理论：理性、自然与开放系统的视角》，高俊山译，北京：中国人民大学出版社2011年版，第242页。

② ［美］W. 理查德·斯科特：《制度与组织——思想观念与物质利益》（第3版），姚伟、王黎芳译，北京：中国人民大学出版社2010年版，第61页。

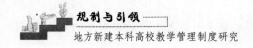

性，实施效果具有可测性，测量结果与管理对象的利益直接挂钩。从手段性视角来看，教学管理规制性制度要素本身蕴含着干预和控制。这种带有强制性的教学管理制度要素的内容从制度文本上看，主要表现就是对教师在教学中"必须怎么做"或者"不能、不得怎么做"的明确规定。在制度运行过程中，规制性的教学管理制度要素往往处于显性层面，是刚性、可控和可操作的。由于具有可控性和可操作性，教学管理者就可以根据管理的需要来设计和调整相应的制度。

2. 教学管理规制性制度要素的维度

根据斯科特对制度内涵的界定，一种制度形态应该是多面相的，并由相应的符号性要素、资源和活动构成。据此，本研究探讨教学管理规制性制度要素的维度延续了以往的观点——肯定基本文件和工作制度建立的必要性和重要性，但又不再局限于此，而是将教学管理组织机构的设置及其开展的监督奖惩活动也考虑进来。

（1）正式规则和工作制度的制订

正式规则和工作制度的制订是教学管理制度的关键要素。以往学校领导和教学管理者根据国家有关政策法规所制订的教学基本文件和工作制度比较广泛、丰富。本研究在本书第三章对地方新建本科高校当前教学管理制度进行梳理的时候已经详述，在此不再赘述。本研究在此处对正式规则和工作制度制订的总结是按照条块管理思维进行的——先对教学管理过程进行纵向把握，将其分为教学计划管理、运行管理以及质量监控反馈管理三个阶段，然后再根据横向的管理职能或任务模块的划分探讨正式规则和工作制度的建立。

根据图 5 - 1 对教学管理规制性制度要素之行为规则和具体工作制度构成的显示，地方新建本科高校教学管理者所制订的与教学行为相关的正式规则可以体现在不同的管理阶段上。

在教学计划管理阶段，遵循教育部和各省教育厅的有关规定，学校一般设置教学计划编制制度、教学大纲与考试大纲编制制度、开课计划、课程表和教学日历编制制度安排等。这些基本文件的编制能够保证教学任务有计划、有组织地开展，形成统一、有序的管理局面。

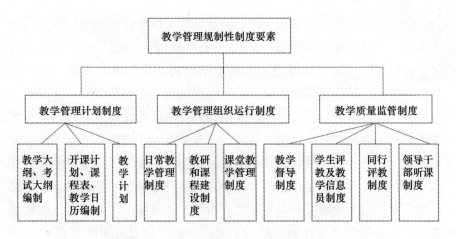

图 5 - 1　教学管理规制性制度要素之行为规则和工作制度构成图

在教学组织运行管理阶段，为了保证教学秩序，保障教学任务的顺利完成，设置有课堂教学管理制度、日常教学管理制度和教研、课程建设制度等。其中课堂教学管理制度是依据课堂教学的特点与规律，综合考虑诸多教学要素，为了保证教学秩序和教学质量而形成的规约教学行为的制度性要求，包括主讲教师选聘制度、课堂教学纪律、作业辅导管理规定、课程考核考试规范等。日常教学管理制度是在平日的教学活动运行过程中，根据专业教学计划、教学进度表、课程表和考试表的安排，对有关教学活动和教学行为做出的调整和规定，以保证教学活动按照预定目标和计划有序完成，包括课程表变更审批制度、调停课审批制度、教学事故认定与处理办法等。教研和课程建设制度之所以放在教学管理组织运行阶段，考虑的是教改、教研和课程建设应该是紧密结合实践需要的，在管理者组织运行过程中，能够根据教学管理的需要，及时进行研究资源、课程建设资源的优化配置，包括教学改革、研究制度、课程建设制度以及相关的教材建设制度等。

在教学质量监管阶段，为了及时发现教学和教学管理中的问题，了解教学计划、教学管理制度等的贯彻执行情况，学校在教学质量监管阶段，借鉴企业的 360 度人力资源考评方法，开展多主体的监管考核评

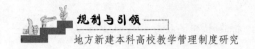

价，设置领导干部听课制度、教学督导制度、学生评教制度以及同行评教制度等。其中，领导干部听课制度的设置主要是为了完善学校教学质量监控体系，保证学校领导干部和教学管理人员深入教学第一线，全面、客观地了解和掌握教学动态，把握课堂教学改革的脉搏，及时解决教学中存在的问题。学生评教及教学信息员制度的设置主要是为了掌握学生对任课教师的教学态度、行为、开课能力以及知识水平等的满意度和建议。同行评教制度的设置主要是为了促进同事之间的互相学习、互相帮助，使老师通过同事的评价获得互相学习的机会。与教学督导制度相比，对于前几项制度来说，其设置的目的虽然也是为了督导教师认真教学，但是其督导的范围更广泛、更灵活，可以是针对院（系）教学活动的整体督导，也可以是随机对某位或某些教师的课堂教学进行督导，还可以是针对某些特定群体的教学督导等。另外，其督导开展的目的也是多元化的，或为了发现问题，或为了搜集基层意见，或为了监督指导。

（2）管理组织机构的设置及活动开展

组织机构是高校教学管理制度存在和运行的载体。只要开展教学管理，就必须配置相应的管理机构和管理人员。教学管理机构作为常设性的机构设置，在学校已经获得了存在的合法性。由于其是在行政权力的推动下按照正式程序产生的，因此，它从源头上就具有一定的强制力。所以，本研究将其作为规制性制度要素的一部分，视为组织制度。另外，随着教学管理正式组织机构活动的开展，在教学管理过程中管理双方的相互关系也实现了组织化，即相关成员被赋予了不同的组织角色，履行不同的职责分担。管理者为了实现制度化管理的目的，凭借其掌握的权力开展一系列的监督奖惩活动，如中期教学督导检查、优秀主讲教师评选、教学骨干评选、教学名师评选、青年教师讲课比赛等，以此督促教师认真教学。

在科层化管理模式下，地方新建本科高校教学管理组织机构的设置大多沿用直线职能式（见图5-2）。学校配有专门主管教学的校长或者副校长，任命产生教务处处长，教务处处长再根据管理工作的需要选拔

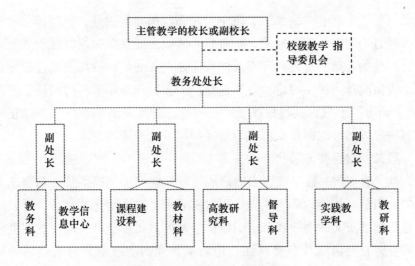

图 5 - 2　教学管理组织机构图

几位副处长，负责不同的教务科室的工作——包括综合教务科、教材科、课程建设科、教研科、实践教学科、教学督导科、教学信息管理中心等。这些科室里面一般还会有行政级别的划分，如科长、副科长及科员等。目前，有些地方新建本科高校，在校长和教务处长之间设置了体现教学学术力量的校级教学指导委员会，这是教学管理进步的体现。

　　以上文字，对具有普遍性的教学管理组织机构的设置进行了描述。的确，这种科层化的组织机构设置有利于"自上而下"地开展教学管理，维护行政权威，提高管理效率，但是对于彰显教学学术权威的教学指导委员会功能的切实落实仍需促进。

　　3. 教学管理规制性制度要素的特点

　　教学管理规制性制度要素较之其他层面的制度要素在制度的形成、调整及作用效果上具有以下特点。

　　第一，制度形成的正式性。

　　教学管理规制性制度要素是按照既定的程序来有意识、有目的地制订和实施的。其形成具有明显的主体自为性和正式性。这一特点主要体现在三个方面：一是制度形成主体拥有正式的行政权力影响力。它们一

般是由学校主管教学的校长、教学管理部门领导人主导，会同部分教师代表经过一定的程序形成的。行政权力影响力的发挥为规制性制度提供了合法性的基础。二是制度形成的程序是正式的。一般都要经过领导提议、方案起草、民主讨论、方案选定、公布执行等环节，按照科层结构"自上而下"形成，其过程体现了正式性。三是制度的载体形态是正式的。一般以相应的制度文本或者正式的组织机构体现出来。

第二，制度调整的及时性。

教学管理规制性制度要素的形成是制度制订主体根据某种需要来完成的。当制度作用的环境或者作用对象的需要发生变化的时候，可以随时进行制度条文的增删或者组织机构的调整。相对于那些隐性的制度要素来讲，它的调整具有及时性，是教学管理制度改革最容易触及的地方。以 D 学院对学生平时作业管理的规定为例。该学院在 2006 年出台了《D 学院平时作业管理暂行规定》，次年又出台了《D 学院平时作业管理规定》。从两个规定的内容来看，2007 年的《D 学院平时作业管理规定》中对学生平时作业布置的最少次数进行了明确规定："不得少于三次。"对学生课程作业本的准备进行了说明，需要统一。关键是"将作业考核纳入到课程考试综合成绩中去"，规定"平时成绩占课程考试成绩的比例不超过 30%"。另外，在 2006 年的《D 学院平时作业管理暂行规定》中提到，"学生缺交作业 1/3 者，不准参加考试"，对学生直接进行处理。可是，在 2007 年的《D 学院平时作业管理规定》中提到，"任课教师应该在各教学环节中，对可能出现缺交、逾期未交、不认真对待等情况的学生应该给予事先警告，做好预警工作"，并且将督导检查学生作业作为考核院（系）教学工作的主要依据之一。由此可见，教学规制性制度的调整是比较及时的，可以根据教学的需要和管理的需要进行适当的修正和完善。

第三，制度效果的浅表性。

由于教学管理规制性制度具有一定的强制性，因此，被管理者对其遵守或执行的程度取决于他们对制度认同的高低，或者说是取决于对制度信仰程度的高低。如果一项教学管理规制性制度在教师群体内被认可和接受的程度较低的话，制度虽然也会被执行，但是效果就会大打折扣。因此，对教学的管理单纯依靠规制性制度，其效果具有浅表性。比如，学校期中教学督导检查，安排督导成员进入课堂听课以了解教师遵守课堂教学纪律的情况，这的确会给教师产生一定的督导压力。在督导期间，教师大多会严格遵守课堂纪律。但是，这也不能掩盖在督导工作结束之后，有些教师迟到、早退等课堂纪律散漫的事实。这种事实也再次说明，对教学行为的规约单纯依靠教学管理规制性制度来控制是有限的，它还需要依靠软性的制度渗透来实现切实的约束作用。

4. 教学管理规制性制度要素的作用机理

强调制度结构中的规制性制度要素的首推经济学家。他们主要关注在竞争情境中的个人行为和组织行为。一般来说，竞争的焦点是利益，因此，经济学家认为，只有明确规则才能保证秩序的稳定。这些规则发挥作用的机制（按照迪马吉奥和鲍威尔对制度性作用机制的分类）应该主要是强制机制。而强制机制的作用支点就是利益的奖惩。正如诺思所言：“制度运行的实质内容之一，就是确保违反规则与律令会付出沉重的代价，以及受到严厉的惩罚。”① 由此，我们可以看出，规制性制度要素发挥作用的机制主要是强制机制和奖惩机制。以此推知，在教学管理过程中，面对充满复杂性的个体或群体，为了保证教学秩序，保证教学管理的效率，管理者建立制度、设立必要的管理机构、开展监督和奖惩活动是必要的。其作用机制也应该包括强制机制和奖惩机制。

（1）教学管理规制性制度要素发挥作用的强制机制

教学管理规制性制度一般以正式的成文规则和组织机构表现出来。从形成的主体和程序来看，均体现出了行政权力的力量，似乎从源头上它们就具有“自上而下”推行的可能性。加之规制性制度背后对行为者的人性假设是趋利避害的“经济人”假设。因此，对于这些规制性制度要素，其作用的发挥往往是通过一定程度的强制力来实现的，就像

---

① ［美］W. 理查德·斯科特：《制度与组织——思想观念与物质利益》（第3版），姚伟、王黎芳译，北京：中国人民大学出版社2010年版，第60页。

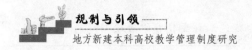
一支"看得见的手"在对教学进行规约和控制，具有明显的外部控制的特征。制度对教学的约束情况可以通过教学行为的外在表现以及教学成果的制度化程度体现出来。

以教学日常行为规定的实施为例。教学日常行为规定是面向所有教师的，所有教师在原则上都要按照学校制订的教学日常行为规定去做，如果一旦被校领导或者教学督导小组查到或者被教学信息员反映给学校，相关教师就会受到相应的处罚。D 学院借助网络工作平台不定期地公布教学督导检查或者领导随机课堂检查的结果，并将此作为教师获得奖惩的重要依据。由此，教师迫于管理者手中的职权——如资源的配置权、奖惩权、人事调动任免权等可能对制度权宜执行。再比如学校教学管理部门开展的中期教学督导检查活动。活动通知一经下发，各院（系）就会积极地准备材料，迎接教学督导委员会的督导检查。为了取得良好的督导成绩和获得学校领导、督导专家的认可和支持，院（系）内部往往会制订出一系列的标准要求教师照做——对教案的内容格式、装帧，对教学日历的格式，对学生作业的批改，对试卷的批改装订等基本上都要遵守统一的规定。可以说，这些装帧精美的教案、格式统一的学生作业以及试卷批阅恰恰是规制性制度要素强制作用机制的集中体现。

（2）教学管理规制性制度要素发挥作用的奖惩机制

在新制度理论中，强调规制性制度要素的学者认为，具有权力的一方有时可能以惩罚为基础，把自己的意志施加于他人；有时也可能以激励或诱惑的方式，来获得别人的遵从。[①] 权力统治者也都试图在被统治者那里培育其统治合法的信念，所以规制性制度要素的作用发挥离不开奖惩机制。在教学管理活动中，管理者在借助教学管理规制性制度要素对教师实施教学管理时，虽然他们假定教师人性中也具有趋利避害的"唯利"倾向，但是他们也意识到：如果单纯地采取威胁、惩罚的方式

---

① ［美］W. 理查德·斯科特：《制度与组织——思想观念与物质利益》（第 3 版），姚伟、王黎芳译，北京：中国人民大学出版社 2010 年版，第 61 页。

来实施外在的强权管理，强迫教师接受为其制订的行为规则，被动制度化，对于一个专业性较强的教师群体来讲似乎是行不通的，甚至有可能会导致教师对教学管理制度缺乏合法性的信仰。那么，如何诱导教师能动地接受行为规则的约束，培植教师对教学管理制度合法性的信念？引入利益激励机制，通过激励的方式，来获得教师对行为规则的遵从就成为教学管理规制性制度要素的重要作用机理。

以学生评教制度的实施为例。学生评教制度的本义是还权于学生，努力发挥学生的独立自主性，对教学产生监督促进作用。但是，在教学管理部门的统一安排下，这一制度的实施如果缺乏对教师的利益激励，评教结果不与教师的奖惩结合、不与教师的专业发展结合的话，可能很难引起教师的重视。因此，将评教结果与必要的利益奖惩结合是必要的。D学院将评教结果与教师的职称晋升相结合，采取等级量化加分的方式实施激励，这在一定程度上调动了教师迎评的积极性，尤其对那些有职称评聘需要的教师来说，评教优秀可以为其胜出增加筹码。

另外，以教学日常行为规定为例。教学日常行为规定是学校根据国家相应的法律、法规要求，结合教学管理的实际需要而制订的规范教学行为的制度。它在制度文本中明确规定出了教师在教学中要承担的责任和义务，并附加有奖惩措施。如某地方新建本科高校在《教学事故分类与级别》中提到："教师上课迟到或提前下课1.2分钟以上属于三级教学事故，2.5分钟以上属于二级教学事故。"相应的，在其《教学事故认定与处理办法》中规定："对于三级教学事故，由教务处长签发处理意见，对事故责任人在一定范围内乃至全院通报批评并扣发一定数额的岗位津贴；对于一级、二级教学事故，经教务处审核，院长签发处理意见，由人事处对事故责任人分别扣发岗位津贴、调离、行政处分直至解聘。"由此可见，奖惩机制是教学日常行为规定发挥作用的主要机制。

（二）教学管理规范性制度要素：教学行为的价值引导

从组织行为学的角度来看，教学管理的过程是一个"人—人—人"的交往过程。在这个过程中，教师不是只追求物质利益满足的"经济人"，还是一个渴望被圈内认可的"社会人"。因此，在教学过程中，教师除了接受教学管理规制性制度要素的制约以外，还要接受学校场域中利益相关方对教师这一特定角色产生的社会期待的规约，按照社会期待去行为，以此获得存在和发展的合法性。当然，主要利益相关者对教师群体在教学过程中的价值期待是一种形而上的预设，是隐性的，必须借助一定的载体才能被教师感受到，进而做出接受与否的判断。这一载体可以是程序惯例，也可以是复杂的人际关系等。教学管理规范性制度作为教学行为之"应然"，引导着教师的教学行为和社会、学校等设定的价值体系的趋同。本研究将主要利益相关方对教师的价值期待视为对教学产生规约作用的规范性制度要素，对其内涵、要素维度以及作用机理进行探析。

1. 教学管理规范性制度要素的内涵

在制度三要素框架中提到的规范性基础要素，强调了制度的道德性、评价性和义务性的特点，主要包括价值观和规范。不同的价值观和规范往往会产生各种具有约束力的角色期待。这种期待往往是由特定情境中的支配性行为者持有，而期待所指向的目标行为者会将其体验为一种外在压力。[①] 在外在压力作用下，行为者为了获得圈内认同，会逐渐内化圈内认可的主流规范，以此来获得自尊和荣誉。因此，判断制度环境中是否存在规范性制度要素的标准，就是当多数行为者在从事某种活动时，能感到"应该这么做"的社会期待，就说明制度环境中存在着相应的规范性制度要素，它影响到成员的行为选择。

在地方新建本科高校教学活动中，学校一般基于"信任逻辑"将教学任务委托给其所聘任来的被认为是"合格"的教师。由教师依托其职业道德和专业技能来代理学校自主开展教学活动，履行教学职责。也就是说，学校作为委托人与作为代理人的教师之间是松散连接的关系，连接的纽带就是人才培养。但是教学过程作为一个"人—人—人"相互作用的过程，具有明显的模糊性和高度的价值涉入性。因此，为了保证

---

① ［美］W. 理查德·斯科特：《制度与组织——思想观念与物质利益》（第 3 版），姚伟、王黎芳译，北京：中国人民大学出版社 2010 年版，第 63 页。

教学质量，单纯地依靠教学管理规制性制度要素来限制教学行为是不合理的，也是不现实的。对教学行为的规约离不开道德责任和义务约束，这些责任和义务来源于利益相关方对教师的社会期待，其压力对教师的教学行为产生了实质性的影响。因此，关注教学管理制度结构中的规范性制度要素的存在，有利于对教学管理制度进行全面的分析。

在学校情境中，对教学产生规约作用的规范性制度要素，主要是指在教学过程中，教师群体所感受到的他们应该承担的系列责任和行为规范。这些责任和行为规范发挥作用的前提，是教师对职位权威和专业权威的认同和追随。一旦教师群体认可和内化了这些责任和规范，他们就会自觉地按照既定的身份要求来约束其言行举止，依此获得主要利益相关者的认可和支持。这体现了对成员行为的价值塑造以及对行为道德的追求。行为者作为社会性的存在，在一定的场域中要想生存和发展，就必须获得合法的资格承认和合格证明，而这一证明可以通过场域中占有资源配置权的主要利益相关者的承认和支持来获得。因此，行为者对主要利益相关者的价值期待首先要接受和内化，按照相关机构的期待来约束其行为才能获得承认。

2. 教学管理规范性制度要素的维度

教学管理规范性制度主要表现为那些被大部分教师所共同感受到的社会责任和职业义务，这些责任和义务的压力对教师群体的教学行为产生了实质性的影响。本研究参考制度三要素理论对规范性制度要素的分析，结合地方新建本科高校管理者的主流价值观的体现，再加上对访谈材料的整理分析，由此发现，在教学过程中，对教学行为产生影响的规范压力主要是来源于学校教学管理部门的管理压力以及来源于教师专业群体的责任压力，这些责任压力体现了学校场域中不同群体对教师的角色期待，其大致可分为以下三个维度：教师应该对学生负责的价值观；应该对学校负责的价值观；应该对学科负责的价值观。其中，教师应该对学校负责的价值观更多地体现了学校管理方的价值期待，其他两者均直接或者间接地体现了教师专业群体、学校以及学生群体、社会有关方面等的价值期待。

（1）教师应该对学生负责的价值观

高校教育质量的高低体现于所培养的学生的质量。而与此直接相关的就是教师。因此，教师被社会各界寄予培养学生成才的社会期待。学校管理者也基于"信任逻辑"进而委托教师从事高质量人才的培养。如果教师违背这一期待，就会出现身份危机和支持危机。因此，教师内化"应该为学生负责的价值观"，不仅体现了相关管理者的要求，而且也体现了社会期待。

在地方新建本科高校教学过程中，教师应该对正确培养学生的价值观负责，这集中体现为帮助学生制订学习规划、指引就业取向以及引导思想三个方面。这种价值期待是客观存在的，并且不以教师的主观意志为转移。教师对其的感知和接受程度会影响到教师对角色的认识，进而影响到其在教学中的投入和工作质量。

学校和教师对这些责任的感知源于对当前教育所处的社会环境的判断。几乎所有的教师和学校领导都认为，当前社会的就业竞争很激烈，而且在这样一个"学历社会"，是否拥有大学文凭已经不是用人单位选择人才的标准，而是拥有什么样的大学文凭、什么层次的学历占据着越来越重要的位置。在这样的背景下，地方新建本科高校培养的学生的升学和就业就存在非常大的压力。学生不能找到好的工作、甚至找不到工作，就意味着学生的前途渺茫，甚至可能影响到一个家庭的命运，由此也影响到学校的社会声誉。因此，学生能否以所在的地方新建本科高校为跳板"考研"升入更好的大学深造，或者能否在学校学有所获找到合适的工作，就成为家庭、用人单位等对学校和教师的社会期待。

另外，随着社会上大学生自伤、伤人等恶性事件的发生，加强对学生思想的引导也成为社会和学校期待的焦点。尤其是对于地方新建本科高校来讲，恶性事件一旦发生，可能会给学校带来非常消极的影响。因此，教师对这些社会期待能不能深刻地感知、接受和内化，将直接决定着教师对教学的投入和教学的质量。

有些学者认为："教育是'靠良心吃饭'，良心也只有凭借对道德责任和义务的内化才能对人的行为做出评价和调控。"① 这说明教师的"良心"会直接影响到他们的行为。许多教师能坚守自己的教育理念，承担自己应有的教学责任，这就是社会期待内化为教师德性的体现。

（2）教师应该对所在学校负责的价值观

教师虽然具有学术自由性，但是他们从来不是一个脱离组织的群体。因此，教师需要为自己所任职的学校承担责任。这种责任不同于为学生负责的责任。这种责任更多地来源于对学校管理者所营造的"学校地位影响甚至决定着教师的地位"这一氛围的认同。教师有责任维护自己所在的学校，因为这所学校的社会地位和发展能力的大小可以影响到教师的社会地位和学术地位，并影响到学校为教师提供学术支持的程度。

这种价值观要求教师不仅要关注学校现在的发展状态，还要关注学校的发展历史，同时也要关注学校今后的发展。具体来说，在教学管理中，教师应该对学校负责的价值观主要体现为以下三个方面。

一是教师应该主动了解学校的发展历史，体验学校的文化氛围，并在教学中适时、适当地对学校办学历史和文化进行传播，培养学生对学校的积极情感。这是教师为学校负责的重要体现。因为学生对学校的认识和评价往往是比较感性的，教师对学校的态度和评价会影响到学生的态度和评价，也会影响到家长对学校的认识，进而影响到社会其他方面对学校的判断，所以"为学校负责的价值观"要求教师首先要尊重自身所在的组织。

二是教师应该了解学校的人才培养定位，围绕教学中存在的问题积极地进行教学研究，改革课堂教学手段和方法，提高学生的综合素质，并借助沟通平台向有关部门反馈意见。这是教师为学校负责的根本体现。地方新建本科高校的人才培养定位是培养高素质应用型人才，其能否实现，在某种程度上取决于教学理念的转变和课堂教学方式的改革，

---

① 檀传宝：《教师伦理学专题——教育伦理范畴研究》，北京：北京师范大学出版社2000年版，第143页。

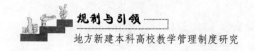

所以，"为学校负责的价值观"要求教师要改变教学理念，主动地探索课堂教学方式的变革。

三是教师应该对学校制订的教学改革政策给予积极地回应和支持，作为组织中的人，教师要结合自身的学科特点、人才培养需要将改革政策贯彻到课堂中去。

对这些责任的感知，取决于教师对学校的定位和专业角色的理解。地方新建本科高校在教学和科研的关系处理上大多定位为以教学为主、以科研为辅，并主要服务于地方。因此，提高教学质量是保证这类学校发展的生存之道。学校领导希望教师能够理解整个学校发展的形势和需要，以教学为本职工作，在教学中积极地宣传学校的历史和先进文化，并能围绕教学中存在的问题进行思考，关心学校的教学改革政策。

同时，从教师职业的履行角度来说，教师作为教育者，也应该优先保障教学的投入——包括时间、精力的投入。如果一所大学的教师把从事研究当成他们的唯一职责，并且为了推进"自己的工作（包括教学）"而逃避教学任务，那么就会损害这所大学的学术道德。[①] 因此，那些在地方新建本科高校里工作的教师也应该像那些在著名大学里工作的教师一样，认真地完成他们的教学任务。教师的职责在任何大学都是至关重要的。[②] 学校中的教学管理者对教师如此的价值期待是出于对教师道德自律的"社会人"本性的尊重。

（3）教师应该对学科负责的价值观

高校教师作为一个知识精英群体，他们所掌握的学科知识比较系统和全面。但是，任何一个学科都是在不断发展和前进的，学科知识老化的速度也在加快，这就要求教师要不断地去了解学科的前沿动态，并对知识进行学习和判断。在教学中客观、真实地将事实性的知识传递给学生。教师要避免滥用自己的学术权威，不能向学生灌输那些尚未得到现

---

① ［美］爱德华·希尔斯：《教师的道与德》，徐弢、李思凡、姚丹等译，北京：北京大学出版社2010年版，第39页。

② ［美］爱德华·希尔斯：《教师的道与德》，徐弢、李思凡、姚丹等译，北京：北京大学出版社2010年版，第52页。

有的最佳方法的证实、未能得到现存的科学和学术文献支持的自然观和社会观，更不能故意向学生介绍一些错误的、无根据的信念并把这些信念称为验证性的知识。① 也就是说，教师在教学工作中，要忠于事实性知识，要尽可能地把那些拥有最可靠的科学或学术证据的观点与自己的政治或道德标准分割开来，避免利用课堂来宣泄自己的不满以及其他不合理的思想。

因此，在地方新建本科高校中，教师应该为学科负责的价值观主要体现在以下三个方面。

其一，教师应该及时关注学科前沿问题，补充新鲜血液。如果一位教师从教多年，始终拿着一本教案，年复一年地讲述同样的内容，不去接触本学科的最新知识，那么，他培养的学生，其素质可想而知。"学生的高度取决于教师的高度。"教师只有不断关注学科的前沿动态，才能使学生不断向前发展。这不仅体现了为学科负责的态度，也体现了为学生负责的价值观。

其二，教师应该善于用学科理论来解释现实问题，以促进理论与实践的结合，增强理论的应用性。对于地方新建本科高校来说，既然学校已经将办学定位和人才培养目标设定为培养高素质应用型人才，那么，也就决定了此类学校对学生的培养侧重的是应用能力的培养，对学生理论知识的要求相对来讲不像学术型人才那么高。由此，对教师的要求就是应该转变学术人才培养的思维定式，努力将抽象的学科理论知识实践化。同样，对于在实践中遇到的问题要多结合学科理论来研究，并形成文字，这样既能为学科发展做出一点贡献，也能为活跃学校本学科的发展出力。

其三，教师在教学过程中对学生所反映的他们所感兴趣的学科问题，尤其是教师感到陌生、不熟悉的问题，应该本着严谨负责的态度予以对待，要多方查阅资料，在获得准确的信息后予以回复，不要想当然

---

① ［美］爱德华·希尔斯：《教师的道与德》，徐弢、李思凡、姚丹等译，北京：北京大学出版社2010年版，第44页。

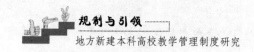

地给予简单的回答。如果那样，不仅是对学生不负责，也是对学科知识不尊重。

这种对学科负责的价值观，既体现了学校对教师角色的期待，也体现了同事或者学术同行对教师群体的价值期待。如果教师想得到同事或同行的圈内认可的话，就应该按照这一规范性制度的要求行事，当然这一价值期待的内化程度也体现了对学生负责的程度。

以上三种对教学的社会期待，虽然没有教学管理规制性制度那样显性和强制。但是，他们确实是在长期的教学活动中演绎形成的一些对教学行为具有规约作用的、普遍性的"潜在规则"，体现出了制度的伦理道德规范性。

3. 教学管理规范性制度要素的特点

教学管理规范性制度要素较之其他的制度要素在其形成、依托载体和作用效果上有其自身的特点。

（1）形成的社会性

教学管理规范性制度体现了特定场域中主要利益相关者对群体成员的规范要求和价值期待，包括学校领导、教学管理者、教师同事、学生、学生家庭等。因此，基于该制度要素形成的主体的复杂性，它的形成具有社会性。

另外，从这些制度要素对教师群体发挥规范作用的前提——即"社会纠缠"[①] 的形成来看，它的形成意味着"当行动与重要利益和价值产生了关联，或者当行动嵌入相互依赖的网络时，我们的选择就会受到较多的限制"。[②] 也就是说，在教学管理场域中的教师群体基于"社会纠缠"而存在和发展。他们往往是在与其他利益主体互动博弈的过程中来选择制度化的程度。因此，基于规范性制度要素发挥作用的前提——即"社会纠缠"来说，其形成具有社会性。比如，"教师应该为学生负

---

① ［美］W. 理查德·斯科特：《制度与组织——思想观念与物质利益》（第3版），姚伟、王黎芳译，北京：中国人民大学出版社2010年版，第132页。

② ［美］W. 理查德·斯科特：《制度与组织——思想观念与物质利益》（第3版），姚伟、王黎芳译，北京：中国人民大学出版社2010年版，第132页。

责的价值观"不仅体现了学生、家长、学校等直接利益相关者的期待，也间接体现了国家、社会用人单位等对教师的价值期待。这些价值期待之所以会最终落在教师身上，是因为教师已经被理所当然的视为承担人才培养重任的合法群体。但是，这一责任能否顺利履行，前提是教师必须能够获得从教资格并被某个学校所聘用，也就是说，必须要与一定的专业认定机构、学校发生"社会纠缠"，否则其身份的合法性就会受到质疑。既然教师欲通过与专业认定机构、学校发生"社会纠缠"来获得合法性，那么就必须接受它们的规范性制度要素。

（2）依托载体的人际性

教学管理规范性制度要素主要体现为利益相关者的主流价值观和规范要求，它是通过对行为者身份意识的激发来发挥作用的。因此，主要利益相关者的身份要求能不能被作用对象认可和内化，在某种程度上要受到传递载体的限制。在人情文化的影响下，规范性制度要素通过活生生的人来传递可能更容易被接受。因此，和谐的上下级关系、同事关系、师生关系等就成为主要的依托载体。以"教师应该为学校负责的价值观"为例。教师作为组织中的成员能否产生为学校负责的意识和行为，在某种程度上受组织关系氛围的影响。如果学校领导能够经常走访基层，听取教师的意见和建议，传达学校的发展思路和管理思路，灌输"教师与学校休戚与共"的思想，让基层教师感受到来自学校高层领导的尊重和关爱，那么就有利于学校制订的教学规制性制度要素的贯彻实施，也有利于增强成员对学校的组织承诺，更可以提高规范性制度要素对教学行为规约的合法性。

（3）作用效果的模糊性

教学管理规范性制度要素具有道德性、评价性和义务性，它的作用效果往往受作用对象的主观因素的影响。如果作用对象能够充分内化责任期待和规范要求，积极地通过教学活动来落实，就能促进制度要素的有效传播；反之，如果作用对象能够认识到场域中对其的规范要求，但是不能积极地应用于教学活动，那么仅通过其工作结果，我们是很难判断这样的结果是不是因为对责任规范的内化使然。因此，它的作用效果

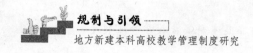
具有模糊性。

4. 教学管理规范性制度要素的作用机理

大多数社会学家比较强调制度结构中的规范性制度要素。这是因为，他们更有可能研究诸如亲属群体、社会阶层……等制度类型。在这些制度类型中，更有可能存在共同的信念和价值观，并且，共同的信念和价值观更有可能成为秩序的重要基础。① 这些信念和价值观发挥作用的机制，按照迪马吉奥和鲍威尔对制度性作用机制的分类，应该主要是规范机制。而规范机制的作用支点就是身份的认同。正如早期社会学家塞尔兹尼克所言："当行动与重要利益和价值产生了关联，或者当行动嵌入相互依赖的网络时，我们的选择就会受到较多的限制。制度化通过两种重要方式来限制人们的行为：使行为进入一种规范秩序，以及使行为成为其自身历史的'人质'。"② 由此，我们可以看出，规范性制度要素发挥作用的机理主要是规范机制和身份承诺递增机制。以此可知，在教学管理过程中，面对具有较高专业道德素质的个体或群体，为了保证教学秩序，增强教师对教学工作的忠诚度，管理者积极向教师灌输专业技术要求之外的价值观，并形成适当的规范要求是必要的。其作用机制也包括规范机制和身份承诺递增机制。

（1）教学管理规范性制度要素的规范机制

教学管理规范性制度要素不同于通过行政的正式方式形成并实施的规制性制度要素。后者的作用机制以强制为主，体现了行政权力的权威性。这里的逻辑前提是，教师"经济人"特性中具有趋利避害、取轻避重的"恶"性，因此，需要严格的制度来控制。而教学管理规范性制度要素的逻辑前提并没有否定教师对利益追求的合理性，只不过看到了教师人性的另一面，即教师是"有良知的社会人"。他们对教师身份的认同程度更高。因此，管理者要提高其管理的合法性，提高其制度的

<hr />

① ［美］W. 理查德·斯科特：《制度与组织——思想观念与物质利益》（第 3 版），姚伟、王黎芳译，北京：中国人民大学出版社 2010 年版，第 64 页。

② ［美］W. 理查德·斯科特：《制度与组织——思想观念与物质利益》（第 3 版），姚伟、王黎芳译，北京：中国人民大学出版社 2010 年版，第 132 页。

执行力，对这一人性面不得不给予关注。通过主要价值观的灌输，强化其身份意识，进而促使行为者对价值观和责任期待的认可和内化，使其自觉地按照身份要求行事。据此，它的主要作用机制是规范，而非强制。

以"教师应该为学科负责的价值观"作用为例。学校领导和教师虽然对教师个体和群体都存在这种价值期待，期待教师能够主动关注学科发展，并且在实践中做到理论与实践的结合，促进学科理论的应用，但是，这种价值期待的作用不具有强制性。它不能强迫所有的教师都去做研究，都成为学科理论的专家。它需要对教师进行价值引导，根据教师的学科自觉程度来发挥作用。

（2）教学管理规范性制度要素的身份承诺递增机制

教师"社会人"的特性决定了其不是作为单独的个体而存在，而是依赖于同群体或组织中的其他成员经过交往实践而形成的复杂的社会关系网络而存在。因此，教师群体和学校组织中的道德规范性制度要素能否被教师接受和践行，取决于他们对这一复杂的社会关系网络的依赖程度，也就是身份承诺的高低。而身份承诺的高低又取决于他们在其中的存在感和价值感，以及对互惠、信任关系的判断。一般来讲，行为者对相互依赖的社会关系网络的嵌入程度越深，关系网络中的价值期待和行为规范对其的限制就越多，行为者的制度化程度就越深。因此，教学管理规范性制度要素发挥基本作用的动力，离不开教师对关系网络承诺的形成。

以"教师应该为学校负责的价值观"为例。这种价值观主要体现了学校管理者的价值取向，它能否转化为教师的行为依据，对教学行为产生规约的基础作用，取决于教师对学校的组织承诺是否形成。如果教师对学校的承诺水平很高——即在学校和教师之间建立了一种相互信任、相互依赖的互惠关系的话，他们就会积极地保持与学校的委托—代理关系，尊重与学校的合约承诺；反之，就可能导致教师出现道德风险或隐匿行为等代理问题。因此，学校管理者在对教师进行教学管理时，不仅需要单方面的制订制度去控制教师的行为，还应该注意从价值观上进行

引导和渗透，培养教师对组织的高承诺，从而促使其自觉地按身份要求和制度去行事。

（三）教学管理文化—认知性制度要素：教学行为的文化塑造

学校和其他组织的区别在于，它不仅是一个科层化的结构存在，还是一个充满着文化气息的组织形式。教师在主观上不仅是有逐利需要的"经济人"、追求圈内认同的"社会人"，而且在客观上还是一个受所处文化环境影响的"文化人"。因此，在学校场域中，对教学产生规约作用的制度形态不仅有教学管理规制性制度要素、价值规范性制度要素，而且还有更深层次的文化—认知性制度要素，其主要指组织中的群体成员在交往实践的基础上受文化环境影响而形成的认知图式。

1. 教学管理文化—认知性制度要素的内涵

文化—认知性制度要素相比规制性和规范性制度要素来说，是最深层次的制度要素。它强调的是人们在互动中，受环境影响而形成的共同意义框架对人们行为的塑造或建构作用。这些制度要素对人们行为的影响是无法察觉的。不是用利益的得失和道德的优劣来强制或诱导人们遵守制度，而是通过一些被大家认为是理所当然的认知图式或"行为脚本"来实现制度的规范作用，是集体理解的结果。因此，其影响更为持久，更难以改变。人们对它的遵守往往是自发的、不假思索的，甚至是本能的。虽然这些要素不是公开言明的，是默示的，但它们也往往发挥着显性规则的作用和规范的价值，并真实地规约和塑造着人们的行为。斯科特将文化和认知用"—"来连接，说明个体或群体认知图式的形成是由外部的文化制度环境塑造的。

教学管理文化—认知性制度要素是指在教学过程中，受学校场域文化环境的影响，教师之间以及教师与教学管理者之间通过长期的互动而形成的一些共同的认知图式和意义模式。其对教学产生潜移默化的影响，在其影响之下，教师会以特定的意义来解释学校中的教育事件。

本研究对文化—认知性制度要素的探讨，前提假设是：教师是"文化人"。那么，既然将教师的人性假设为"文化人"，也就承认了既存的文化环境和群体成员间知识的互动对教师认知形成的塑造作用。从共享知识或意义的形成来看，认知性制度要素的形成是群体的显性共享知识转化为个体隐性知识结构的过程。而这里的群体显性共享知识又是在个体拥有的隐性知识通过对话和交流显性化以后形成的。因此，认知性制度要素的存在为群体成员场域内活动提供了行为的特定意义。它对教师群体教学活动的制约是自发的、潜在的。

2. 教学管理文化—认知性制度要素的维度

借用斯科特制度三要素理论对文化—认知性制度要素的分析，结合对地方新建本科高校松散结合组织属性、教师的"文化人"人性的分析把握，加上对调查中访谈资料的整理提炼，本研究发现，受地方新建本科高校内部教学文化和管理文化的影响，教师群体内部形成了一些对教学行为产生影响的意义认知图式和行为习惯，本研究总结为教学图式、高校教师身份图式和管理图式。其中，教学图式主要体现了教师群体对教学工作原型的共享认知以及群体教学习惯等行为惯性对教学的影响；高校教师身份图式主要考察教师对教育者与研究者两种身份的关系认知倾向，这种认知倾向对教师的教学态度和行为表现产生了明显的影响；管理图式主要体现了教师对教学与管理关系的认知倾向，这种认知倾向会影响教学行为的意志坚持性。

（1）教学图式

目前，地方新建本科高校的教师大多是研究生学历，他们经过多年的学习积累与工作经验积累，再加上对传统教育文化中"教者，上所施，下所效也"的认知，已经对"什么是教学，如何教学"形成了一种正统的、稳定的认知图式和行为习惯，本研究称之为教学图式。这种教学图式对教学行为的影响往往是隐蔽的，教师一般是在不自觉的情况下自然地受其制约，并将在其制约下选择的行为视为理所当然。总的来说，教学图式主要包括两个方面：一方面是对学校教学的惯性认知，另一方面是群体共享的教学行为习惯。

对学校教学的惯性认知体现了对学校教学中关系原型的认识。受传统教学文化的影响，在绝大部分教师看来，学校教学活动的原型包括教师的教和学生的学，且发生在相对固定的教学场所内。相对于学生而

言，高校教师是某一学科领域的专家，在教学过程中一般突出教师"教"的主体性，学生只有通过教师的教学活动才能学到系统、规范的学科知识。至于固定的教学场所，一般就是教师所公认的由教学管理部门统一安排的教室。这就是学校教学图式中对教学的惯性认知的集中体现。

在现实中，从教室布局这一细节就能窥见一斑。现在的教室布局大多是"而"字形，教师的讲台在前，学生的桌椅在后，师生面对面地进行教学活动。这一布局充分地再现了教师在教学中的主导作用。

这样的教学认知图式潜移默化地影响到教师的教学行为：

> 我觉得教学还是要以教师的"教"为主体，课堂不能没有教师的声音。如果将课堂时间更多地交给学生，学生很难学有所获。因此，在我的课堂上，我一般还是沿用传统的灌输式教学。但是，偶尔我也会有意地加强与学生的互动，但是很少。因为有时候，对于学生，你让他说，他也说不出来，他们对于这种传统的教学模式似乎也已经很习惯了。（D 学院 Z1 老师）

类似于 Z1 老师这种观点和行为的教师还是占主流的。这样的教学原型认知惯性导致在大多数教师的教学过程中还是以理论知识的传授为主：重理论，重说教。

产生这样的行为惯性，主要原因是：靠压缩教师课堂教学时间，增加学生参与教学的机会，来提高人才培养质量的想法与已有的教学原型认知图式是冲突的。这种冲突从源头上反映了当前地方新建本科高校进行人才培养模式改革，尤其是课堂教学模式改革的困难。因为，课堂教学改革，改的主要就是教师的教学模式，而一旦教师对传统的教学模式产生路径依赖，单纯靠管理者的号召、靠制度的约束，是低效的、甚至是无效的，这就需要借助管理者与教师一起合作才能实现。

另外，作为教师的行为惯例，教师群体共享的教学行为习惯对教学也存在制度化的影响。它们是在一定文化氛围的影响下通过长期的教学实践积淀形成的教学行为模式。马克斯·韦伯认为，使人类的生活得以有序进行的社会规范，除了法律之外，主要还有习惯。在教学过程中，有时恰恰就是这些无意识的"理所当然"的教学习惯支配了教师的教学行为。

记得笔者刚入职不久，曾多次在上课前碰到本系的一位老教师，每次都见他在认真地看教案。笔者问他："像您这么有经验的老教师还需要这么认真的备课吗？我觉得只有我们这些年轻老师心里没底，才会在上讲台之前再去看看这节课的教案。"他微笑着对笔者说："这门课我教了这么多年，对教学内容肯定是很熟，即使不带教案也能照样上课。可是就是感觉上课前再看看教案心里踏实，不看教案心里感觉不像是去上课一样。这就是习惯吧。"

教师上课前备课、课上认真讲课、课后批改作业、教师基于学科内容进行教学等，这种习惯化的教学行为模式对教师的影响已经根深蒂固，教师不自觉地就会按照这样的惯性去做，不然会感到不自在。这些看似不经意的教学习惯，却往往凝结着教师的价值观和教育观。有些不良的教学习惯常常会成为阻碍教学改革的保守力量，成为创新教学管理制度的重要障碍。因此，在考察教学管理制度的结构时应予以高度重视。

（2）高校教师身份图式

身份，从通俗意义上理解就是对"干什么的"的认识。高校教师身份图式就是在学校场域中形成的，对"高校教师是干什么的"的身份共识性认知，这种认知可以影响到教师的教学行为。教师身份的确定是交往的基础。在学校场域内，各利益相关者与教师进行交往，首先要对"什么是教师，高校教师干什么"形成一种共识。这种共识是在内、外环境影响下，主体构建起来的对合法身份的一种认知。

本研究通过调研发现，地方新建本科高校的教师大都认为：不管是处于什么教育层次的教师，其首先是一个教者，即"师者，传道、授业、解惑者也"。这样的认知不仅体现了传统师道文化的精神，也符合

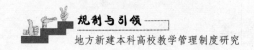

在学校场域内各利益相关者的共识。不管是国家教育行政管理部门对教师的任职资格的鉴定，还是专业权威机构对优秀教师的认定以及学校对教师聘任条件的制订，抑或是同事、同行对优秀教师的评价，都认为教师应该首先是一个好的教育者，应该承担起教书育人的职责。

对高校教师身份的认知也包括"大学老师还是要做科研的"。从历史角度看，有学者认为，中世纪大学那些拥有较高学术声望的学者才是大学教师的原型。中世纪大学的教师首先是从事学术研究的人，是以追求知识、学问和真理为目的的。[①] 目前，社会对学校的排名、学校内外对教师的评价、教师在学生中的声望等几乎都要参考学校的科研实力、教师的学术研究水平。而且，教师在学习和工作的过程中，对那些学术造诣很深的同行也是敬佩有加。因此，受历史传统以及群体认知影响，高校教师也应该成为一名研究者的认知就逐渐被地方新建本科高校所接受。由此，在教师群体内部就形成了高校教师身份图式认知。该认知图式的核心就在于：地方新建本科高校的教师身份不仅是一位教者，也是一位研者，二者相比首先应该是一个"教者"。这与这些高校服务于地方的办学定位有关，也与人才培养需求有关。这些高校的发展依靠的是培养能服务于地方的高素质应用型人才，而不是学术研究型人才。

但是，目前这类高校的发展还处于探索阶段，再加上外部有关机构对高校办学水平评价指标的科研倾向，使得"科研至上"的文化氛围愈演愈烈。在这种文化氛围的影响下，部分教师逐渐将研究视为"本职工作"，而教学则成了他们的"非本职工作"。他们将教学看成是一项辅助任务，只求完成相应职称最低教学工作量。这种消极的身份认知对教学的投入以及学校制订的规制性教学管理制度的执行，无疑会带来极大的负面影响。

（3）管理图式

管理图式是指在地方新建本科高校这一特定的组织场域中，受组织

---

① 张应强：《大学教师的社会角色及责任与使命》，《清华大学教育研究》2009 年第 1 期，第 8—16 页。

内外环境的影响，教师在与教学管理者长期互动的过程中形成的对教学与管理关系的认知倾向，本研究称之为管理图式。其本质是对学校权力结构的认知——对行政权力与学术权力关系的认知。认知的倾向会自动地在教师衡量教学与管理的关系时发挥引导作用，进而影响到教学的积极性与自主性。

具体来看，教师传递的管理图式体现在以下三个方面。

首先，对于教学管理工作在学校教育中有存在必要性的共识。这一共识主要体现为：在所有现代教师头脑中，教学管理工作已经成为学校教育工作不可缺少的一部分，是理所当然要存在的。教师专职于教学工作，管理者专职于管理工作——包括教学管理以及后勤管理等各方面，管理工作的开展可以为教学工作提供良好的教学环境。因此，管理者制订相应的制度也是必要的。这一共识的形成为教学管理工作的存在和开展提供了合法性支持。

其次，对于教师在教学管理过程中处于参与"弱势"的认知。受西方现代科学主义管理思想以及精英主义思想的影响，学校的管理职能和教学职能分离，与教学相关的教学决策、战略规划在学校中大多是教学管理者和骨干教师①的事情。教师，尤其是普通教师，很少能参与到决策过程中去。普通教师在教学管理过程中扮演的角色一般是决策的执行者。因此，在教师群体中，大部分人形成了教师处于教学管理参与"弱势"的认知。

最后，对于管理工作相对于教学工作存在占有社会资本优势的认知。在学校场域中，受学校"官本"文化与"人情"文化的影响，很多教师认为，在占有校内社会资本——即拥有广泛的人脉关系方面，学校行政管理工作者比教师拥有更多的优势。因为行政管理人员凭借工作需要更易于接近学校中的高层管理者，能够建立不同层次的人际关系，这种人际关系为争取学校教学资源的支持、职称晋升、课题评审等增加了获胜的筹码，

---

① 骨干教师在地方本科院校中一般也会被提拔为管理者，因此，骨干教师虽然是教师代表，实际上是"双肩挑"人员，他们更多代表的是学校教学管理部门的意图。

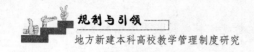

而那些只埋头教学的一线教师囿于单一的教学工作，与学校中、高层管理者接触的机会有限，因此，在占有社会资本上处于劣势。

总之，后两个方面的认识在教师群体中的达成，无疑会对教师安心教学产生消极影响，对教学管理规制性制度的执行以及规范性制度的接受也会带来负面影响。

这两年，笔者亲眼看见了一些同事从教师岗转到辅导员或其他行政岗。这些人以年轻人居多，有的甚至拥有博士学位。至于他们缘何转岗，据笔者私下的深入交谈得知，原因无非集中在两点：一是这些同事大多感觉在教师岗位工作压力太大，尤其是在职称晋升方面。近几年，学校大批引进博士，很多教师也都是博士毕业回校任职。这些人的科研成果丰富，加上学校又重视科研，他们可以说是如鱼得水。可是，对于科研实力相对薄弱、教学效果良好的教师来讲，似乎遇到了发展的瓶颈。于是，部分教师产生岗位流动的念头甚至付诸行动。二是目前学校内部权力结构的不均衡、资源配置权力的行政化使得有些教师对行政岗位产生向往，于是借助一定的人际关系或者某种人事竞聘的机会来实现转岗或者"双肩挑"，以求获得更大的发展空间。

其实，笔者所看见的这种情况并不是个案，在其他同类院校也有所存在。这种现象的出现，凸显了积极的教学管理文化建设的必要性。

虽然管理图式认知对教学情绪的稳定有负面影响，但是并不是所有的教师都会选择转岗，大多数教师还是会选择坚守教学岗位，这与他们的高校教师身份认知有直接的关系。也就是说，身份图式认知的共识使得绝大部分教师能够坚守教学岗位，但是，消极的管理图式认知又使得部分教师对教学产生了类似"鸡肋"的矛盾心理。同时，那种消极的管理图式认知也会导致教师在教学中将学校为了维护教学秩序而实施的规制性制度视为"异己"力量，虽不会与之"明斗"，但是，隐性阻抗行为却是不可避免。

以上三种对教学产生潜在影响的认知图式，虽然没有教学管理规制性制度那样显性和强制，也没有教学管理规范性制度那样有明确的价值期待。但是，它们确实是在文化环境的影响下经过长期实践由教师建构的对教学行为具有深刻影响的隐性制度要素，体现了制度的文化—认知维度。

3. 教学管理文化—认知性制度要素的特点

教学管理文化—认知性制度要素较之前两种制度要素而言，其在形成、变化以及作用效果上有着不同的特点。

（1）形成的积淀性

与规制性制度要素形成的正式性，以及规范性制度要素形成的社会性相比，教学管理的文化—认知性制度要素的形成，需要较长的时间，需要通过多极主体反复地交往实践才能积淀而成。形成的意义认知和行为惯性，对于参与主体来讲具有一定的内在建构性。以教师群体内共享的"高校教师身份图式"为例，这一身份共识的形成，离不开中国自古以来就有的对教师身份的固化认识——即在中国古代经过劳动分工，不管是最早的私塾先生，还是后来的官学经师，他们都承担着"教"的责任，教人以道，教人以理。所以，高校教师作为教师群体中的一部分，理应也是"教者"为先，这已是大家的共识。

同时，教师群体内形成的高校教师身份图式认知也离不开西方大学的影响。比如，德国洪堡大学等对高校教师身份的定位就是：大学教师的主要责任是科研，他们主要承担"学术研究"的责任。另外，教师对"大学老师要做研究"的认识也是在内外大环境的影响下逐渐形成的。总之，高校教师身份图式的形成不是一日之功，它是受历史文化影响，经过长期实践的积淀而成的，甚至已经成为客观化的意识认知。对于地方新建本科高校的教师来说，这种认知图式同样影响到他们对教学和科研关系的把握，影响到他们的教学行为。

（2）变化的滞迟性

在一定文化环境的影响下，教学管理的文化—认知性制度要素一旦形成，往往是根深蒂固的，短期很难发生变化。也就是说，在教学过程中，教师群体在现有的文化制度环境中形成的认知图式和思维模式具有相对稳定的特点。因此，认知图式对教学的影响往往比教学管理规制性制度要素更加深入、更加久远、更加不易改变。以教学行为习惯为例，目前，地方新建本科高校大多在进行教学改革，其核心是人才培养模式的改革，是以培养高素质应用型人才为目的，这对教师提出的要求就是：要转变课堂教学观念和学生观念，改革传统的"一言堂"式的教学模式，调动学生参与课堂教学的积极性，增强课堂教学的实践性和应用性。但是，当经过系统学术教育的教师对教学程序和课堂教学模式已经形成固化的认知之后，让他们转变课堂教学模式和传统的授课方式并不是一件容易事，加上学校对学生考核评价的方式仍未变化——还是以考试成绩为主，因此，教师群体教学行为习惯和教学模式的改革需要很长时间的过渡，变化具有迟滞性。

（3）作用效果的持久性

对教学行为的有效引导和控制，离不开教学管理规制性制度的权威和强制，也离不开教学管理规范性制度的内化，但是，如果能依靠积极的教学文化促使教师共同体内形成共享的认知图式和意义模式，让行为者"理所当然"地去做，这对教学带来的积极影响会更持久、更有效。以教师群体内共享的"身份图式"为例，地方新建本科高校的教师群体和其他高校教师一样，同样也接受过系统的专业化教育，同样具有合法的教师资格，同样具有较强的职业信念。因此，在他们头脑中，高校教师的双重身份就像"思维软件"一样，影响着他们在教学和科研间的行为选择，最起码能够让绝大多教师认可"教师无教不为师"的信念，坚守住教学的主战场。

4. 教学管理文化—认知性制度要素的作用机理

强调制度结构中文化—认知性制度要素的学者，关注的是行为者的思想观念在外部环境刺激与个人机体反应之间的作用。因为，在他们看来，"作为被创造者的人的所作所为，在很大程度上是此人对其环境的内在表象的一个函数"。[①] 行为者对行为的主观理解对行为赋予意义，而共享意义的形成又出现于互动之中，通过行为者之间持续不断的互

---

① ［美］W. 理查德·斯科特：《制度与组织——思想观念与物质利益》（第 3 版），姚伟、王黎芳译，北京：中国人民大学出版社 2010 年版，第 65 页。

动，这些共享意义逐渐沉淀下来，不仅影响到已经制度化的成员，而且对新入成员也产生潜移默化的影响。这些思想观念发挥作用的机制，按照迪马吉奥和鲍威尔对制度性作用机制的分类方法来归纳，应该主要是模仿机制。而模仿机制的作用支点就是意义共享。由此，可以看出，文化—认知性制度要素发挥作用的机理主要是客观化机制和模仿机制。以此推知，在教学管理过程中，教师之间以及教师和管理者之间经过长期互动形成的共享的认知图式和行为习惯，对教学的作用机制也应包括客观化机制和模仿机制。

（1）教学管理文化—认知性制度要素的客观化机制

教学管理文化—认知性制度要素的形成不是一蹴而就的，而是由教学管理者和教师经过长期的反复交互实践逐渐积累而成。随着交往广度和深度的增加，行为者形成了共享的符号范畴，表现为具有特定意义的认知图式和行为习惯。这种认知图式和行为习惯会受到已有信念体系与文化制度环境的制约。它像一只"无形的手"一样影响着教师的教学行为选择。身处于这种文化环境中的行为者要想使其行为得到合法性的认可，必须赋予其共享的意义。随着文化制度环境中行为者对某种思想观念或者行为表现逐渐习惯化，这些也被客观化地积累下来，为行为者尤其是新参与的行为者提供行为依据。因此，这些认知图式和行为习惯虽然在形式上是主观的，但其规约作用却是一种客观的存在，并不因人们主观的肯定或否定而存在或消失。

以教学图式为例，学校中的教师，不管是年轻的还是年长的，他们几乎对什么是教学、如何教学已经形成了固定的概念，接受了定型化的教学模式。但是，这些定型化的教学概念和行为模式的形成却是经历了较长时间的积累。在这个过程中，行为者逐渐形成了一些共享的符号概念，用这些符号概念赋予其所从事的活动以特定的意义，然后经过行为模式的扩散，使意义得以沉淀，并延续下来。

（2）教学管理文化—认知性制度要素的模仿机制

教师作为"文化人"，要在一定的文化制度环境中生存下来，获得其他行为者或者利益相关者的认同，就必须先学会适应环境。而适应环

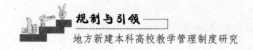
境最便捷的方式就是模仿环境中最具合法性并且已经被大家广为接受的思想观念和行为习惯。当然，当行为者决定主动地去模仿榜样行为的时候，也就意味着他在努力争取实现制度化。因此，教学管理文化—认知性制度要素作用的发挥，受制于教学文化共同体内部的相互学习模仿、群体成员的从众、教学的行为定势、思维惯性等因素。

以教学图式中群体共享的教学行为习惯为例。教师，不论年长的、教学经验丰富的老教师，还是年轻的、刚参加工作的教师，他们都会自然而然地按照受教多年、耳濡目染的教学程序来做。比如，他们会在上课前备课，看教材、查资料、写讲义，然后按照课程表的安排到指定的教室给学生上课，布置作业，批改作业，到学期末考试、阅卷等。这种群体共享的教学行为习惯对教学的影响是自然的和客观的，教师不会感觉到被约束、被管理。

二 多维教学管理制度要素的关系解析

从制度三要素理论的基本观点来看，规制性制度要素、规范性制度要素、文化—认知性制度要素在秩序基础、遵守逻辑、要素指标等方面都存在明显的差异，并且通过不同的作用机制作用于制度环境中的行为者。因此，它们可以独立地发挥作用。但是当三者协调一致的时候，制度对行为者的作用力最强，制度结构本身也是最稳定的。

在地方新建本科高校教学管理制度结构中，这三个维度的制度要素没有孰轻孰重之分。对于教学的规约以及教学管理制度的构建来讲，三者是同时存在的。其间存在既相互独立又互相强化的关系。具体见图 5 - 3。

（一）教学管理制度要素间相互区别、相互独立

教学管理制度要素间的相互独立，甚至是冲突的存在，主要是因为它们之间有客观的差别，具体来看，体现为以下几个方面。

1. 三个维度的教学管理制度要素性质不同

与规范性制度要素和文化—认知性制度要素相比，规制性制度要素具有形成的正规性、变化的及时性、制约的明示性等特点。而后面的两

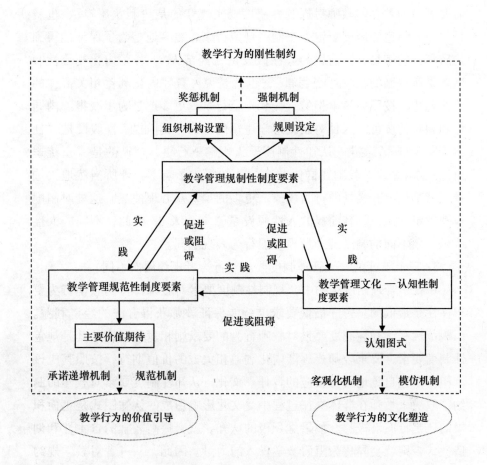

图5-3 教学管理制度要素关系图

个要素则具有形成的非正规性、变化的滞后性以及制约的默示性等特点。其中，规范性制度要素具有明显的道德伦理色彩，体现了组织场域中权力拥有者的主导价值观；文化—认知性制度要素具有明显的在文化环境影响下的主体认知的痕迹。对于行为者的影响，后两种隐性的制度要素往往比显性的规制性制度要素更深入、更持久。

2. 三个维度的教学管理制度要素遵守逻辑不同

各制度要素遵守逻辑不同，本质在于制度遵守所带来的结果对主体

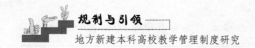

需要满足的差异。教师对规制性制度要素遵守的是"利益逻辑",也就是说,教师遵守制度规定,按制度规定行事,更多地是为了保证能得到物质利益的满足,其前提的人性假设是"经济人"。教师内化规范性制度要素所遵循的是"适当逻辑",也就是说,教师内化利益相关群体的价值期待,按照应该承担的责任和规范行事,更多地是为了获得圈内同行和领导的认可。这种对制度遵守逻辑的认识,其前提人性假设是"社会人"。教师在文化—认知性制度要素影响下行事,遵循的是"正统逻辑",也就是说,教师在群体共享的认知图式影响下,理所当然地去选择大家都理解和接受的行为模式,更多的是从众心理使然。这种对制度遵守逻辑的认识,其前提的人性假设是"文化人"。因此,不同的人性认识产生不同的制度遵守逻辑,但行为表现趋同。

3. 三个维度的教学管理制度要素对行为者规约层次不同

在教学管理制度结构中,规制性制度要素对教师群体的教学行为要求往往是最低的。遵守最低要求,就能保证教师获得合法的经济利益。而规范性和认知性制度要素对教师行为的要求则相对较高,尤其是规范性制度要素,要求教师要逐渐内化利益相关方的价值期待,按照其应该承担的角色自觉地履行相应的责任。文化—认知性制度要素对教学的制约,取决于教师在群体交往过程中受文化影响形成的认知图式是正面积极的还是负面消极的。如果是积极的认知,就会提高教学的自主性和创造性,否则就会异化为阻碍教学投入的力量。因此,从三者对教学规约的层次来看,如果学校只重视规制性制度要素的建立,而忽视规范性和积极的文化—认知性制度要素的内化与构建的话,就容易导致教师群体按规制性制度的最低要求行事,产生制度执行中的"目标置换"。

4. 三个维度的教学管理制度要素约束发生机理不同

教学管理规制性制度要素比较强调行为约束的外在性,它对教学行为的作用机制主要是控制,强调外在主体的支配性作用,通过外在的监督和约束来规范教学行为。规范性制度要素强调外在约束的嵌入性——即行为者对其依赖的关系网络的承诺水平,因此,其发挥约束作用的机制主要是规范而非控制,规范作用发挥的前提是行为对象对关系网络意欲嵌入的程度。文化—认知性制度要素则强调行为主体在特定文化环境中基于利益的考量与环境要求一致的内生性建构，它主要是靠共享观念或者行为惯例来约束对象行为，体现了行为主体主观能动性的发挥。

在很多情况下，这三个维度的教学管理制度要素常常是互相"敌对"的，尤其是在教学改革的初期，新制订的规制性规则受路径依赖的影响，与规范性和文化—认知性制度要素常常发生矛盾。任何教学改革通常都会倡导建立新的教学管理规则，而教师原有的教学习惯、对教学的认知以及教学价值观都会成为阻碍新教学规则实施的保守力量，从而抵消新教学规则的部分功能，甚至使新的教学规则无法实施，最终导致教学改革的失败。可见，教学改革的成败，不是取决于能否制订一些更好的、更新的教学规则，而是取决于广大教师是否对一些落后的、消极的规范性制度和文化—认知性制度进行自觉抵制，也是取决于广大教师能否有意识地对一些习以为常的教学行为做出调整和改变。认识到这一点，对于当前正处于转型发展大环境中的地方新建本科高校所推进的教学改革具有重要意义。以往，此类高校的人才培养定位比较模糊，大都效仿老牌本科高校，集中于普通学术型人才的培养。但是，随着国家供给侧结构性改革在教育领域的推进，地方新建本科高校主要承担起了应用型人才培养的任务。要保证人才培养模式的顺利转型和过渡，教师的教学思维和行为模式也要发生转变，而这种转变，不仅要求学校应在教学管理制度上进行适当的调整，也应加强与应用型人才培养相关的程序规范、价值规范等的宣传，更为关键的是，要营造出与应用型人才培养相适应的积极的文化氛围，形成群体共享的文化认知和行为习惯。

（二）教学管理制度要素间的相互依赖，相互强化

在整个制度结构中，规制性制度要素的作用是有限的，只有依靠规范性制度要素和文化—认知性制度要素进行必要补充，才能形成有效的约束体系。当然，规范性制度要素和文化—认知性制度要素是非强制性的，它们也需要规制性制度要素来支持，这样才能发挥应有的作用。各维度之间存在互相依赖、互相强化的关系。

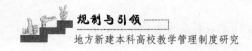

1. 三个维度的教学管理制度要素间作用效果互补

教学具有模糊性、人文性、价值高度涉入性等特点。这些特点决定了教学管理不能简单照搬科学主义的控制式管理方式，不能单纯地依靠规制性制度要素来进行规制。在具有社团性质的高校中，任何规制性规则的作用都是有限的，高度集中化和正式化的结构注定会变得无效力和非理性。① 一味地靠制度来约束教学，忽视教学的独特性，就容易导致教师对制度合法性认同的危机，导致教师"形式目的"（遵守制度）和"实质目的"（提高教学质量）的置换。因此，鉴于教师工作的特殊性，对教学的管理和有效引导，还需要依靠和教学有关的规范性制度要素的内化以及积极的文化—认知性制度要素的协同，只有这样，才能使外在的强制性要素得到遵守。同时，规范性制度要素和积极的文化—认知性制度要素，其作用的发挥也依赖于规制性要素的支撑。离开了规制性要素的强制性约束，这些非正式的制度要素也会变得软弱无力。因此，在制度发挥作用的效果上，三者应该是相互依赖的。

2. 三个维度的教学管理制度要素作用力相互强化

教学管理制度构成的三个维度，既可以独立地发挥作用，也可以相互强化，结合发挥作用。三个制度要素之间的强化具有复杂性，这和学校管理者的管理方式、人性假设、组织属性认识有关，也和管理对象受到的激励、对组织的承诺以及共同体互动有关。

（1）教学管理规制性制度要素和规范性制度要素间的相互强化

正如韦伯所指出的：满足于将政体建立在单一的强权暴力基础上的统治者，即使有也是很少见的；所有的统治者，都试图在民众中培育一种其统治是合法的信念。② 这一观点对教学管理者的启示是：在教学管理过程中，不能简单地依靠行政性管理权力对教师施加控制，将管理者的意志强加给教师。要想让管理有效，就要在管理方式上做到刚柔相

---

① 张伟：《学术组织中的成文规则——基于 A 大学的个案研究》，华东师范大学博士论文，2012 年，第 155 页。

② ［美］W. 理查德·斯科特：《制度与组织——思想观念与物质利益》（第 3 版），姚伟、王黎芳译，北京：中国人民大学出版社 2010 年版，第 61 页。

济，以柔性管理为主；就要通过激励或诱导的方式，来获得教师对权力行使的合法性认同，从而产生对学校以及管理制度的高度信任与深度承诺。此时，教学管理者的强制权力就转化为权威。随着教师对组织承诺的递增，以及组织身份感和职业身份感的增强，规制性制度要素也就随即能得到教师的认可和遵守。可见，规制性制度要素和规范性要素是可以相互强化的。

（2）教学管理规制性制度要素和积极的文化—认知性制度要素间的相互强化

教学管理规制性制度要素对教学的制约主要还是显性行为层面的约束，要想保证规制性制度要素能被教师认可和接受，并能够积极地贯彻执行，除了需要从管理方式、组织属性认识等方面努力以外，还离不开积极的文化环境的引导。因为，教师群体不仅是一个利益的群体，在工作中会主动寻求经济利益和社会群内认同，而且他们还是一个文化群体。在文化环境的影响下，他们与群体其他成员互动交流而产生文化—认知。这种认知一旦形成，对教学的影响就会根深蒂固，深入人心。因此，教学管理者要重视教师的"文化人"属性，尽可能地创造积极的文化氛围，引导教师形成合理的文化—认知——包括教师的身份认知、管理认知等。

如果教师能在教学与管理的关系处理上认可"教学第一，管理为教学服务"的思想，他们在教学管理制度执行过程中就会以制度的执行为手段，最终保证教学质量的提高。另外，如果教师对教学管理制度能从教学保障手段而不是控制手段的角度去认知的话，教师就不会对教学管理规制性制度要素产生过多的抵触，他们就会将对制度的执行视为理所当然。相反，如果教师的文化—认知是消极的，就会影响到教学管理规制性制度要素的认可和有效执行。同时，教学管理规制性制度要素的积极遵守和内化对于引导教师群体形成合理的文化—认知也是有利的。积极的文化—认知性制度要素从较长时间来看，其实就是对合理的规制性制度要素反复执行、规范性制度要素逐渐内化而产生的积极结果。

（3）三个维度的教学管理制度要素之间的相互强化

从教学管理制度发挥作用的角度来看，规制性制度要素和规范性制

度要素都强调的是外在力量对教学行为的制约，只不过两者力量存在的形态不同：一个是有形的行政权力，另一个是无形的非行政权力，且主要是专业团体或群体内部的身份认同力量。而教学管理文化—认知性制度要素强调的则是教师在学校场域已有的文化环境制约下主体建构的认知图式对教学行为的影响。这些潜在的制度要素是自生自发的。从制度影响的较长时期来看，文化—认知性制度的形成是规制性制度和规范性制度反复发挥作用的结果，是群体成员在交往实践的基础上所形成的共享认识和意义模式。后者的形成可能为规制性制度要素和规范性制度要素的实施提供必要的支持性条件，补充两者的不足；当然，也可能会阻碍规制性制度要素和规范性制度要素的作用发挥，成为消极力量。在学校场域中，被教师群体视为理所当然而接受和践行的实践，如果能得到规范的许可和权威化权力的支持的话，就意味着这些制度要素形成了有机结合的关系，就会产生强大的力量。

总之，教学管理制度三个构成维度之间是相互独立、相互强化的关系。如果能够协调发挥作用，那么制度就会持久地发挥积极作用。但是，如果三者之间出现不协调的情况，就会引发冲突，甚至导致制度的变革。

第三节　教学管理制度重构的价值分析

在制度三要素理论的启发下，本研究针对地方新建本科高校教学管理制度的重构，拓展了原有制度的外延，关注到了规范性和文化—认知性等非正式制度要素和作用机理，以及其与正式的规制性制度要素间的关系，这对克服当前制度设计的缺陷、提高制度的执行力具有重要价值。

一　教学管理制度的重构有利于克服当前制度设计的缺陷

（一）对三个维度制度要素的共同关注，能促进教学管理制度的刚柔相济

在"大制度"视野下，本研究对教学管理制度构成的重新认识，是

建立在对教师群体人性、院校组织属性和制度本质等元认知理念的合理把握的基础之上的。对这三个层面的教学管理制度要素的关注，体现了对教学行为的刚性约束和柔性规约的结合。

1. 教学管理规制性制度要素的刚性约束

教学管理规制性制度要素发挥作用的机制主要是强制机制和利益奖惩机制。它主要对教学行为进行刚性约束。这样做，一方面可以保证教学秩序的稳定和教学效率的提高，另一方面可以促使教师尤其是年轻教师形成良好的教学纪律意识和行为习惯。不管是教学计划管理阶段的制度制订和组织运行阶段的制度规定，还是教学质量监管阶段的制度建立，都或多或少地具有刚性约束的作用特性。以教学计划管理阶段的教学计划和教学大纲的编制制度为例。教学计划和教学大纲是学科教学的主要依据，是根据人才培养的需要制订的指导性文件。它一经编制，任课教师在教学过程中就应该认真执行——比如教学日历的编制、考试题库的设计、教案的编写等都需要依据大纲和计划来制订。同时，教学督导成员和领导干部等人在督导检查时，也往往是依据本专业预先编制的教学计划和大纲来对教师进行教学质量的考核和督导。因此，教学计划和教学大纲对于教学具有刚性约束性。

另外，再以教学管理组织运行阶段的日常教学管理制度和课堂教学管理制度为例。不管是教学日常行为规定、教学事故的认定和处理办法，还是教学行为规范等，都对教学行为具有刚性的约束作用。当然，这里的强制约束作用的发挥离不开利益奖惩机制的运行。也就是说，在教学管理组织运行阶段，制度作用的刚性主要体现在与教师利益的直接挂钩上，这也符合教师"利益人"的趋利避害的本性。

在教学质量监管阶段，为了保证教学质量而制订的一系列制度，对教师也具有刚性约束——比如教学督导制度和学生评教制度。虽然教师不是这两项制度的直接执行者，但是，他们作为制度的受众，要想获得良好的督导和评教结果，也需要按照学校的管理规定去做，否则就可能影响其获得良好的成绩，影响其基本利益的实现。因此，从这一点来看，教学质量监管制度对教学行为刚性约束的实现也是建立在教师利益

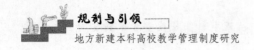

的权衡基础之上的。

2. 教学管理规范性制度要素对教学行为价值引导的柔性约束

本研究所构建的教学管理规范性制度要素，体现了在教学管理场域中以管理者为代表的主要利益相关者对教学行为的价值期待。这些规范框架独立于具体行为者的教师而存在。本研究在分析这些规范性制度要素是否对教学行为产生约束作用时，认真考虑了教师是否对其能够充分地接受和认可。当教师作为场域内的行为者，以这些规范标准或者价值期待作为他们的行为导向时，就表明他们在主动实现制度化。随着这样的规范逐渐内化于行为者，对它的遵守就成为行为者自己人格结构中的一种内在需求。① 这体现了制度结构中价值期待对教师个体所施加的道德权威，体现了对教学行为的价值引导，相比规制性制度要素而言，这是一种柔性的引导。

以"教师应该为学生负责的价值观"对教学行为的约束为例。这一价值期待体现了学校内外利益相关者对教师群体的行为要求。教师按照这一身份要求来约束自己行为的程度，取决于其对这一价值期待所蕴含的道德权威的接受程度。在现实中，很多教师虽然感觉到学校制度化管理的不足，但是，他们依然能够坚守在教学岗位上，这充分说明了教师对"应该为学生负责"这一价值规范的接受和内化程度之高。他们笃信这一价值标准，并相信按照这一价值规范来约束自己的行动是符合职业身份要求的，也会得到圈内其他成员的认可和接受。正如某学者所言：一位教师的科研水平是其能力的部分体现，一位教师的教学水平却是其良心的完整展现。由此，可以推断，教学管理者如果能够在对教师进行教学管理的过程中，多通过渗透和宣传这种主流的价值观来对教师的行为进行激励约束和价值引导的话，会更有利于教师行为的自觉。因为其较之规制性制度要素的刚性而言，是柔性的，体现了对教师"有良心的社会人"人性的信任和尊重。

---

① ［美］W. 理查德·斯科特：《制度与组织——思想观念与物质利益》（第3版），姚伟、王黎芳译，北京：中国人民大学出版社2010年版，第19页。

3. 教学管理文化—认知性制度要素对教学行为文化塑造的柔性约束

教学管理文化—认知性制度要素体现了对教学行为的价值导向。虽然价值规范本身也是广义文化的一部分，但是，其强调的是文化的价值评价维度。本研究构建的教学管理文化—认知性制度要素体现了文化的认知维度，即在一定的文化环境中，教师所形成的共同的认知图式对其行为具有的约束作用。本研究之所以会关注认知图式作为教学管理制度要素的价值，是因为以下原因：即我们不得不承认一个事实，我们每个人都和由他人构成了相互依赖的社会关系。在自我和他人的互动过程中，共同的概念符号或者是行为意义得以创造出来。在对客观事物达成自己理解的过程中，如果我们逐渐感知、接受他人的态度和行为意义，那就说明我们在逐渐卷入我们所看重的"社会关系"之中，在被逐渐共同接受的行为意义制度化。这种制度化是最深层次的制度化。因为，教师是通过共同的知识和信念系统的创造来主动地实现制度化。这体现了文化符号对教学行为的塑造。这种塑造是柔性的，是行为者"在场"的。

再以管理认知图式对教学行为的约束为例。这一认知图式体现了教师在与教学管理者长期互动的过程中形成的关于教学和教学管理关系的共同认知。目前，教师能够清楚地认识到，教学管理作为保障教学的重要条件是必不可少的。教师需要依靠教学管理者提供的服务来更好地完成教学任务。正是因为有了这种共同的认知，才保障了教师对教学管理者的管理有了合法性的认同。同时，大多数教师由于受过系统的专业教育，受同行和其他专业权威的影响，他们对职业价值的认可使得他们在处理教学和教学管理的关系时选择了坚守。不能否认的是，在"官本"文化的影响下，教师对"管理更占优势"这一感知的接受也开始越来越普遍了，导致教师在教学管理过程中将自己置于理所当然被管理的位置上。这种在教师群体中共享的管理认知图式对教学行为发生了潜移默化的影响，体现了文化塑造的柔性。但是，要想保证行为塑造的正面性，就需要加强积极的文化制度建设，否则就会影响教师形成积极的信念系统。

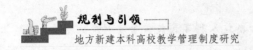
（二）对教学管理规范性制度要素和文化—认知性制度要素的关注，能促进制度的主体建构

对教学管理规范性制度要素和对文化—认知性制度要素的关注，较之规制性制度要素来说，更能体现对教师作为行为者的主体关照，也更能体现对教师作为对象主体的认可和尊重。

1. 对教师中介作用的关注可以促进教学管理制度主体建构

从现实管理实践来看，以往对教学管理制度的设计，受科学的线性管理思维的影响，一般将教师置于制度的被动接受者和执行者的位置。这种管理实践认为，只要制度建立起来，教师就会自然而然地领会管理者的意图，自觉地按照制度去做，并能保证教学工作的正常运转。但是，这种简单的线性思维逻辑忽视了一个事实：教师具有主观能动性，他们不是纯粹的被动的行为者，在外在制度约束与预期教师行为表现之间还有教师内心作用这一中介环节。而恰恰是被管理者忽视的这一内在中介环节，对教学管理制度的执行效果会起到决定性的作用。从勒温的行为反应模式来看，行为者在外界刺激的情况下会产生什么样的行为反应，要受到中介变量的影响。这里的中介变量主要就是指行为者对外界刺激的主观知觉。如果行为者在主观上对进行刺激的主体权威及其进行的刺激有积极的认识和态度，就很有可能发生外界刺激主体所期望的行为表现，并由此实现管理者的有效管理。反之，则会对制度的有效执行产生阻碍作用。

本研究在肯定以往规制性制度要素必要性的基础上，认为应关注规范性制度要素和文化—认知性制度要素来弥补以往制度结构的不足。在这里，之所以会提出后两者，是因为以下原因：教师作为教学管理的对象，是具有主体能动性的"人"，而不是被动地等待管理者去形塑的"物"。教学管理者作为委托方，利用制度对教师施加压力，试图使教师作为代理人能够按照其意图去行事，完成组织目标。但是，教学管理者借助的制度能否发挥预期的规约和激励效果，取决于教师对其合法性和合理性的认识。而这种认识的形成，离不开教师在与教学管理者互动的过程中对其管理权威的认可，以及对制度和价值期待的道德权威的主体建构。换句话说，当制度或者是价值规范通过行政渠道"自上而下"传递到教师那里，在没有被教师充分内化、接受的时候，它只是一种外生性的制度形态，要想促进外在供给的制度要素逐渐被教师群体内化、接受和有效执行，制度设计者需要积极地转变管理理念和管理方式，在教师群体中树立其权威，并借助适当的激励措施激励教师主动地接受和内化教学管理制度要素，从而主动地实现制度化。

以课堂教学改革为例。实事求是地说，目前，地方新建本科高校内部管理者积极推进的课堂教学改革政策，在教师那里并没有得到普遍的响应。教师的参与热情和改革行动并不是很高涨和很积极。这种局面的出现，主要和教师对传统课堂教学模式的路径依赖有关，但与管理对象缺乏对管理者的权威认可也不无关系。因此，本研究认为，地方新建本科高校的管理者在推动教学改革政策时，应该积极地反思现行教学管理有无不足？能不能推动教师对其管理权威形成合法认同和主体建构？在依靠制度实施管理的同时，加强价值观管理，形成制度为人服务的文化管理氛围。

2. 对教师生活世界的关注可以促进教学管理制度主体建构

教学管理文化—认知性制度要素体现了文化制度的认知维度，应大力强调在教学管理场域中共享的概念范畴和意义范畴对教学行为的影响，而这些认知范畴的形成离不开对教师生活世界的关注。

生活世界这一名词，在哈贝马斯的交往实践理论中是被看作交往的背景而提出来的。它体现了对交往主体原初价值观、基本信念以及固有的文化—认知等方面的尊重。也就是说，交往双方的互动不是在"真空"中进行的，而是在一定的个体差异、环境影响下发生的。交互互动后共享知识和概念的建构是双方求同存异的"互惠"结果。"互惠"的实现在于管理者和管理对象形成了共同体的合作理念。共同体的本质并不是实体的组织存在，而是意义共享的价值存在。共享价值的形成不是管理者依靠权力单向度地自上而下地灌输，而是依靠管理双方的权力、信息、资源的双向流动来实现。因此，对教学管理文化—认知性制度要素的关注，体现了对管理对象生活世界的回归，是尊重教师人性、彰显人文价值的体现，更有利于形成人性化的管理环境。在这样的管理环境

下，管理者的价值观、管理理念更容易流进管理对象的内心，然后通过内在的理解和相互的学习来生成共享的意义，并适当地外化于行为表现，完成共同的教育目的。

本研究提出教学管理的文化—认知性制度要素维度，其实就体现出教学管理者对教师生活世界的关注。这体现了教学管理者的管理，开始由以往的工具理性管理向尊重教师"文化人"人性的文化管理的复归。这种文化—认知性制度要素的形成，需要教学管理者参与到教学情境中，发现教师群体中原创性的见解；而不是只站在教学情境之外，通过强制权力来追求管理的高效。因为，那样的管理不仅不能体现管理对象主体"在场"的价值，也无法赋予学校管理场域中管理对象的生活以真正的意义，所以，真正高水平的管理应该是从教育的真实场景中发现问题并能够提出解决办法，而不是以身份和职位的权力来威慑和控制。① 因此，对教学管理文化—认知性制度要素的关注可以促进学校教学管理者心智模式的改善，促使其在与教师的交往中，不再将教师作为被动的客体一味地加以管理和控制，而是要尊重其已有的认知图式和价值信仰，以互惠和尊重作为有效领导的标志，通过交互实践来建构共同的行为信念，以此实现对教学行为的柔性约束。

（三）对教学管理规范性制度要素和文化—认知性制度要素的关注，能促进主体的利益均衡

拓宽对教学管理制度要素的认识，增加对教学管理规范性制度要素和文化—认知性制度要素的关注，是一个进步。相比过去以管理者为中心、单层面地关心规制性制度要素来说，这样做，会更有利于促进制度主体间的利益均衡。这里的主体包括制度设计者和制度受众，从主体规模上看，主要指群体，而不是具体指某个人。因为，制度的设计，不管是什么层面的、何种类型的，都不可能保证制度中的每个人的利益都能得到很好地满足，只能是以群体利益的满足程度来判断其优劣。同时，

---

① 程晋宽：《西方教育管理理论新视野——一种批判的后现代视角》，北京：教育科学出版社2012年版，第361页。

这里的利益也不是简单的指有形的物质利益，也包括无形的精神利益——比如权力的彰显、尊重的获得、声誉的加身等。本研究在重构教学管理制度要素时，肯定了以往的教学管理规制性制度要素，同时又对教学管理规范性制度要素和文化—认知性制度要素进行了必要的关注，这和过去以管理者为中心的制度设计相比，更有利于促进制度主体的利益均衡。这主要体现在管理者看重的管理效率和管理对象看重的人文关怀的兼顾，以及行政主体权威和学术主体权威的兼顾这两个方面。

1. 管理效率和人文关怀的兼顾

受科学管理和全面质量管理思维的深度影响，当前，以规制性制度要素的建立为主的教学管理制度，体现了以管理者为本位的价值取向，保障了管理者对管理效率的追求。这种效率的实现是以教师中大多数人对制度的"遵从"来保障的。作为下属的教师所做的是管理者"期望"他们去做的事情。教学管理者通过科层权威，直接或间接地监管教师的行为表现，确保了管理效率。但是，教学管理者以科层权威为基础实施的教学管理，不能很好地鼓励教师在教学上积极投入、追求卓越，更不可能在缺乏有效激励和监管的情况下使其尽职尽责地实现自我管理。这是因为，教师作为管理对象处于被管理的客体位置上，只能被动地接受制度的约束。在制度的制订、组织实施以及监管的过程中，一直缺乏对教师应有的人文关怀。因此，当前，教学管理制度在教师那里缺乏合理性。制度的不合理导致制度规定很难得到教师的广泛支持，教学积极性的调动和教学质量的提高也受到了很大的影响。其中最关键的是：不合理的制度规定使得部分教师的职业伦理观念出现了失范。

针对目前教学管理制度在教学管理者和教师的兼顾上出现的不均衡，本研究认为，应该从"大制度"视角来重构教学管理制度。通过教学管理规制性制度要素的制订和实施保障以及教学管理者对管理效率的追求，努力保证管理的统一和有序。通过对教学管理规范性制度要素和文化—认知性制度要素的关注来凸显教师作为对象主体在制度建构中的利益诉求。

关注教学管理规范性制度要素和文化—认知性制度要素，之所以能

够体现出对教师作为管理对象的人文关怀，是由于其彰显了在制度形成和发挥作用的过程中教师作为中介变量的调节作用。它促使管理者对教师的教学管理开始由单向度的规制控制转向价值观的引导和文化的塑造。不管是价值观的引导，还是文化的塑造，都离不开教师与管理者之间的互动实践。互动体现出了对教师的尊重和关怀。

2. 行政主体权威和学术主体权威的兼顾

"大制度"视阈下教学管理制度三个层面的构成，既体现了学校内部教学行政管理权威对教学行为的制约，也兼顾了专家团体等教学学术权威对教学行为的影响。也就是说，对规范性制度要素和文化—认知性制度要素的关注使得制度主体的利益均衡体现在了行政权力的彰显和对学术权威的尊重上。

受集权化教育行政管理体制的影响，地方新建本科高校在教学管理制度模式上首先需要延续以往的管理方法——树立教学行政管理权威，通过行政权威的发挥保证教学秩序的稳定和统一。学校主管教学的校长和其他教学管理者，由于其职位的行政权威而拥有权力性影响力，为了与外界宏观政策的要求一致，与其他大学的教学管理模式保持一致并获得合法性，他们往往依靠设立正式的制度、设置常设性的组织机构来实施教学管理，努力保证行政权威的强制性。另外，这些制度一般也是借助红头文件，在公开的交流平台"自上而下"传递。传递渠道和手段也体现出了行政权力的权威性。应该说，在教学管理的过程中，行政权威的体现是前提，是基本保障。彰显行政权力不仅符合管理惯例，也有利于提高高校教学管理的合法性。但是，如果管理者对教学的管理仅依靠这些成文的制度和组织机构实施行政化的管理，也会导致教师对教学管理制度规定的执行阻抗，甚至是导致教学行为的目标和手段的置换。因此，在对专业化较强的教师进行教学管理时，还需要考虑到教师作为专业人员的基本特性，努力通过价值引导和文化塑造等柔性的管理手段来对其实施管理。

对教学管理规范性制度要素和文化—认知性制度要素的关注，强调了在学校教学管理场域中道德权威和共享的信念对教学的制约。教学管理规范性制度要素主要体现为主要利益相关者给行为者灌输的道德规范；文化—认知性制度要素主要体现为教师个体或群体间在互动基础上形成的共同的认知概念。这两种制度要素的作用机制主要是依靠行为者身份承诺递增而发挥作用的规范机制以及依靠成员共享而发挥作用的模仿机制。这和规制性制度要素的强制作用机制相比，体现了对行为者主观能动性的尊重和激励。教师不管是对道德权威的感知、接受和内化，还是在交互实践基础上接受共享的概念符号，都不是被强制完成的，而是在充分肯定教师作为学术主体的主观能动性并努力回归其生活世界的情况下形成的。这体现了对学术主体权威的尊重。

总之，在"大制度"视阈下对教学管理制度的重构，在权力体现方面，弥补了当前以体现行政权力为主的教学管理制度的设计缺陷，并可以在行政权威和学术权威之间尽可能地兼顾各方。

二　教学管理制度的重构有利于提高制度的执行力

本部分主要通过调查取证的方法，验证在制度三要素视角下教学管理制度的重构能否提高制度的执行力，并缓解当前制度执行受阻问题。

（一）教学管理规范性制度要素的构建对制度执行受阻问题的关照

在制度三要素视角下，教学管理规范性制度要素的构建对当前制度执行受阻的缓解能不能有所帮助，体现了理论构建的实际意义。

1. 这三种价值观的渗透有利于增强教师对教学管理制度的认可

在教学管理过程中，以学校管理者为代表的主要利益相关者所奉行的价值观，如果在教师那里能获得积极认可和接受的话，就会增强教师对学校教学管理制度的认可。以"教师应该为学校负责的价值观"为例，如果教学管理者积极宣传和灌输的这种主流价值观，并在教师那里得到合法性认可和内化，就意味着教师对学校领导的管理方式、管理制度的信任程度和接受程度较高。因为，教学管理制度是领导者管理理念、管理价值观的集中体现。如果教师对学校管理者制订的教学管理制度产生基本信任，会有利于提高制度的执行力。

另外，教师对"为学生负责的价值观"的积极内化和践行，也有利于提高教师对教学管理制度的认可。因为，一位对职业忠诚、对学生负

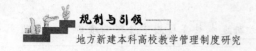

责、享受职业幸福的教师不仅会对学生的知识传授积极负责，更会对学生的行为引导主动负责，所以，教师会通过对学校教学管理制度——如教学日常行为规定等的认真遵守，来为学生遵守学生管理制度提供良好的行为榜样。因此，"为学生负责的价值观"的接受和内化程度的增强，在一定范围内能够规避当前制度执行受阻问题。

再以教师"应该为学科负责的价值观"做进一步分析。假如教师为学科负责的意识较强，那么他就会对学校的教改、教研或者课程建设制度感兴趣，就会对其表示认可和支持，而不会感觉到教学改革和课程建设是外在的强加于他们的教学任务，对教研和课改等相关制度的执行力也会提高。

实际调查结果证明，理论推演和调查结论是一致的。

（1）从整体来看，三种价值观被接受、认可的程度均达到中高水平

在教学管理规范性制度要素的三个维度中，调查结果的均值都在3.5以上（见图5-4）。说明这些主要价值观在教师那里被接受和认可的程度较高。尤其是"应该为学生负责的价值观"以及"应该为学科负责的价值观"两者的均值都在4以上，说明这两个维度在教师那里获得的认可、接受的程度，较之"应该为学校负责的价值观"更强一些。这与教师对职业身份和学科身份的高忠诚度有密切关系。通过这些数据，也证明了教师对职业和学科的忠诚度高于对组织的忠诚度这一说法的准确性。

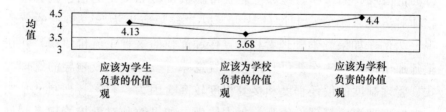

图5-4　教学管理规范性制度接受和内化总体状况统计

这一结论在教学管理规范性制度要素接受情况频数统计分析中也得到

了证实（见表 5 - 1）。在"应该为学生负责的价值观"这一维度设置的三个题目（前三题）中，"您经常在教学过程中对学生进行学习规划的引导"和"您经常在教学过程中对学生进行思想引导"符合（"完全符合"和"比较符合"）的比例均超过 80%。在"应该为学科负责的价值观"这一维度的调查中，设置的三个题目（后三题）符合（"完全符合"和"比较符合"）的比例均超过 90%，这两个维度的调查结果大大超过"应该为学校负责的价值观"中三个指标（中间三题）的测量值。

表 5 - 1　　　　教学管理规范性制度要素接受情况频数统计分析

题目	完全符合	比较符合	一般	比较不符	完全不符
您经常在教学过程中对学生进行学习规划的引导	33.2	50.2	14.6	2.0	0
您经常在教学过程中对学生进行思想引导	33.7	49.8	16.1	0.5	0
您在教学过程中经常有意对学生进行职业发展定向的引导	28.3	42.4	26.8	2.4	0
您在教学过程中经常会有意识地、积极向学生宣传学校的历史和文化	14.1	22.9	45.4	15.1	2.4
您经常会积极地对在教学中发现的问题进行认真的研究并向有关部门或人员提出建议	23.4	40.5	31.7	3.9	0.5
从长远发展看，您很支持学校的教学改革政策	28.8	36.6	32.2	2.4	0
您经常关注所属学科的前沿问题，以此更新教学内容	48.3	43.4	6.3	2.0	0
您经常用相关的学科理论研究现实问题	44.9	47.8	7.3	0	0
您会认真、严谨地对待在教学过程中出现的学科难点、疑点	52.2	41.5	5.4	1.0	0

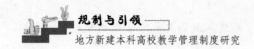

从整体上看，三者的接受状况均达到均值 3 以上，但是相比较来看，三者在教师那里的接受和内化程度还是具有一定程度的差异，关于这个问题，将在后面详述，此处不再赘述。

（2）教师"应该为学科负责的价值观"的接受程度为最高

在"应该为学科负责的价值观"的接受情况的调查中（又见表 5 - 1），被调查者在"您经常关注所属学科前沿问题，以此更新教学内容""您经常用相关的学科理论研究现实问题""您会认真、严谨地对待在教学过程中出现的学科难点、疑点"这三方面"完全符合"和"比较符合"的比例均达到 90% 以上，完全不符的比例均为 0。由此说明，教师经过若干年的学科培养，对所属学科的忠诚度相当高，甚至已经成为教师思维和行为的潜在的重要制约因素。

有一位老师这样讲道：

> 我觉得为学科负责的责任规范主要体现在两个方面：一方面，体现在学科建设上，做教研、科研；另一方面，体现在学科理论和基本概念的讲解和掌握上，这主要通过教学来实现。两者是有区别的，比如高等代数，在课堂上我们教给学生的基本上是数学的最基本的东西，用的教材都是多年沿用的经典教材，主要讲线性代数。可是我们现在学科研究基本上是非线性的离散数学。这个在本科教学上很难给学生展开来讲。但是，在教学过程中，教师可以渗透一些学科前沿的东西，培养学生学习的兴趣，开阔学生的视野。这对于学生来讲是有益的。应该说学生的水平取决于教师的高度，而教师的高度往往由学科研究来推动。所以我觉得，一位为学科负责的老师应该在教学和科研上是兼顾的。（D学院 Z1 老师）

由此可以看出，教师对学科是怀有高忠诚度的。正是因为有高度的学科归属感，教师才会在教学中自觉地进行教学研究和教学改革，这对于学校推进教学改革以及落实教学改革政策是非常有益的。

（3）教师"应该为学生负责的价值观"的接受程度为次高

由教学管理规范性制度要素接受情况频数统计分析（再见表5-1）可以看出，在"应该为学生负责的价值观"的接受情况的调查中，被调查的教师在教学过程中对学生进行学习规划引导、思想引导、职业发展定向引导等三方面"完全符合"和"比较符合"的比例均超过了70%，完全不符的比例均为0，由此说明，教师的确感受到了这一职业对于学生的价值所在，并且已经将对教师这一身份的认知内化为行为的动力，并能在教学过程中积极地引导学生。

有一位老师这样讲道：

> 对我的教学产生影响的因素，最直接、最深刻的算是对学生负责的责任感了。这种责任感来源于学生、学生家庭对我们的要求，也来源于我所接受的多年的师范教育的影响。我感觉，在教学中，作为老师不能耽误学生，误人子弟，不能浪费学生的时间，得让学生通过我的讲授学有所得才行，所以我对教学工作还是非常上心的。再说我们也愿意与学生交往，只有在与学生交往的过程中，才能体会到"文化人"的尊严。这可以弥补老师由于在学校教学管理中的"弱势"而带来的不公平感。（D学院Z2老师）

Z2老师的心声，充分说明了对于"应该为学生负责的价值观"这一项，老师还是高度认同的。这种认同也说明了教师对其社会角色的认同。这一角色的价值期待体现了国家、社会、家庭、学校、学生等各方面对教师群体的责任规范要求。对于广大教师来说，这种责任规范的内化首先来源于他们对这一价值观的高度认可和接受。它已经潜在地成为了教师的行为标准和动力。因此，教师群体感觉这是一种职业的价值体现。

（4）教师"应该为学校负责的价值观"的接受程度相对较弱

在"应该为学校负责的价值观"的接受情况的调查中（再见表

5-1），被调查者在"您经常会积极地对在教学中发现的问题进行认真的研究并向有关部门或人员提出建议""完全符合"和"比较符合"的比例占63.9%，"从长远发展看，您很支持学校的教学改革政策""完全符合"和"比较符合"的比例占65.4%，而"您在教学过程中经常会有意识地、积极向学生宣传学校的历史与文化""完全符合"和"比较符合"的比例仅占37%，选择"一般"的教师占调查总数的45.4%。由此说明，地方新建本科高校由于本科办学时间不长，学校文化积淀不深厚，教师尤其是年轻教师对学校的历史文化缺乏认识与建构，导致教师对学校的忠诚度不及其他两项。但是作为学校中的一员，教师对"应该为学校负责的价值观"整体还是接受和认可的。

总之，通过对教学管理规范性制度要素接受情况的调查发现，规范性制度要素作为柔性的规范约束，与教师群体内在的责任体认和道德内化紧密相关，并在教师群体内部产生辐射影响，在一定程度上影响到了教学管理规制性制度要素的认可和接受。

2. 这三种价值观的渗透有利于提高教师对教学管理制度遵守的自觉性

这三种价值观的渗透，如果在教师那里得到普遍的认可，那么，教师在对学校教学管理制度认可的基础上，应该会产生自觉遵守的行为。因为，得到认可的制度规定一般不会被教师看作外在的过分规制，不会被视为对其专业发展的人为限制。也就是说，得到认可的教学管理制度要素在教师那里不仅能够体现出工具的合理性，而且能够体现出价值的合理性和规范的合理性，进而得到合法性的认同，产生执行的信念。因此，教师制度遵守的自觉性就会提高。

下面借用实地访谈的资料来对这一结论加以佐证。

（1）对"应该为学生负责的价值观"的高度接受，能在一定范围内规避制度执行受阻

教师为学生负责的程度体现了一个教师的职业水准。通过调查发现，教师基本上对这个价值期待表示认可和接受。因此，价值期待的高

程度接受对当前教学管理制度的执行受阻可以起到一定的规避作用。这通过与部分教师的交流可以得到证实：

> 我对老师"应该为学生负责的价值观"感受还是比较深的，也是非常认同的。因为，受过多年师范教育的影响，我对教师角色有了固化的认识。教师通过自己的教学工作，为学生负责，向学生传授知识，给学生做思想引导，这是天职、本职。如果一位老师连本职工作都做不好，就不能是一位合格的老师。因此，有了这种认识之后，在教学工作中，我一直都坚持严格遵守教学程序，课前认真备课，上课时认真讲课，尽可能地将自己所知道的知识告诉给学生，课后对学生提出的问题或者是在作业中反映出来的问题也会及时地认真解答。尤其是对那些想考研的同学平时关注更多一些，毕竟，现在考研竞争也很激烈，像我们这样的二本院校，学生本身的基础可能不如老牌大学学生基础好，所以，为了帮助他们能够如愿以偿，一般学生向我咨询的时候我都会毫不保留。（D学院Z2老师）

> 我觉得，作为一位老师就应该对学生负责，这是教师这一角色要求我必须要去做的。老师在教学过程中不为学生负责的话就不是个称职的老师。拿我们思政课老师来讲，我觉得，我们在教学中主要是通过理论传输对学生进行思想引导，并通过教师自身的言传身教来体现教师的思想。比如我们在课上经常引导学生要讲诚信，可是如果老师本身就不讲诚信，比如上课经常迟到、早退的话就很难要求学生按时上、下课。所以，我觉得，在遵守课堂教学纪律这件事情上，我一直都很自觉。（D学院L3老师）

由D学院两位老师反映出的情况可以发现，教师对"应该为学生负责的价值观"的高度接受，对规避教学日常行为规定等教学管理制度和课堂教学管理制度的执行受阻是有帮助的。这是因为，教师能深刻地

认识到，学生们具有较强的"向师性"。

除此，该价值观的高度接受和内化对于教学督导制度和学生评教制度等教学质量监管制度的执行受阻也能起到规避作用。

有一位老师这样讲道：

> 我比较关心学生和督导专家对我的课堂评价。不是出于什么功利的考虑，就是想了解学生和同行对我课堂表现、教学内容、教学方式等是如何评价的。因为，我觉得他们对于教学质量的评价是比较有参考价值的。所以，对于学生评教和督导专家听课等活动我都比较上心，可以督促自己不断进步吧。（D 学院 Z3 老师）

虽然教师对"应该为学生负责的价值期待"高度认同，但是也不能代表所有的教师都能因此而规避在制度执行中的不合规行为。在管理双方信息不对称的情况下，管理对象也有可能采取隐蔽行动来逃避制度的严格执行，所以，需要采取措施对其进行必要的激励约束，减少其机会主义行为的发生。

（2）对"应该为学科负责的价值观"的高度接受能在一定范围内规避课堂教学改革制度的执行受阻

当前，地方新建本科高校的教师，其学科意识和其他高校教师一样，也是比较强的，他们大多愿意进行学科研究。因此，他们对于学科研究的项目申请、立项大都比较关心，这一定程度上也推动了教师对于国家和学校制订的教学研究和教学改革政策的贯彻执行。

有一位老师这样讲道：

> 我对老师应该为学科负责的价值观感受也很深。因为，我觉得受过学术训练的人都有一种情结，就是希望自己的专业在学校里面是个重点学科，最起码不能成为边缘学科。你想，你的学科如果在学校里是边缘学科的话，你的发展就会受到影响。因此，我觉得受多年学科训练之后，在为学科负责方面所能做的就是关心学科专业

发展的前沿热点，并且把这些东西及时地融入教学中去，传递给学生；再就是根据教学中发现的问题，结合一定的学科理论进入深入研究。参考上级行政部门和学校制订的教学改革或者是课程改革的政策文本参与研究课题的申请、立项，通过教学研究更好地促进教学。当然，我觉得，做研究也是名利双收吧，最终受益的不还是我们自己嘛。（T学院W老师）

总的来看，教师的学科负责意识越强，就越有利于规避教学改革和课程建设的执行受阻。但是，在教师群体中，对"应该为学科负责的价值观"的态度也不是完全一样的，也存在群体差异。以职称作为参考变量可以发现，"应该为学科负责的价值观"的三个观测维度在职称这一变量上的显著性均小于0.05，说明不同职称的教师在"应该为学科负责的价值观"的接受和内化上，存在着显著性差异（见表5-2）。

表5-2 "应该为学科负责的价值观"接受情况单因素方差统计分析

观测变量	参考变量	平方和	df	均方	F	显著性
您经常关注所属学科的前沿问题，以此更新教学内容	职称	3.855	3	1.285	2.734	.045
您经常用相关的学科理论研究现实问题	职称	4.414	3	1.471	4.015	.008
您会认真、严谨地对待在教学过程中出现的学科难点、疑点	职称	3.981	3	1.327	3.304	.021

这种显著性差异在组间的具体表现情况如下（见表5-3）。

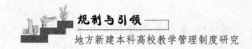

表 5 - 3　　　教师"应该为学科负责的价值观"各子维度接受情况

组间频数统计分析

题目	参考变量	组间	完全符合	比较符合	一般	比较不符
您经常关注所属学科的前沿问题，以此更新教学内容	职称	助教	25	66.7	8.3	0
		讲师	47.8	38.9	8.9	4.4
		副教授	50	40.9	3.1	0
		教授	66.7	29.6	3.7	0
您经常用相关的学科理论研究现实问题	职称	助教	47.8	38.9	8.9	4.4
		讲师	50	46.9	3.1	0
		副教授	66.7	29.6	3.7	0
		教授	66.7	33.3	0	0
您会认真、严谨地对待在教学过程中出现的学科难点、疑点	职称	助教	33.3	58.3	8.3	0
		讲师	53.3	36.7	8.9	1.1
		副教授	45.3	53.1	1.6	0
		教授	81.5	14.8	3.7	0

　　从"您经常关注所属学科的前沿问题，以此更新教学内容"的调查结果看，随着职称的层次增高，针对这一测量指标，教师选择"完全符合"的比例从 25% 递增为 66.7%，说明职称越高，教师对学科身份的认识和内化越深刻，行为越自觉。在"您经常用相关的学科理论研究现实问题"的调查中，针对职称的差异，副教授和教授在这一测量指标上，选择"符合"（"完全符合"和"比较符合"）的比例分别是 96.3% 和 100%，远高于助教和讲师。这再一次印证了学科意识是随着职称的增高而提高的。在"您会认真、严谨地对待在教学过程中出现的学科难点、疑点"这一问题的调查中，针对职称差异，虽然不同职称的教师选择"符合"（"完全符合"和"比较符合"）的比例均超过 90%，但是选择"完全符合"的比例却是有差异的。教授最高，讲师次之，副教授再次之，助教最低。这说明，教师的学科意识基本上随着职称的提高在提高。

　　通过上面以职称为参考变量，对"应该为学科负责的价值观"接受情况所进行的调查，我们可以进一步证明：对学校教学改革和课程改革、课程建设活动比较感兴趣，能够积极主动参与的是那些高职称的教师。随着职称的提升，他们的学科研究意识在逐渐增强，学术研究能力也在逐渐提高。相比年轻教师，尤其是那些职称偏低的教师，他们对"应该为学科负责的价值观"的接受程度越高，越有利于学校教学改革和研究制度的贯彻执行。但是，对于那些年轻教师来说，管理者应该逐渐为其搭建合作团队，发挥高级职称教师的"传、帮、带"作用，引导其参与到教学改革中来，减少对学校教学改革的抵触或者是搁置。

（3）"应该为学校负责的价值观"对当前制度执行受阻问题关照的群体差异性

从前面对教师"应该为学校负责的价值观"接受情况的调查可以看出，总的来说，教师对这个价值期待的接受和内化程度，比前两者相对要低，并且存在群体差异，这会给规避当前制度执行受阻问题带来复杂性影响。因为，"应该为学校负责的价值观"和教学管理制度，在教师那里被认为是相通的，后者是前者的具体体现。由于这个价值观的接受情况具有复杂性，因此，对当前制度执行受阻问题的关照也不是简单的线性关系。

从"应该为学校负责的价值观"这一规范性制度要素的子维度"从长远发展看，您很支持学校的教学改革政策"这一测量指标来看，教师的教龄、职称等参考变量与其接受情况存在显著性差异。具体情况如下（见表5-4）。

表5-4 教师对学校教学改革政策支持情况的单因素方差统计分析

观测变量	参考变量	平方和	df	均方	F	显著性
从长远发展看，您很支持学校的教学改革政策	教龄	4.231	2	2.115	3.066	.049
	职称	8.001	3	2.667	3.954	.009

通过组间情况的频数统计分析，可以很清楚地看出这种显著性差异

267

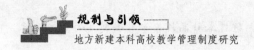

（见表5-5）。

表5-5 教师支持学校教学改革政策组间情况的频数统计分析

题目	参考变量	组间	完全符合	比较符合	一般	比较不符
从长远发展看，您很支持学校的教学改革政策	教龄	5年以下	13.9	33.3	52.8	0
		6—10年	31	35.6	31	2.3
		11年以上	32.9	39	24.4	3.7
	职称	助教	8.3	33.4	58.3	0
		讲师	35.6	34.4	8.9	1.1
		副教授	23.4	39.1	31.3	6.3
		教授	37	40.8	22.2	0

其中，在关于对"从长远发展看，您很支持学校的教学改革政策"的调查中，教龄少于、等于5年的教师，选择"完全符合"和"比较符合"的比例占47.2%，选择"一般"的占52.8%，6年到10年的教师选择"符合"的比例占66.6%，11年以上的教师选择"符合"的比例占71.9%，由此说明，相对于在学校工作时间长的教师来说，新入职的年轻教师对学校的教学改革政策支持程度较低，反映出他们对学校的组织承诺水平较低，对"应该为学校负责的价值观"接受程度较低。另外，在职称上表现的差异也很明显，其中，助教对教学改革政策支持"符合"（"完全符合"和"比较符合"）的比例占41.7%，讲师占70%，副教授占62.5%，教授占77.8%，这进一步说明，教师的职称越高对学校教学改革政策的支持程度越高，对学校组织和教师关系的认识越深入。

除此，教师对"应该为学校负责的价值观"内化程度的高低还直接影响到教师对教学制度的主动了解和自觉遵守。这样的认识在与老师的沟通中的确有所反映。尤其是教龄较长、校际流动机会较少的教师，对学校的情感投入较多，组织感更强些，由此，对学校的教学改革政策或者制度反对的少，默认支持的多些。

有两位老师这样讲道：

> 我们在学校工作了这么多年，没几年就要退休了。说起对学校负责的话，我觉得像我们这样的一部分人，到这个时候，已经没有什么精力再去考虑跳槽的事了，所以只能老实待在这里，好好教学，等着退休。再说在学校里工作了一辈子，对学校的发展还是看得到的，我觉得学校整体发展还是很快的。（D 学院 L4 老师）

> 我觉得我们还是要为学校考虑一下的，因为毕竟我们是在这个单位里面的，学校发展好，我们跟着也好；如果学校发展不好，哪天没有生源了，最后遭殃的还是我们普通老师，所以，在其位、谋其政吧。我们不是领导，不能左右学校下一步怎么发展，可是，我们能左右手头上的工作。认真教学，把教学工作做好了，学生教出来、有出息了，学校跟着学生沾光，老师在学校里，也能沾点光吧。（D 学院 C2 老师）

总之，根据教师群体对这三种价值观的接受情况来看当前制度执行受阻问题，可以发现，教师整体是比较积极的。但是，也不得不承认，由于规范性制度要素约束的柔性化、教学管理的科学化，加上缺乏利益的实际考量，其对当前制度执行受阻问题的关照还存在局限性。因此，需要去完善它，提高其作用力。

（二）教学管理文化—认知性制度要素的构建对当前制度执行受阻问题的关照

在制度三要素视角下，教学管理文化—认知性制度要素的构建对当前制度执行受阻问题的关照，体现了理论构建的实际意义。本研究通过问卷调查发现，教师群体对认知性制度要素的三个子维度的认知，整体上是比较积极的（见表 5-6）。

表5-6　教学管理文化—认知性制度要素认知总体情况描述性统计

维度	均值（M）	标准差（SD）
身份图式	3.53	1.199
教学图式	3.79	0.966
管理图式	4.02	0.952
文化—认知性制度要素总体认知	3.78	1.309

由表5-6可以看出，被调查的教师群体，在文化—认知性制度要素的总体认知状态方面均值为3.78，处于理论上的中等以上水平，说明这些文化—认知性制度要素在教师群体中的认知水平还是比较高的，的确对教学行为产生了影响。从得分分布情况来看，高校教师身份图式的认知情况分值最低，其次是教学图式，分值最高的是管理图式。

这样的认知状态对克服教学管理规制性制度要素的执行受阻产生了一定的积极作用。

1. 积极的教学图式认知有利于促进教学管理制度的自觉执行

本研究所提到的教学图式认知反映在两个方面：一是教师对教学原型的认知，二是教师群体的教学行为习惯。不管是两者中的哪个，只要是积极地认知和习惯，都会有利于促进教师对教学管理制度的接受和自觉执行。

首先，教师对"教学是什么""怎么教"等要有合理认识。如果教师都认可教学不只是师生之间知识传递的活动，也是需要不断创新知识、不断变革教学的活动，那么，他们就会对学校内外推行的教学改革政策、教学研究政策、研究性课堂教学改革持一种肯定的态度，就会积极地参与到教学改革活动中去。同时，如果教师对教与学的关系不再局限在"教为主，学为客"的传统认识上，而是形成"双主体"或"主体间性"这种科学的教学关系认知，那么就会有利于提高教师对学生评教制度和教学信息反馈制度的认可和接受。同时，对学生在教学过程中的"向师性"、发展过程中的不成熟性等特性的肯定和尊重，也有利于教师对教学日常行为规定等管理制度认真地执行。教师潜意识里形成的

"我是学生学习的靶子"这种认知会使他们自觉地、安分守己地遵规守制，并为学生树立学习的榜样。

在与 T 学院张老师的沟通中，其言语之间多多少少透露出固有的教学图式认知对其教学工作的影响：

> 教学工作当然离不开管理制度。最起码，它告诉我们，什么时候该做什么事，什么事需要做到什么程度。对老师是这个道理，对学生同样也是这个道理。学生，当然是大学生，虽然是在"学生"前面加了"大"字，但是，他们还是不成熟，如果没有制度的制约，或者没有教师对教学纪律的严格遵守，学生就会养成散漫的情绪。大一可以，散漫得起，但是如果到了大三、大四还是这样，已经形成了习惯，恐怕这个学生就……（T 学院 Z 老师）

其次，在教学过程中，如果教师，特别是刚入职的年轻教师，在正式承担起教学任务之前，能够有意识地、自觉地去了解学校的制度，直接通过人际交往的方式向其他教师请教，就会有利于促进他们对教学管理制度的自觉学习和执行。另外，在教学过程中，如果大部分教师已经习惯于对教学不断地进行反思、研究，有较强的学习意识的话，那么，对于学校教学改革政策的执行和活动的开展也有很大帮助。学习已经成为教师的习惯，研究已经成为教师的一种工作方式，他们会将改革视为理所当然的事情，积极参与进去。在调查中，年轻教师普遍反映：他们对教学改革的关注和参与的热情，他们对学校教学管理制度的了解和掌握，大多是从年长教师那里获得的，但是，对教学改革和课程改革的政策却是在教学管理信息系统或者领导下发的政策文件里得知的。这个现象在与 D 学院的教学管理者沟通时得到反馈：

> 现在学校在教研和教改方面都是以培养年轻力量为主，通过宣传和政策引导，鼓励年轻教师积极参与教学研究和教学改革。从学校近两年申请教研课题、教改课题的教师基本情况看，越来越多的

年轻教师已经意识到了这个问题，并且参与进来了。（D学院教学管理者）

2. 积极的高校教师身份图式认知有利于产生教学管理制度执行的意志行为

高校教师身份图式认知主要反映了教师对教学和科研关系的定位。如果在地方新建本科高校，大部分教师能够坚持"教学第一，科研第二"的取向，不减少教学热情的话，就会有利于教师克服当前高校内部"科研至上、量化至上"等非正常组织氛围的影响，一如既往地按照学校的各项教学制度去做，并产生对教学管理制度执行的意志行为。以教学计划阶段教学日历的编制和执行为例，如果教师能够站稳教学本职的立场，不因科研的重要而压低对教学的投入，那么教师在编制和执行教学日历时，就会更认真、更积极。在编制教学日历等计划表时，教师就会认真地考虑其所面临的本届学生的实际情况，考虑如何根据教学难点和重点分配学时，考虑如何根据学生培养的需要和课程改革的需要进行课时的重新分配等问题；在执行教学计划时，就会坚决执行，而不会弃之一旁，成为应付检查的摆设。

对于高校教师身份的认知，被访谈者绝大多数都认为，高校教师应该是教育和科研的合体，二者兼顾，但是硬要区分主次关系的话，他们认为教师的本职应该首先是教学，其次是研究。这种对高校教师身份的合理认识，能够在一定程度上规避当前制度执行受阻问题。正如有的教师反映：

我认为，作为一位大学教师，第一位还是教者，第二位才是研究者。如果一位教师，不能认真遵守基本的教学纪律、不能认真完成教学任务，即使科研做得再好也是徒劳的。科研搞好了，学校受益了，教师个人才能受益。如果科研和教学两张皮，科研不能回归到教学中去的话，对学生来讲就是无益。甚至可以说，教师过分热衷科研，以此挤占教学的投入，这是有失教师的职业道德的。我觉得，教学和科研应该是兼顾的。科研好并不是每一位教师都能做到的，但是教学却是每一位老师都应该去做的。科研搞不好影响到老师的声誉，教学搞不好影响的不光是教师的声誉，还会影响学生的一辈子。（D 学院 Z1 老师）

老师能够得到学生的尊重，尤其是当学生都毕业了，还逢年过节想着你，这应该是最大的肯定。所以，在对待教学和科研的关系时，我觉得应该是以教学为本职，不管是在遵规守制，还是教学态度、工作状态上都应该给学生形成一个表率。当然，如果科研也能做得很好，就是锦上添花了。（T 学院 M 老师）

3. 合理的管理图式认知有利于提高教学管理制度认知的合法性

管理图式认知主要反映了教师对教学和教学管理关系的判定。在关于教学和教学管理关系的认知调查中，绝大多数一线教师的共识是：在大学中，教学是教师的事情，教学管理是管理者的事情，教学管理者应该是为教师服务的；可是，在现实中，他们却感觉到，教师在教学管理中受到的限制太多，没有充分的教学自主权，处于弱势群体的位置。即便如此，教师中的大部分也不愿意"弃教从管"。这说明，在地方新建本科高校中，教师群体在处理教学和教学管理关系的问题上还是比较理性的，体现出了教师对职业的忠诚。

在地方新建本科高校，教师如果能够对教学和教学管理产生合理的认识，将教学和教学管理视为两种互相依赖、互相支持的工作，将教学管理者视为合作对象，就会提高教师对教学管理者制订的教学管理制度合理性和合法性的认同，并在对其产生信任的基础上，提高相关的执行力。以教学管理组织运行阶段的日常教学管理制度和课堂教学管理制度为例，如果教师把他们和教学管理者的关系定位在平等的合作关系，将日常教学管理制度和课堂教学管理制度视为学校（作为委托人）对教师（作为代理人）所做的必要约束的话，那么就会减少教师对制度的抵触，并减少权宜应对和隐性阻抗。当然，这种结果的出现，不仅需要

教师形成共享的合理认知，也需要管理者转变管理理念和管理方式，逐渐推行教学管理制度的变革。

有两位教师谈出了自己的感想：

> 我觉得在学校里，教学和教学管理是相辅相成的关系。管理应该为教学服务。只有互相体谅，双方才能找到共同的沟通点。可是，目前看到的是教学管理部门部分人，多领导意识、缺乏服务意识，总是以下命令的方式告诉老师："你要做什么！"而不是协商的口气。再就是，他们下达了一系列对教学产生额外负担的任务——比如填写各种表格什么的——太占用我们的精力了。我觉得，如果管理者能够多站在老师的角度上考虑——简化管理程序、下放管理权限、多听取老师的建议等，老师对管理者制订的制度也是不会太排斥的，因为，毕竟教学还是离不开管理制度的制约的。（D 学院 Z3 老师）

> 我觉得，目前学校"官本"文化的确存在着，并且，在学校里，从上到下等级结构也是比较严格的。但是，对于普通老师来讲，虽然我们心里不平衡，可是还是在默默地坚守，这也体现了老师的牺牲精神吧。要是大家都去热衷管理工作了，学生怎么办呢。教学终归还是得有人去做。所以，我觉得，学校应该向教师倾斜，多关心老师，不能只站在高处指挥老师。如果光一味地控制我们，老师们也只能"上有政策，下有对策"了。（D 学院 Z1 老师）

由此可以看出，教师在管理图式认知上的理性，还是有利于在一定范围内规避当前制度的执行受阻的，但是，前提是，需要管理者推进管理理念、管理方式、制度模式的变革。

三 "大制度"视角下教学管理制度重构的理性认识

通过以上的价值分析，可以得出结论：在"大制度"视阈下，对教学管理制度的重构能有利于克服当前制度设计的缺陷，提高制度安排的执行力。但是，这并不意味着，对教学管理制度的重构就是万能的，可以一劳永逸地发挥积极的作用。因为，在当前教学行政化管理模式下，规范性制度要素和文化—认知性制度要素的内化和合法性认知还未达到充分状态，还需要进一步建设和强化，所以需要给予其合理的价值期待。

（一）教学管理规范性制度要素的内化还需要进一步增强

通过调研发现，三种价值观在教师群体的接受程度不是一致的，仍然存在明显的差异。"应该为学校负责的价值观"最为显著，相比"应该为学生负责的价值观"和"应该为学科负责的价值观"的高度接受和内化而言，教师对"应该对学校负责的价值观"呈现出了明显的群体差异性。总的来说，年轻教师的认可和接受的情况不及年长教师。近几年，地方新建本科高校为了满足学校发展的需要，大量引进人才，其中又以年轻博士（博士后）为主。这些教师大多有过多年学术性学习经历，比较重视科研工作，对学科的忠诚明显高于对学校组织的忠诚。因此，在教学工作中，他们对学校教学管理的程序规范、价值期待的内化还远远不够，还需要加强。

有两位教师讲道：

> 至于"应该为学校负责的价值观"，说实话，我感觉还真不是很深刻。尤其是学校宏观发展的一些政策性东西，我感觉离我们普通教师还很远，虽然通过会上的传达，我们也知道一些，但是，毕竟没有接触过大领导，不知道大领导的真实想法，所以不知道怎么去做。再说，学校制订的一些教学制度也是有潜规则的，涉及切身利益的制度，我们不得不去照着做。可那些和我们利益关系不大或者没有直接关系的制度，我们可以不执行，因为执行了也没什么好处，不执行也没什么损失。（D 学院 Z2 老师）

> 对于"应该为学校负责的价值观"，我感觉内化的不是很深刻。在与其他学校老师沟通的过程中，如果自己的学校比其他学校做得

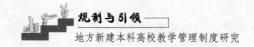

好，我也会感到很骄傲，但是，从整体上看，我觉得，作为一位普通老师，我还是没有那么大的胸怀。反而现在学校对老师的教学要求太多。老师作为知识分子，可能身体里会流淌着知识分子的清高：我都这么高的文化水平了，不用你们管，我也能做好，你们管得这么多反而让我们浑身不自在！这种感觉越强烈，老师内心对学校就越叛逆；对学校越叛逆，对学校管理者制订的制度就越逆反。其实，我觉得，之所以老师对"应该为学校负责的价值观"没有及时内化，还是受领导观念的影响。领导站在学校整体的角度对老师这要求、那要求，没有考虑到老师的实际情况。我记得有一位已经离任的校领导曾经对我们年轻老师说过："年轻老师到学校来，不要总要求学校能给予你们什么，你得先从自身看看，你到学校来之后给学校带来了什么、做了什么。"当然，领导和普通教师站的角度不一样，看问题是不一样，领导这样要求不能说不对，但是一味地只要求，没有适当激励的话，这种要求在老师看来就是过度的限制，就会令老师伤心，当人心被伤了之后，还谈什么为你负责呢！（D 学院 W 老师）

由此可以看出，"应该为学校负责的价值观"在年轻教师那里的接受和认可，距离理想化的状态还是有一定的差距。如果这种价值观得不到很好的领悟和接受，那么地方新建本科高校在学科专业整合、特色专业建设以及应用型人才培养等工作中就会面临学科壁垒和专业局限。从长远来看，还是不利于学校教学改革的推动和人才培养质量的进一步提升。

（二）教学管理文化—认知性制度要素的合法认知亟须强化

通过实证调研得知，在地方新建本科高校中，教学管理的三种认知图式的接受情况，整体上都处于均值以上水平。但是，再进一步分析各三级指标的结果，可以发现，对于教学管理文化—认知性制度要素的群体合法性认知和实际作用情况还不可盲目乐观。需要形成理性认识，针对实际情况，再进行建设和优化。

1. 高校教师身份图式认知与实践的尴尬

高校教师身份图式观测的第一个指标（见表 5-7），"您认可'教学第一，科研第二'"一题，主要观测地方新建本科高校教师对教学和科研关系的主观判断，其均值为 4.05。这说明，在教师群体中，绝大部分教师认可"教学第一，科研第二"的角色定位。这种角色定位与前面教学管理规范性制度要素的接受和内化情况相吻合。因为，教师只有在身份上首先合理定位，才能积极回应社会期待，并将其内化为对自己行为的约束力量。另外两个指标，一个用来观测教师群体在教学和科研关系处理上的行为倾向，另一个因素观测教师对教学和科研效用的判断，两者都是反向题，均值分别为 3.51 和 3.02，说明大部分教师在教学和科研关系的认知上倾向于教学。具体的认知情况通过频数分析体现出来（见表 5-8）。

表 5-7　　　　　　高校教师身份图式各指标均值统计表

题目	N	极小值	极大值	均值	标准差
您认可"教学第一，科研第二"	205	1	5	4.05	.922
您平时对教学的时间、精力的投入少于科研	205	1	5	3.51	1.239
您认为科研成绩对教师声誉的影响大于教学成绩	205	1	5	3.02	1.436

表 5-8　　　　　　高校教师身份图式认知情况频数统计分析

题目	完全符合	比较符合	一般	比较不符	完全不符
您认可"教学第一，科研第二"	35.6	42.0	15.1	6.3	1.0
您平时对教学的时间、精力的投入少于科研	8.3	13.7	22.0	30.7	25.4
您认为科研成绩对教师声誉影响大于教学成绩	19.5	23.4	11.7	25.9	19.5

在高校教师身份图式这一观测指标中，有 77.6% 的教师认为"教学

第一、科研第二"这种定位是"完全符合"和"比较符合",这说明,绝大部分教师的身份定位是"教师首先是一位教育者,其次才是一位研究者",尤其是对于本研究中提到的地方新建本科高校来说,更需要如此定位。在教师行为倾向的调查中,"您平时对教学的时间、精力的投入少于科研""完全不符"和"比较不符"的比例占56.1%,"完全符合"的仅占8.3%,这说明,教师在行为倾向上还是以教学优先,这与身份的主观判断吻合。但是,在"您认为科研成绩对教师声誉影响大于教学成绩"的判断中,认为"完全符合"和"比较符合"的比例为42.9%,"完全不符"和"比较不符"的比例为45.4%,两个比例非常接近。这也说明,在教师群体中,虽然绝大部分教师在主观上认为"教师首先是一位教育者,其次才是一位研究者",但是,受现行学校考核制度、职称评聘制度以及校外各种评价制度的影响,也有部分教师认为教学工作是"地方性活动"。① 它对教师声誉的影响仅能局限在校园内,加上在职称晋升时它又被当作"软指标",无法给他们带来名利双收的回报,教师在实践中慢慢达成了一种新的共识:一位教师水平和能力的体现是科研成绩,教学其实主要是一种"工作",它似乎无法代表"学术水平"。② 这种对教学和科研关系的非正常认识对于激励教师遵守教学管理制度,积极投身于教学工作,会产生负面影响。因此,部分教师在行为上的表现与达成的身份共识开始发生了背离。这种背离如果任其发展下去,对规避制度执行受阻是不利的。正如有教师所言:

> 我们作为二本院校,既然学校承认我们是教学型大学,就应该在教师考核、职称评聘几方面适当地往教学倾斜,鼓励大家认真、踏实地教书。可是,现在学校的制度规定是倾向于科研的。这对于我们一心想把教学搞好的老师来说,内心很受打击,一方面要努力搞科研、

① 阎光才:《"要么发表,要么出局",研究型大学内部的潜规则?》,《比较教育研究》2009年第2期,第1—7页。

② 张波:《我国大学教学管理制度问题研究》,华中科技大学博士论文,2009年,第79页。

发文章、申请专利、出版著作，另一方面也不得不按照教学管理部门的规定迎接各种教学检查、评估、整改。（H 学院 W 老师）

因此，要想促进高校教师身份图式的积极认知，规避当前制度执行中的问题，就要努力营造一种积极向上的教学文化，形成"尊重教学，教学、科研并重"的文化氛围，使教师在身份认知上少一些尴尬，多一些坚定。

2. 教学图式认知对传统教学习惯的高依赖

在教学图式观测的三个指标中，"在平时教学过程中，您会认真阅读学习学校的相关教学制度规定"的均值为 3.4，明显低于其他两个指标（见表 5-9）。这显示出教师对教学经验和教学习惯的依赖高于教学管理规制性制度要素。也就是说，在教学过程中，对教师群体来讲，虽然部分教师会去了解学校相关的教学制度规定，但是与老教师的经验和已经养成的群体教学惯性认知相比，后两者对教学的制约作用比前者更直接和更深刻，由此就可能影响到教师对学习和执行显性教学管理制度要素的积极性和自主性。另外，教学习惯一旦养成，对于教学管理者推动的教学改革政策，或者新制订的教学管理制度，就会由于对原有制度的路径依赖而产生消极应对的表现。具体认知情况通过频数分析可以体现出来（见表 5-10）。

表5-9　　　　　　　　　教学图式各指标均值统计表

题目	N	极小值	极大值	均值	标准差
在平时教学过程中，您会认真阅读学习学校的相关教学制度规定	205	1	5	3.40	1.051
您觉得借鉴老教师的教学经验比学习制度规定实用	205	1	5	4.11	.851
已经养成的教学习惯比制度对您的教学工作影响明显	205	1	5	3.87	.997

表5-10   教学图式认知情况频数统计分析

题目	完全符合	比较符合	一般	比较不符	完全不符
在平时教学过程中，您会认真阅读学习学校的相关教学制度规定	21.0	18.0	43.9	14.6	2.4
您觉得借鉴老教师的教学经验比学习制度规定实用	35.1	46.3	13.7	3.9	1.0
已经养成的教学习惯比制度对您的教学工作影响明显	26.8	46.8	17.1	5.4	3.9

在教学图式的观测指标中，"在平时教学过程中，您会认真阅读学习学校的相关教学制度规定""完全符合"和"比较符合"的比例为39%，43.9%的教师选择"一般"。也就是说，在现实中，教师对学校明文规定的教学管理制度，除了有需要的时候会去主动学习、了解一下，大部分教师对其采取的态度是，"我好好干我的工作，那些制度与我无关"。同时，在这一指标的测量中，教师的教龄越高，其显著性越强，区分度越高。具体组间差异如下（见表5-11）。

表5-11   教师"会主动了解学校教学管理制度"的组间差异情况

题目	参考变量	分层	完全符合	比较符合	一般	比较不符	完全不符
在平时教学过程中，您会认真阅读和学习学校的相关教学制度规定	教龄	5年以下	11.1	19.4	41.7	22.2	5.6
		6—10年	14.9	18.4	50.6	14.9	1.1
		11年以上	31.7	17.1	37.8	11.0	2.4

针对教师群体对教学管理制度主动学习情况的调查显示，被调查者的教龄在5年以下的选择"符合"（"完全符合"和"比较符合"）的比例为30.5%，选择"一般"的为41.7%，"比较不符"的为22.2%。6—10年教龄的教师群体中选择"符合"的占33.3%，选择"一般"的占50.6%。11年以上教龄的教师群体中选择"符合"的占48.8%，

选择"一般"的占 37.8%。由此可以看出，资历较浅的教师相对于资历较深的教师来说，对学校明文规定的教学制度的学习和了解的积极性、主动性不够，相比明文规定的制度来说，向老师请教、根据以往的受教经验来开展工作更直接、更有效。这在某种程度上，决定了老教师对制度的态度和执行会辐射到年轻教师，从而影响到他们对制度认可和执行的程度。

由表 5-10 还可以看出，教师认为"您觉得借鉴老教师的教学经验比学习制度规定实用""完全符合"和"比较符合"的比例占 81.4%，"已经养成的教学习惯比制度对您的教学工作影响明显""完全符合"和"比较符合"的占 75.6%。由此说明，绝大部分教师对教学的固化认知不是来源于上级管理者的控制，而是来源于对单位中的老教师或者受教阶段自己崇拜的某些老师的教学行为的模仿，当然也有教师在受教育阶段对"教学是什么、如何教"等问题的认识积累。这些共享性的教学认知，一方面能保证教师，尤其是刚入职的年轻老师尽快地适应工作需要，获得生存的合法性，另一方面也可以使这种固化的教学认知在学校里一代代地传承下来。这种传承对同化教学行为、稳定教学秩序有很大的帮助。但同时，也会造成对学校新教学制度安排的漠视，甚至是排斥。笔者在与被调查老师的交流中反映出这个观点：

　　一提到教学，肯定想到的就是学生，对于如何教学生，如何上课，我觉得，学习学校的制度固然重要，但是更直接的，就是模仿原来的老师，想想自己上学的时候，老师怎么上课的，按照老教师的步骤来准备。另外，对于学校的上、下课时间等教学纪律的了解，肯定得和学校的同事沟通了，问问他们具体情况就行。这种认识的形成和我们比较重视人情关系有关。你想，我们到了一个学校，怎么能和系里的同事说上话呢，肯定是以请教的方式向他们多了解、多沟通。大家在沟通的过程中，你就会慢慢地被他们了解、认识和接受了。另外，我一直都觉得，学校的制度是针对犯错误的老师来讲的，像我这种对自己的工作很负责、很认真的老师来讲，我觉得没必要去了解制

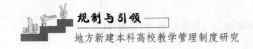

度。（D 学院 L3 老师）

　　提到教学，首先想到的就是学生，以学生为主，考虑的就是如
何满足学生的需要，学生能接受我的教学就行了。没想过学校的教
学管理制度或者管理者是怎样的要求。这不是我教学考虑的重点。
据我了解，我们中有些老师甚至为了学生去违反学校的制度。比如
对那些考研的学生，学期末考试阅卷的时候手底下放松一点，让他
们都过。因为他们要考研了……（D 学院 Z2 老师）

　　我觉得教学就是教师去教、学生去学。教学没有教师的教肯定
是不完整的。我在教学中一般是按照自己的教学习惯去做。当然，
我的习惯的养成也是受师范学习经历以及自己的惯性思维的影响。
我们到学校工作之后，很少会有老教师告诉你该怎么去做，也很少
按部就班地学习学校的制度。我觉得，我在教学工作中一直都是按
照自己的思维教学的，自由发挥的空间较大。学校的制度其实对于
我来讲没什么实质意义，我只要在学校的大框里做，不违反原则性
的东西就行。（D 学院 Z3 老师）

高校作为一个学术组织，和其他类型组织的区别在于：教师的教学
工作具有很强的专业性、自主性，他们不希望教学管理者干预过多。学
校的教学管理制度虽然很完备、很规范，但是，对于专业性的教学工作
的制约程度并没有教学管理者想象的那么大。也就是说，目前，教师共
享的教学图式认知不能有效地促进教学管理规制性制度要素的学习和执
行。这需要教学管理者转变管理理念，加强教学文化的建设，使得教师
对教学的认识逐渐与时俱进。同时，应加强对教师的教学管理制度培
训，让其不仅知道学校有什么样的规定，而且要督促其从"要我这么
做"向"我要这么做"逐渐过渡，养成良好的教学行为习惯。
3. 管理图式认知和实践的群体差异性
在管理图式观测的三个指标中（见表 5 - 12），"教师应该参与教学

管理制度的制订"和"教师在教学管理中处于弱势"两个指标的均值在 4 以上。说明在教师群体中，绝大部分教师认为教师应该参与教学管理制度的制订。现实的情况却是，教师觉得他们在教学管理中处于"弱势群体"的位置。在"您愿意放弃教学，去做教学管理工作"的测量中，均值为 3.52，说明大部分教师在感知到处于弱势的情况下，还是会坚守教学岗位，不愿意放弃教师的本职工作。只不过，他们对当前的教学管理制度以及教学管理模式发出了强烈的改革呼声。具体认知情况通过频数统计分析可以体现出来（见表 5-13）。

表 5-12　　　　　　　　管理图式各指标均值统计表

题目	N	极小值	极大值	均值	标准差
教师应该参与教学管理制度的制订	205	2	5	4.40	.691
教师在教学管理过程中处于弱势	205	1	5	4.13	.953
您愿意放弃教学，去做教学管理工作	205	1	5	3.52	1.211

表 5-13　　　　　　　管理图式认知情况频数统计分析

题目	完全符合	比较符合	一般	比较不符	完全不符
教师应该参与教学管理制度的制订	51.2	39.0	8.8	1.0	0
教师在教学管理过程中处于弱势	42.9	35.1	16.1	3.9	2.0
您愿意放弃教学，去做教学管理工作	6.8	11.7	32.7	20.5	28.3

在管理图式的观测指标中，"教师应该参与教学管理制度的制订""完全符合"和"比较符合"的比例占 90.2%，说明教师对他们应该参

与教学管理制度制订已经形成共识。有78%的教师认为，"教师在当前的教学管理中处于弱势"的地位。但是这一地位的群体认知并没有影响到教师对教学本职的坚定信念。在最后行为倾向性的测量中，"您愿意放弃教学，去做教学管理工作""完全符合"和"比较符合"的比例仅为18.5%，有48.8%的教师选择"比较不符"和"完全不符"，说明尽管大部分教师对当前的教学管理制度不满意，但他们还是愿意坚守教学岗位。即便如此，也不能盲目乐观，因为还有32.7%的教师选择"一般"。由此可以看出，这部分教师极有可能会选择机会向教学管理岗位靠拢。

同时，在"您愿意放弃教学，去做教学管理工作"这一指标测量中，教师群体的年龄与其密切相关，并且显著性较强，区分度较高。具体组间差异情况如下（见表5-14）。

表5-14　　　教师"是否会弃教从管"的组间差异情况统计

题目	参考变量	分层	完全符合	比较符合	一般	比较不符	完全不符
您愿意放弃教学，去做教学管理工作	年龄	35岁以下	25.3	24.0	41.3	8.0	1.3
		36—45岁	12.2	14.4	31.1	17.8	24.4
		46岁以上	5.0	12.5	20.0	20.0	42.5

在被调查者中，年龄在35岁以下的教师选择"符合"（"完全符合"和"比较符合"）的为49.3%，选择"一般"的为41.3%，这说明，青年教师在入职初期由于各方面的压力以及主观认知差异，有将近一半的教师愿意放弃教学，去做教学管理工作。这样的价值取向反映出，在学校中，年轻教师队伍认知取向的偏离会给安心教学带来负面影响。年龄在36—45岁之间的教师，选择"符合"（"完全符合"和"比较符合"）的比例是26.6%，选择"一般"的比例是31.1%。年龄在46岁以上的教师，选择"符合"（"完全符合"和"比较符合"）的比例占17.5%，选择"一般"的占20%，这说明，随着年龄的增长，在教师群体中，虽然有少部分教师会有放弃教学岗位，转到教学管理岗位

的动机，但是年龄越大，比例越少。随着年龄的增长，教师对教学岗位的认知和情感投入已经定型化，转岗的积极性、主动性降低；反而是那些年轻教师会更有行为倾向性。由此也说明，在管理图式认知方面，年轻教师和年长教师还是有很大的差异的。这无疑会影响到他们的教学积极性和对教学管理制度的遵守，不利于积极的教学管理文化的形成，需要引起教学管理者的足够重视。

有一位年轻教师讲道：

> 我觉得，教学管理的效果取决于教师自觉遵守管理制度的程度。如果大家都不认可你制订的制度，就没有什么真正的遵守了，那么，你制订的制度就是一纸空文。当然，现在在咱们学校里，管理者和普通老师的地位还是很悬殊的。我觉得教学管理岗位相比来说还是占优势。他们申请课题、评奖什么的都比我们有优势，因为人家认识领导，近水楼台先得月。我现在觉得，凭我的努力要想评上职称很费劲，所以我愿意放弃教学岗位去做后勤行政工作。可是，如果真有那样的机会，我觉得让我真正舍掉教学也是不情愿的，因为自己还是比较喜欢教师这一工作。这是一个很现实、但又很无奈的选择！（D 学院 F 老师）

当然，也有少部分教师表露出对当前教学和教学管理关系的消极认知：

> 我觉得在大学中，对教师的教学工作，更多的应该是支持，而不是打压。如果学校领导为了控制住教师，一味地制订很多的制度来打压老师，而不是通过一种积极的、软性的文化来引导，老师肯定会形成负面的情绪。这对教学工作应该是不利的。老师在教学中很有可能会降低付出，按照学校最低要求来做。（D 学院 H 老师）

这不仅反映了教师对当前学校教学管理行政化的排斥，也反映出教

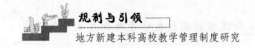

师与教学管理者之间本真的服务与被服务的关系已经被异化为控制与被控制、管理与被管理的不平等关系。这种关系的形成拉大了双方的心理距离，造成教师对教学管理者的管理方式和管理制度的认可、接受、遵守程度的降低。

从当前教师管理图式的认知状态来看，教师对其在管理过程中所处的地位总体来说是抱有一种弱势的认识，这种认识影响到了他们对教学管理制度的认真学习和有效执行。但是，他们对教学岗位的留恋又给教学管理者带来了管理的启示，那就是：教学管理者应该转变以往"强教务"或者"大教务"的管理理念，努力向文化管理转变，积极营造一种共同体文化，使管理双方的关系从不平等的控制转变为平等的服务。这样才会促使教师在教学和管理的关系上形成积极的认知，从而规避当前制度的执行受阻问题。

第四节　秉持优势，弥补不足：教学管理规制性制度要素的优化

一　秉持优势：尊重教学管理制度模式的路径依赖规律

在探讨教学管理制度构成维度之规制性制度要素的优化时，本研究首先对以往建立的制度、设置的组织机构及其开展的奖惩活动等教学管理规制性制度要素中的合理成分加以肯定，在此基础上，再阐释一个道理：为什么在调查验证其执行中存在问题的情况下，我们还要肯定它的存在价值呢？然后针对它在实践中的不足，提出完善的建议。

（一）尊重制度模式路径依赖规律有利于维护教学管理的稳定

尽管我们提出了教学管理制度的规范性制度要素和文化—认知性制度要素，也指出了当前制度设计的缺陷，但是我们却不能因为其有缺陷而将其完全放弃。因为，教学管理制度变革的路径依赖规律是不能忽视的。

所谓路径依赖，简单地说，就是按照时间序列，后来的制度发展离不开在这个时间序列上由以往制度模式发展演变而形成的制度模式。本

研究认为，虽然，在当前教学管理制度中以规制性制度要素为主的建设存在弊端，需要引入制度三要素的理论来扩大对教学管理制度内涵和外延的认识，优化其制度结构，但是，制度模式路径依赖的规律在进行制度重构时仍需要首先给予尊重和把握。

对路径依赖规律的尊重，有利于维护教学管理的稳定，能够为制度变革营造良好的环境。如果我们在制度结构重构时，仅因为当前制度执行存在受阻问题而放弃它，转而只依赖规范性和文化—认知性等柔性制度要素来实施管理，虽然会建立俱乐部式的民主氛围，但此时的民主是脆弱的，一旦发生矛盾冲突，一团和气式的氛围就会被打破，这样只会带来更多的麻烦。正是因为在教师群体中并不是所有的人都能道德崇高以至不计利益的无私奉献和没有机会主义心理的自觉奉献，所以，对教学行为的刚性约束还是非常有必要的。这就意味着我们在进行教学管理制度重构的时候要尊重这个规律，肯定原有制度模式合理的存在价值，不能采取非此即彼的变革方式。更进一步地说，地方新建本科高校尽管需要尽快建立一套适应学校转型发展、能够促进教学质量提升、能够调动教学积极性的有特色、有内涵的教学管理制度，但我们也必须理智地认识到，教学管理制度的重构是一个需要时间、需要实践、需要沉淀的积累过程，不太容易在发现缺陷之后很快建立一套全新且有效的教学管理制度。我们所要做的就是：在现有的教学管理制度基础上，以"改良"的态度来完善它、重构它，而不是彻底地推翻重来。

二　弥补不足：完善现行教学管理规制性制度要素

学校领导和教学管理部门，在教育行政管理集权化惯性模式的影响下，对教学行为采取的规制手段获得了外部主要利益相关者的认可。但是，在自上而下的制度形成过程中，教学管理行政职能的扩大以及干预行为的官僚性、外控性等特征的存在，影响到了教学管理规制性制度的群体认同，进而导致在具体实施中出现执行受阻问题。针对这一问题，在完善教学管理规制性制度要素时，本研究认为应该从建制理念、制度目标和制度生成的程序、组织机构的调整等多方面来增加其在组织内部

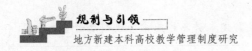

的合理性和合法性认同。

（一）转变制度建制理念，提高相关群体的认同度①

教学管理规制性制度要素，不管是制度的制订，还是组织机构的设置以及相应监督奖惩活动的开展，其合法信念的培育取决于制度执行主体与设计者之间的均衡博弈。教学管理规制性制度要素的确定应能调整管理者、教师、其他相关者之间的利益关系，并由专门的权力机构保证实施。同时，那些无形的，但是足可以影响制度实施的价值观念、文化氛围、风俗习惯等所造就的制度环境、制度基础，也已经或正在成为左右制度实施的重要因素。这是不得不正视的。

尊重教师等相关群体的意愿，树立"内部客户"的服务理念，适度对原有的科层化的制度进行一些调整，这是非常必要的。在尊重教师等相关群体意愿的基础上，采用"逆向规划"②的方法，在目标终点处寻找学校目标和教师群体期望目标的交叉点，开始向后推导制度实施的环节，使学校在整个制度安排中，充分地考虑教师等群体的认同度和制度的科学性和合理性，避免出现为了维护秩序，过度强调科学理性主义的现象。这种将制度实施的"顺向规划"改为"逆向规划"，不仅能控制影响制度实施过程的因素，而且可以充分发扬民主，使制度制订者与执行者的目标保持一致，营造共享的、和谐的管理文化氛围，以达到事半功倍的效果。

（二）调整制度目标，凸显促进教师专业发展的作用③

教师是一个特殊的职业群体，需要专业知识的不断积累。教师的专业发展需要有相对自由的制度空间，在制度的范围内可以自主地开展工作。在现行的教学管理制度中，在提到制度建立的目标时，往往以"为了维

---

① 注：这一部分已经公开发表，参见论文房敏《组织合法性理论视阈下高校教学管理制度的合法性——以 D 大学为例》，《现代教育管理》2014 年第 3 期，第 56—60 页。

② 王俊华：《新型农村合作医疗制度的合法性和合理性研究》，《江苏社会科学》2006 年第 5 期，第 89—93 页。

③ 注：这一部分已经公开发表，参见论文房敏《组织合法性理论视阈下高校教学管理制度的合法性——以 D 大学为例》，《现代教育管理》2014 年第 3 期，第 56—60 页。

持教学秩序……特制订本制度"为开始。从这样的制度文本的表达中，就可以看到制度设计者制订制度的首要目标是维护教学秩序。而教学秩序的实现是建立在相关群体对制度的严格遵守基础之上，这样的目标设置无疑将教师等群体的专业发展置于一旁。

要想提高教学管理规制性制度要素的合理性和合法性，增加成员的合法性认同，就必须改变在原有管理主义思想下依靠强制手段凸显制度权威的管理目标，将其逐渐调整为人本化的管理目标，以此突出教学管理制度对教师专业发展的促进作用。相对于对组织的忠诚而言，教师更忠诚于自己的学科和专业，因此，只有当教师在教学工作中体会到专业发展的喜悦时，才会对学校产生高度的忠诚和承诺，才会对教学管理制度保持高度的认同。

（三）完善制度制订的程序，凸显民主、平等等伦理价值

在教育政策价值选择的合法性研究中，学者刘复兴（2003）提出，教育政策价值选择的合法性能否完整地获得，关键在于决策的民主化过程。[①] 在决策的民主化过程中要充分满足公众的需要和利益。而满足公众的需要和利益有两种典型方式：即精英决策模式和公众参与决策模式。从政策执行的效果看，后者明显比前者更有效。在精英决策模式下，虽然假定精英会代表公众的利益来进行有效决策，但是，最终的决策对于公众来说还是属于强制性的。另外，政府官员不可能做到绝对的价值中立，他们在决策过程中不可避免地会掺杂进一些个体的利益。因此，精英决策模式不能保证教育政策的价值选择始终能够充分地表达公众的利益和需要，也不能保证公众对政策选择的自愿遵守。

相比之下，公众参与决策模式，赋予了利益主体必要的权利，保证了其利益的最大满足，政策选择不再是强制的。因此，决策的民主过程能够保证教育政策价值选择的合法性。本研究将此观点推广到教学管理制度的形成过程中来。教学管理制度要想获得合法性，也必须凸显制度形成过程的民主化。只有在较为民主的制度形成过程中才能保证最广大

---

① 刘复兴：《教育政策的价值分析》，北京：教育科学出版社2003年版，第134—135页。

利益主体——教师群体的需要，这样才能促使利益主体自愿地、非强制地认可和遵守制度的规定。

因此，要提高地方新建本科高校教学管理制度形成过程的民主程度，就必须注意以下两个问题。

首先，在其制订主体的选择上应该包括负责教学工作的校长、教学管理部门以及教师、学生等代表。多元化利益主体的参与能够保证制度内容的合理性和科学性，同时也是维护教师学术话语权威的体现。

其次，在制度制订的程序上要严格遵守立项、起草、审查、决定、公布及解释等规范程序，以确保制度制订的合法性。过去，教学管理制度的制订虽然也有征集意见的环节，但是一般是在制度草拟出来之后征求意见。在科层化管理体制之下，大多数教师已经习惯于接受既定的制度文本，似乎对提建议并不是很热衷，有部分教师甚至认为"管理者在征求大家意见的时候其实已经做好了制度规划，让大家提建议就是'形式上的民主'，提了等于白提"。因此，教学管理制度，尤其是规制性制度要素在形成的起始环节，就应该广泛地征求教师意见，吸收教师代表参与并监督制度的制订。这样，才可以保证教师群体中基层教师的话语权的有效行使，体现民主和平等的价值追求。

（四）改进教学管理所依托的组织机构

合理的组织机构是教学管理开展的重要载体，增强规制性制度要素的合法性离不开组织机构的改进。

首先，要改进教学管理组织机构的目标，这是增强其合法性的前提。其目标的设置，要在保留传统的维持基本的教学秩序和提高管理效率的基础上，在突出对教学自主权的保护和对教师参与教学管理权力的扩大上，避免单向度的行政控制，避免增加隐性行政管理成本。

其次，要落实教学委员会的智囊作用。在地方新建本科高校，部分学校已经设置了教学委员会来参与教学管理，但是，其专业权力的发挥在行政威权面前要逊色很多，作用的发挥并没有达到预期的效果。这种状态反映了行政权力与专业权力的制衡失调。因此，要想增加教师群体对教学管理组织机构出台的制度合法性的认同，就需要管理者积极地落实教学委员会作为学术团体在教学行政管理中的地位，充分发挥其教学管理智囊的辅助作用，增加在制度制订和活动开展过程中的专业力量，以此来提高行为者对规制性制度要素的合法性认同。

最后，要精简教学管理的组织机构。目前，地方新建本科高校教学管理制度总是采用科层化等级结构，造成管理的集权化和信息传递的行政化。精简教学管理的组织机构，就是要在纵向上减少不必要的机构设置；同时，在横向上借鉴行政机构改革推行的"大部制"策略，进行职能合并和重组，建立矩阵式组织关系，以服务教学为宗旨，以完成共同的教学任务为纽带，来加强部门之间的横向沟通和合作，从而激发教师的主人翁意识和责任感，提高教学管理制度执行的效率。

第五节　重视激励，加强引导：教学管理规范性制度要素的强化

要想促进教学管理规范性制度要素的接受和内化，提升其实际作用并弥补规制性制度要素的不足，首先需要对学校组织特性进行把握。对学校组织特性的把握，能够帮助我们更好地了解组织中的人和组织的关系，更有效地采取措施促进规范性制度要素的接受和内化。

根据艾兹奥尼对组织性质的划分①，地方新建本科高校不是强制性组织。学校教学活动的有效机制是内化，没有内化，教育活动难以展开，即便展开也不可能收到预期的效果。② 鲁洁教授认为：学校对教师来讲既是功利性组织，又是规范性组织。③

说其是功利性组织，主要是因为教师与学校之间存在着经济联系，

---

① 美国组织社会学家艾兹奥尼（Etzioni, A. W.），根据组织为使其成员服从组织并参与到组织之中而采用的支配手段的差异，将社会组织分为三种性质类型，即强制性组织（Coercive Organization）通过物理威逼手段、关押和体罚使成员服从；功利性组织（Utilitarian Organization）通过物质的刺激手段使成员服从管理；规范性组织（Normative Organization）主要通过精神的监督手段，如规范约束、道德反省、良心的驱使等实现管理目的。

② 鲁洁：《教育社会学》，北京：人民教育出版社1993年版，第374页。

③ 鲁洁：《教育社会学》，北京：人民教育出版社1993年版，第380页。

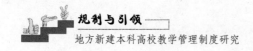

这种联系的存在成为学校管理教师的重要条件，学校可以通过增加工资或扣发工资等物质手段来显示组织的威力，促使教师服从于领导、服从于学校。①

说其是规范性组织，原因之一在于，其是教育活动有效机制的要求。既然教育活动的有效机制是内化，那么就必然要求学校领导在寻求教师的服从和参与时，必须以说服为本，以感化为主，通之以情，晓之以理，诉诸精神的监督手段；原因之二在于，教师是特殊的社会阶层，从总体上来说属于社会中的高文化阶层，教师言行特征具有自重、自尊、自律的特征，最有效的支配手段只能是规范的约束、道德的教育、良心的驱使。②

既然对教师来说，地方新建本科高校既是功利性组织也是规范性组织，那么，在促进教学管理规范性制度要素的接受和内化时，就既需要重视以利益激励机制的建设来诱导教师对其接受和内化；也需要重视对教师群体舆情的分析和把握，多进行主流价值观的引导和渗透；还需要积极推进规范性制度要素的正式化，来提高其权威。

一　重视教学管理规范性制度内化的激励机制建设

教学管理规范性制度要素不具有强制性，它只能通过行为主体的认可和接受，形成价值权威，才能自主地发挥作用。但是，教师群体对价值规范的接受和内化，不仅仅出于魅力权威，还出于要获得适当的利益满足。在利益得到合理满足之后，才会更有利于魅力权威在教师基层的接受。前面对教师群体的三大主流价值观的认知调查足以说明这一问题。因此，教学管理者要重视利益激励机制的建设。这样做，其根本目的是在学校、教师与其他成员之间建立起相互信任、相互依赖的互惠关系，以此调动教师群体忠诚于教学的积极性和自主性，促使教师将自身所拥有的人力资源合理地配置和使用，从而使有限的资源发挥最大的效益。

---

① 鲁洁：《教育社会学》，北京：人民教育出版社1993年版，第376页。
② 鲁洁：《教育社会学》，北京：人民教育出版社1993年版，第379页。

教学管理规范性制度要素是隐性的，更多的是属于价值规范的范畴，因此，要调动教师群体对其接受和内化的积极性，激发教师的高度承诺。这可以从两个方面来实施激励。

（一）榜样激励

在学校里，每个人的眼睛都会盯在学校领导身上，不管领导做什么都能够得到公众的关注。[①] 人们相信，可以通过某种信号传达管理者的价值观，所以，对于管理者来说，要求教师做到什么程度，首先要看自己做到了什么程度，也就是要以身作则。当教学管理者不再单纯是一名管理者，而是一名教学专家，他就能够在实践中积极地践行教学管理规范性制度要素，并能够认真地执行教学管理规制性制度要素，这样，才会对其他教师产生感召力和影响力，其他教师就会不由自主地去模仿，并逐渐地将制度扩散开来。也就是说，在推动教学管理规范性制度要素发挥作用的时候，强硬的控制措施远不及活生生的榜样力量。

（二）利益激励

从学校层面来说，教学管理者希望教师不仅要搞科研，而且还要努力地从事教学工作。为了鼓励教师从事教学、安心教学，光靠规制性制度要素的强制机制是很难达到理想效果的。要想促使教师忠诚于教学工作，就需要教师对教学管理规范性制度要素有效地接受和内化，包括教师"应该为学生负责的价值观""应该为学科负责的价值观"以及"应该为学校负责的价值观"。这些价值观发挥作用的前提恰恰是因为教师是"社会人"，拥有较高级的社会需要。但是，社会需要的满足不一定必然能促进教师认真教学。因为，教师还是有限理性的"经济人"，当其获得的利益不足以弥补其成本时，他们很有可能会产生机会主义的应对行为。以"应该为学科负责的价值观"其中的一个指标"您会经常涉猎学科前沿知识，并将其融入课堂"为例。教师在传递知识的过程中，由于知识本身是复杂的，并在不断地动态

---

① ［美］特伦斯·E. 迪尔、肯特·D. 彼德森：《校长在塑造学校文化中的角色》，北京：中国青年出版社 2006 年版，第 122 页。

变化，这就需要教师投入更多的时间和精力去搜寻新的有价值的知识，而这一过程在教学考核的时候是很难量化的，于是，在这方面能否被有效地内化和执行，一方面取决于教师的道德自律，另一方面也取决于教学激励的有效性——即这么做对教师有什么意义。当教师没有获得有效价的激励时，教师在内化和执行这些责任方面就会受到消极影响。因此，学校领导和教学管理者应该设置适当的激励措施——不管是物质激励，还是精神激励，最好是两者有机结合——唯此才能有效地动员教师遵守教学过程中的责任规范，规避教学中的隐蔽行为，保证教学质量。

关于进行利益激励的方法，有关学者[①]（柯政，2011）认为主要有两种：即利益惩罚和利益奖励。利益惩罚会带来各方关系的紧张和矛盾的增加，并非长久之计，所以还是要以利益奖励为主。对于地方新建本科高校教学管理规范性制度要素的内化和执行的利益激励，学校应该增加资源投入，通过多种渠道和手段将教学优质[②]的教师评选出来并给予充分的肯定和鼓励，然后将其树立成为全校范围内所有成员学习的榜样，以此营造一种重视教学、重视教师的良好的文化氛围。

二 增强教学管理规范性制度内化的主流价值观引导

所谓教师群体的舆情把握，主要就是强调教学管理者在进行规范性制度管理的时候，不能一味地假设"管理者的想法都是合理的，教师就应该按照管理者的制度规定和责任要求去做"。这样的假设只会疏远双方的距离，造成"你管你的，你说你的，我做我的"这样一种背离的局面，不仅不会提高教师对组织的忠诚，也不会提高对管理者制订和推行的制度的认可，甚至会带来教学管理的低效。因此，教学管理者应推动教学管理规范性制度要素的内化和遵守，提高教师安心教学的热情。

[①] 柯政：《理解困境：课程改革实施行为的新制度主义分析》，北京：教育科学出版社2011 年版，第 175 页。

[②] 教学优质不单纯指知识传递上的有效，而且也暗含教学道德的遵守。

要把握教师群体的舆情反映，同时增强对其主流价值观的引导和渗透。

首先，教学管理者要创建一定的交流平台——比如博客、论坛、网页等虚拟平台或者座谈会等实体形式，与教师群体定期或不定期地进行交流和沟通。通过这些有效的沟通和对话，教学管理者既可以宣传科学的、合理的教学管理制度改革的理念，引导教师的价值取向；也可以掌握大量的有关学校教学改革政策在基层贯彻执行的情况，收集教师对教学管理制度改革的认识信息，了解他们的价值取向和利益要求，从而真实地把握教师内部一些非正式的主要舆论倾向，并对这些通过非正式渠道获得的、在舆论背后反映出来的问题进行反思和解决。

其次，教学管理者要形成优化的群体互动模式。教学管理制度的有效执行需要在教学管理过程中有不同群体间的有效互动，而有效互动的关键在于要建立有效的互动模式。这是由教学管理的特殊性决定的，也是完善教学管理制度的需要。不同的群体、个体对教学管理制度的认识不是固定不变的，而是随着理论与实践的发展而不断发展的。要实现双方对制度完善认识的不断修正和提高，对话模式和协调模式是两个有效的选择。对话模式主要是采用对话的方式，双方进行平等、开放的交流和沟通。通过沟通，教学管理者与教师双方对制度的本质和内涵都会产生新的认识，可以使管理者的管理理念和价值规范要素得到宣传和渗透，可以推动教师对规范性制度要素的接受和认可并在此基础上自觉地遵守执行。而协调模式和对话模式的不同在于：协调不仅是手段，更是目的。通过协调模式，教学管理者与教师双方可以对教学管理制度共识、共建，并提高制度作用的有效性。

最后，在与教师群体进行互动的过程中，教学管理者要利用权威增强主流价值观的引导和渗透。这样做，可以使教师群体明确学校当前的发展思路——学校主张什么、学校发展需要什么、教师在其中应该做什么、教师在其中可以获得什么，从而使得教师目标和组织目标形成一致，并促进组织共同愿景的形成。如果一旦达成共同愿景，那么，在共同教育目的的激发下，教师对学校就会产生强烈的组织认同感，管理者所倡导的价值观就会自然地成为主流价值观并对群体成员的行为产生约

束作用，体现主流价值观的教学管理规制性要素也会得到认可和遵守。同时，学校的人才培养质量也可能随着组织成员对教学信念的坚守而不断提高，从而提高学校在同行中的竞争力。

三 推进教学管理规范性制度的正式化

在教学管理过程中，教学管理规制性制度要素只是起着部分的制约作用。教学行为的价值取向和意志坚守，还是要靠规范性制度要素、文化—认知性制度要素来实现。因此，我们要充分利用正式的规制性制度要素和非正式的规范性制度要素间的相互依赖、相互强化的关系，积极推进非正式的教学管理规范性制度要素的正式化，使其更有效地发挥作用。

实践证明，很多规制性制度安排脱胎于非正式的规范性制度要素，许多非正式的规范性制度要素的正式化是可以实现的。因为，规范性制度要素在作用机制上不具有强制性，通过使其正式化可以赋予其一定的权威，保证实施效果。目前，有些高校响应国家的政策，为了激励教师坚守教学阵地，根据学校的实际需要，尝试建立了很多制度。如华东师范大学首次建立的"教学贡献奖"，分为"杰出教学贡献奖，最高奖励为10万元；优秀教学贡献奖，奖励为5万元"，旨在奖励在本科教学一线做出贡献的优秀教师。另外，该校和其他17所师范大学还设置了"明德教师奖"，以鼓励教师在教学和科研上全面发展。这些都是将教学职业价值期待这一非正式的规范性制度要素正式化的一种尝试。这种尝试，使得柔性约束的价值规范具有了刚性制度要素的强制约性，从而提高了教师的教学积极性。

地方新建本科高校可以向其他高校学习，通过设立一些正式的规制性制度来发挥非正式制度要素的作用——如评选"校园十大优秀主讲教师""教学优秀基金"①"实践教学先进个人"等，以此鼓励教师积极投

---

① 可以根据学校财政的实际情况定期出资形成一定的奖励基金，或者通过各种渠道积极地引进社会各界——诸如优秀校友等进行捐资助教。

身教学工作。通过正规的规制性制度要素的有效激励和调动，可以逐渐生成一种更加有利于教学的规范性制度要素；同时，也能反过来促使正规的规制性制度要素的有效执行。

四 推动教学管理规范性制度传递的多渠道化

不同的制度传递载体，对制度执行者在理解制度、接受制度和执行制度时影响是不一样的。单纯"自上而下"依靠行政控制权力传递制度，即使制度再合理、再科学，制度制订者的价值期待再多样、再迫切，也不会得到执行者完全的信服和认可。因为，在制度"自上而下"传递的过程中，制订者和执行者的角色扮演是有差异的，一方是以管理者的身份自居，另一方是以被管理者的身份存在，身份的差异带来双方的期望差异，被管理者会产生心理抵触，引发制度执行的阻抗。

教学管理规范性制度要素——诸如主流价值观、程序规范等，这些要素是隐性的，作用机制不具有强制性，所以，它们的传递就不能单纯依靠行政权威强制推行，还应该依靠关系载体、活动载体、人物载体等手段扩散，以扩大影响力。

（一）关系载体：教师中的非正式群体

在高校中，由于教师工作的特殊性，教师之间的联系一般是比较松散的，教师和领导之间，尤其是和学校高层领导之间的联系更是松散。但是，教师也有社会需要，要在工作之余寻求一定的非正式群体归宿，以获得归属感。这些非正式群体的形成不是基于工作关系，而是基于情感、兴趣等联系在一起的。它对教学态度和行为的影响可能更直接和深入。因此，在教学管理规范性制度传递过程中，要重视教师之间的非正式群体关系的存在，尤其是要注意对非正式群体中有威望的"意见领袖"进行动员和宣传。一旦这些有威望的教师对规范性制度要素认同和接受，他们的态度和行为表现就会产生激励效应，进而通过模仿机制和非正式群体内部的规范机制影响到其他人，从而实现制度的扩散。

（二）活动载体：必要的仪式和典礼

必要的仪式和典礼，对于学校教学管理规范性制度要素和文化—认知性制度要素的传递是至关重要的。就像迪尔和彼得森所言："我们比以前任何时候都需要重振仪式和典礼，将其作为我们精神发展的燃料，让我们的学校更加充满活力。通过强大的传统力量、定期举行的仪式和适宜的典礼，我们就可以恢复文化的凝聚力，把前方的道理看得更加清楚。"① 相比企业管理来说，在学校教学管理中，仪式和典礼的作用更为重要。学校教学工作运作的基础主要是信念和希望。教师走进校园的时候是带着信念来的，他们需要与他人产生关系，感受共同的思想，从而让技术意义上的教学例行工作更像是精神上的交流。因此，必要的仪式和典礼就能帮助教师接触到学校的文化，并在此基础上与他人建立关系。

仪式是一种过程，也是一种常规和惯例，其充满深层次的含义，从而使普通的经历成为不普通的事件。② 比如，在教师上课之前，学生起立向教师问好，这就是一种仪式，传达出来的就是尊师重教的价值观。其实，仪式很简单，只是通过人们之间的交流和互动来传达深层次的意义。典礼是一种较为大型的、比较复杂的活动。学校通过典礼可以传递价值观、意识形态等。通过这些活动，既可以影响新加入的成员，也可以让原来的成员产生组织荣誉感和强烈的归属感。但是，这些手段在科层化制度的影响下被当作无关紧要的东西而摒弃了，取而代之的是组织结构和理性思维，这种自上而下的制度传递并没有提高制度的执行力，反而在执行中受到阻抗。因此，学校和教学管理部门在教学管理制度要素的传递过程中，应该注重必要的仪式和典礼——比如新教师的入职典礼、教师职称受聘典礼、每学年教学表彰大会等。通过这些活动促使积极的教学文化制度的形成和传播。

（三）人物载体：教师学习的榜样

榜样的力量是无穷的。在教师群体中，对于那些教学成绩突出，在学生评教、督导评价以及同事评价中获得优异成绩的教师，应该给予大力的

---

① ［美］特伦斯·E. 迪尔、肯特·D. 彼得森：《校长在塑造学校文化中的角色》，王亦兵译，北京：中国青年出版社 2006 年版，第 47 页。

② ［美］特伦斯·E. 迪尔、肯特·D. 彼得森：《校长在塑造学校文化中的角色》，王亦兵译，北京：中国青年出版社 2006 年版，第 47 页。

表彰和奖励，为其他教师树立学习的榜样。但是目前，在地方新建本科高校内部，对教师评价的指标，科研明显重于教学。即使有些教学指标做参考，也是尽可能地被量化——比如学生评教优秀、良好、及格会对应着不同的分值；督导评价的结果也有分值的对应；有多少课时、发表了多少权威核心期刊的教研文章、申请了什么级别的教研课题等。这种过于量化的评价对教学积极性的调动是弊大于益的。另外，评选出来的教学骨干、教学名师，大多也是参考了他们的教学立项、教学成果和教学获奖等教学研究情况，而教学效果所占的比重远远不及前者。这样的评选指标的设置，给教师传达的信息是研究工作比教学工作重要，要想成名就要努力在研究工作上获得成绩。因此，要想打破这样一种片面的认识，提高对教学责任规范的认可和执行，形成积极的教学文化，就必须在优秀评选中提高教学效果所占的比重，让真正教学优异的教师成为"学习的靶子"，激励其他教师尤其是年轻教师模仿他们，向他们学习，以加快其在教学工作中的制度认可，使其获得较高的身份认可和声誉激励。

除此之外，学校对于榜样的宣传还要注意提升内在水平。要借助榜样宣传，美化对学校教学管理有益的意识形态和信念。通过创造群体的共同目标来加强成员对组织的忠诚。通过赋予某些活动很高的声望，美化学校组织传统的共享信念并以此创造一种"神话"——即社会性整合的神话。这些"神话"用道德和理想主义的语言来阐释这个学校存在的意义和价值，可以增强环境对个体的影响力。美化某些信条，特别是那些"为了自己而努力工作，自己与组织密不可分"的赞美，可以对组织的发展非常有利，因为它大大强化了成员对组织的责任感并以适当的方式加强了成员对组织的承诺，从而为规范制度的接受提供了积极的情感支持。

第六节　凝练文化，强化共识：教学管理文化—认知性制度要素的深化

　　积极的教学管理文化—认知性制度要素是影响教学态度和行为表现的关键因素。针对文化—认知性制度要素在当前的认知缺乏和建设不

足，本研究认为，教学管理者需要不断地加强学校文化这一软件的建设，借助先进的教学文化和管理文化，对教师的行为和态度形成"润物细无声"的规劝作用。

那么，什么是学校文化呢？赫克曼（Heckman）认为，学校文化可以被理解为教师、学生和校长所持有的共同信念，这些共同信念支配着他们的行为方式；同时，学校文化和学校本身的传统与历史也有着不可分割的关系。① 这样，学校文化就具有了实践意义。学校文化是无形的，但却是可以被感觉得到的。它体现了学校核心的价值观，是全体师生员工认同和共有的核心价值观。它反映了人们基本的思维模式和行为模式，在外显方面是一种已经成为全体师生员工习以为常的、不需要思考就能够表现出来的行为；在内隐方面是一种已被规定了的、基本的思维模式，一旦违背，其自己就会感觉不舒服和不自在。一所能够提供优秀教学质量的学校，就应该创造出这样一种能够让全体员工认同的核心价值观和使命观，形成促进成员向上的文化氛围，形成既能确保教学质量，又能推动学校变革和发展的学校文化。这样的学校文化的形成当然是有层次的，也是有必要的。教学管理制度内部合法性的获得和维持，从长远来看，应该依靠强大的学校文化。文化产生的组织承诺对于形成并保持成员的忠诚是至关重要的。因此，教学管理者应该积极考虑如何形成适当的文化机制，通过文化机制的作用，强化制度的认知共识，增强制度执行力。

相对于老牌本科大学，地方新建本科高校教学管理制度的构成差异不在教学管理规制性制度要素上。这一层面的制度内容在国家教育行政部门的统一要求和指导下，其建立基本上是趋同的；即使有一些不同，也只是在具体规定、具体执行上存在少许差异。两者之间的教学管理制度区别的关键，就在于教学文化制度和教学管理制度的凝练上。老牌本科大学，经过多年本科教育的发展，其内部的教学学术氛围和共同体氛

---

① Heckman, P. E., School Restructuring in Practice: Reckoning with the Culture of school, *International journal of educational reform*, 1993 (3): 263–272.

围会更清晰、更纯粹、更浓郁一些。因此，本研究认为，在地方新建本科高校教学管理文化制度的建设上，应该积极借鉴他们的先进经验，结合其自身实际，不断加强教学学术文化和教学共同体文化的建设，使生活在其中的教师形成积极的认知图式和行为习惯，从而使教学管理从"有为"到"无为"。

一 铸造健康的教学学术文化

高校教学的学术性是高校教学区别于中小学等其他层次教学的本质特性。高学教学的学术性意指大学教学活动自身所拥有并体现出的关涉教学的一种系统的和专门的学问。[①] 大学教学学术这一概念，是在 20 世纪 90 年代由美国卡内基教学促进基金会前主席厄内斯特·博耶提出的。当时，美国大学内部功利主义思想盛行，教师大都专心于科研而无心从事教学工作，由此导致本科教学质量严重下降，社会各界对大学的人才培养质量问责不断。博耶深感教学活动在教授的学术职业生涯中的式微，于是在其《学术反思——教授的工作重点》中明确提出："学术不只是意味着进行研究，作为大学教师还要努力寻找各学科间的联系，在理论和实践之间建立桥梁，并将自己的知识有效地传授给学生。"[②] 具体来说就是："教授的学术工作应该包括四个不同又相互重叠的部分，即发现的学术、综合的学术、应用的学术和教学学术。"[③]

与其观点相似的还有美国学者舒尔曼，他认为："教学不仅是一种学术，并且是一种与科研并重的学术。"[④] 高校教学的学术特性决定了完善教学管理制度应该充分体现和保障教学学术的本质属性，既要体现

---

① 张波：《我国大学本科教学管理制度问题研究》，华中科技大学博士论文，2009 年，第 106 页。

② ［美］欧内斯特·博耶：《学术水平反思——教授工作的重点》，《发达国家教育改革的动向和趋势》（第五集），北京：人民教育出版社 1994 年版，第 6—10 页。

③ ［美］欧内斯特·博耶：《学术水平反思——教授工作的重点》，《发达国家教育改革的动向和趋势》（第五集），北京：人民教育出版社 1994 年版，第 6—10 页。

④ ［美］克拉克·克尔：《大学的功用》，陈学飞等译，南昌：江西教育出版社 1993 年版，第 44 页。

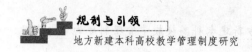
对教学自由的保障，也要促进教师对教学责任的内化和履行。建设教学学术为价值导向的学校文化，需要考虑以下几个方面。

（一）还权于教师，增强教学管理的民主性

既然高校教学具有学术性，需要追求一定的教学自由，那么，教学管理者就应该将教学学术权力交还给教师，以教学管理制度的形式赋予教师充分的自主决定的空间，由教师根据教学的实际需要和学生的实际发展状况决定教学安排——比如教学进度的制订、方法的选择以及对学生课程考核方式的选择等。当然，这种权力赋予的结果有可能导致部分教师权力的滥用，但是，如果没有这种权力的赋予，那么，大学教学学术追求自由的本质就无从保障。以往那种对外控式制度管理的依赖不仅容易导致制度实际执行效果较差，而且容易助长官僚风气，并对教学学术产生制度性压抑。因此，教学管理者在依靠制度对教学进行管理的过程中应该注意行政权力的合法化，形成合法权威。合法权威意味着下属愿意遵守规则、制度或命令，因为他们认可制度规则、制度或等级的体系——也就是说，他们承认居于权威位置的人拥有命令自己的权利。①同时，借此促进在行政权威作用下规制性制度要素向规范性制度要素和文化—认知性制度要素的内在转化，这种转化的内在动力就是对教师人性的基本尊重和对教学学术特性的尊重。这种基于教学学术的尊重和对教师人性的尊重而产生的激发作用，强调了制度运行的内在维持模式②——教师群体将学校和社会对教师的价值规范和观念共识内化于自己的社会实践意识之中，自觉、不自觉地遵守规范。

应努力发挥教学委员会的组织协调作用，更多吸收教师中的"先进分子"，或者是"意见领袖"加入，扩大教师的话语权，尤其是在关乎

---

① ［美］埃德加·沙因：《组织心理学》，马红宇、王斌译，北京：中国人民大学出版社2009年版，第24页。

② 转载自周建平《追寻教学道德》，北京：教育科学出版社2006年版，第170页。现代制度的运行模式有两种维持方式：外在维持模式和内在维持模式。外在维持模式是指社会根据规范所提供的判断人们行为善、恶以及对、错的标准，以谴责惩罚、强制等方式，使人们在社会生活中按照规范行事；内在维持模式是将社会规范内化于自己的社会实践意识之中，从而自觉、不自觉地遵守规范。

学校教学改革和课程改革等问题的探索上，要积极听取教学委员会中专家学者的意见，并给予积极采纳。

（二）教师评价要向教学倾斜

在当前学校"重科研、轻教学"的价值引导之下，部分教师为了评职称，为了争得名利，为了在学校中获得较好的声誉，不得不向科研倾斜。部分教师开始研究制度规定，按照制度规定的最低要求来完成教学任务，甚至有些教师连基本的教学任务都不愿意完成而专心于自己的科研工作。这种"浓厚"的为科研而科研的氛围，对教学学术氛围的营造无疑是不利的。因此，为了营造良好的教学学术氛围，吸引教师安心教学，平衡教学和科研的关系，学校和教学管理者对教师的评价指标应该向教学适当地倾斜，由此引导教师加强对教学的重视，平衡教学和科研的关系，引导教师寓科研于教学之中。

当然，鉴于教师的能力侧重和特长偏好等客观差异，在学校内部开展教师绩效考评时，还要考虑分类管理、分岗考评的必要性——即根据工作职位分为教学岗、科研教学岗、教学科研岗和科研岗四大类。对于处于不同工作职位的教师制订有针对性的教学和科研评价指标体系。针对考评结果实施利益激励，以调动不同岗位上教师工作的自主性和积极性。尤其是对侧重教学岗位的教师，在其积极进行教学研究，完成教学任务，获得学生评教优秀、同行评价优秀，并取得一定教学成果时要给予适当的鼓励，要努力营造出一种重视教学、尊重教学的文化氛围，鼓励教师安心教学岗位。

（三）宣传教学对于学校和教师的积极意义

教学文化能否深入人心，固然和教师评价制度、教师学术权力有关，但是也离不开学校对教学意义的宣传，通过宣传，可以培养教师对教学工作的敏感性。"对绝大多数教师来说，教师最首要、最根本的工作是教学。"[1] 社会各界的公众和学生都认为，教师的首要职责应该是

---

① 张波：《我国大学本科教学管理制度问题研究》，华中科技大学博士论文，2009 年，第 117 页。

致力于教学，而且，社会终究会以学校履行这一任务的好坏来评价一所大学的价值。学校的产品输出是学生，而影响输出质量的主要方面是教师对教学的投入。教师教学的态度和行为直接影响到学生培养质量；学生培养质量最终又会影响到学校的可持续发展和社会的合法性认同；学校的发展状态对教师来说，又意味着他们的生存和发展的状态是好还是差。因此，教学工作不管对于教师而言，还是对于学校而言，都具有长期的战略意义，教学管理制度是保证这一核心工作顺利进行的手段。学校领导、教学管理部门和教师，应树立科学的教学价值观，认清教学工作的价值所在，辅之以教学管理制度作保证，由此为教学文化的形成奠定思想基础。

二 营造积极的教育共同体文化

德国社会学家滕尼斯曾经在《共同体与社会》一书中对共同体的概念进行过专门的论述。他认为："共同体一般是指建立在自然的基础之上的群体，也可能指小的、在特定历史背景和脉络中形成的联合体，有时也可以指特定的思想和文化意义上的联合体。共同体一般是建立在特定人群本能中的、受共同习惯或习俗约束，或者有着与思想相关的共同记忆基础之上的……"① 滕尼斯的共同体概念，一方面强调了文化环境对特定人群价值观和行为等的制约和塑造，另一方面也强调了在特定关系体中人与人之间基于共同记忆而形成的对话关系。这一共同体概念给学校中的教学管理者和教师群体之间的关系处理提供了思维的借鉴。

此处提到的教育共同体，主要指涉的是在学校教学管理部门和有关管理人员与教师群体之间基于共同的教育目的而形成的关系体。在其中，教学管理者与教师之间的关系不再是"我—他"这样一种主客二分的控制与服从的关系，代之强调的是教学管理者与教师之间形成的

---

① ［德］斐迪南·滕尼斯：《共同体与社会——纯粹社会学的基本概念》，林远荣译，北京：北京大学出版社 2010 年版，第 2 页。

"我—你"这样一种主体间性的关系。在其中，每个人都是一个完整的个体，每个参与者都为学习和共同受益而负责。[①]因此，教育共同体是在充分尊重教师人性的基础上通过关系的互动而形成的具有生态品质的共同体，更多强调共同体内部的关系互惠和信仰建构的连贯性。

（一）建构主义教育领导下教学管理双方共同体关系解析

建构主义教育领导观是在吸收建构主义学习理论思想内核的基础上，于 20 世纪 90 年代末形成并开始受到管理者的广泛关注。作为对现代工具理性管理模式下控制式管理的一种批判和超越，它提出了建立互惠的教育共同体、学校教育的共同目的等核心概念，旨在重建一种以管理主体之间互动、沟通为基础的教育管理模式，以回归教育管理的人文本质属性。其主要思想是：管理者应该与管理对象形成基于共同的教育目的的共同体，并在交往实践中通过对话沟通来建构共享意义，以实现有效的领导。[②]在建构主义教育领导之下，管理者的管理思想、管理策略的行使不是行政性权力外在强制的结果，而是管理主体间在交互基础上对共享意义内在生成的外化。

教学管理双方基于共同的教育目的应该形成教育共同体关系。在这一关系之中，教学管理者是提供管理服务的主体，教师是接受管理服务并提供教育服务的主体。他们之间不是管理与被管理、服从与被服从的关系，而是服务与被服务的关系。这其中，教学管理者对教师施加的管理能否产生实质性影响——也就是说，教学管理者的管理理念、管理手段等能否被教师接受和遵守执行，在一定程度上取决于教师对管理双方共同体关系这一实际的具体感知和理解。

在教育共同体中，教学管理者依托制度实施领导的有效性，来源于

---

① 程晋宽：《西方教育管理理论新视野——一种批判的后现代视角》，北京：教育科学出版社 2012 年版，第 344 页。

② 程晋宽：《建构主义学校教育领导观述评》，《外国教育研究》2006 年第 4 期，第 48—52 页。

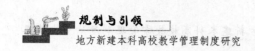
管理双方就制度模式和制度目的所达成的"重叠共识"① 的程度。因此，在教学管理制度形成过程中，制度的话语权就不能由教学管理者独揽——由他们单向度地向教师灌输，而应该由教师和教学管理者一起参与制度的形成和完善，由此形成共同的经验和认知图式，并为共同的教育目的注入行为的动力和方向。同时，在制度实施的过程中，由于管理对象已经参与到制度的形成过程中，已经通过与教学管理者之间的对话和复杂的互动形成共同的行为意义，其制度的执行力也自然会大大提高。

当然，在目前，教学管理者与管理对象已然是默认的主客体关系，要形成一种教育共同体文化，无疑需要双方做出思想和行为上的重大转变。

（二）教学管理者转变管理理念和管理方式

对于学校内部文化制度的建设来说，能发挥主导作用的就是学校内部主管教学的校长和教学管理部门了，其中又以校长的作用为最大。因此，校长和教学管理部门的领导，如果对他们在文化制度建设中所能发挥的作用了解越多，就越容易促成教育共同体文化的形成。这样一种观点多少存在一些"英雄主义"的情结。但是，我们必须要承认的是："在我们这样一个有着浓厚的'官本位'色彩的社会环境下，领导代表的不仅是一种权威和地位，而且是整个组织的象征和典范。"② 因此，在教学管理文化—认知性制度要素形成的过程中，我们首先还是要强调领导者的作用。

1. 转变管理理念：规制到引领

在学校内，主管教学的校长和教学管理部门的领导，必须改变他们的管理理念，努力从传统的客体式管理思维转移到主体间性的管理理念上来。这种管理理念的转变需要教学管理者逐渐形成一种制度共建的意

---

① 徐金海：《校长领导力合法性危机的反思与超越》，《教育理论与实践》2011 年第 3 期，第 22—25 页。

② 陈海燕：《学校制度文化建设的个案研究》，浙江师范大学硕士论文，2009 年，第 50 页。

识——包括民主意识、沟通意识、协调意识、引导意识几个方面。

民主意识是指在学校中，以校长为首的学校教学管理者应该意识到教学管理制度是公共制度，不应单纯地由教学管理者根据管理经验或行政意志来设计制度并强制教师遵守制度，而应该充分地尊重广大教师的需要和利益，搭建领导者与基层教师之间互动的平台，多与教师进行对话和沟通，为教师表达意见提供适当的途径和机会。这种民主化的管理风气会提高教师的民主意识，使其积极主动地参与到教学管理制度的建设中来。

沟通意识主要是指教学管理者应该经常就教学管理制度的制订和实施效果进行信息的搜集、整理，以此来了解基层教师的意见。同时，通过这种沟通也使得合理的制度和责任规范能够获得教师的广泛认可和执行。当然，有效沟通的实现一定是建立在彼此互相尊重、互相信任的基础之上的。因此，教学管理者沟通意识的提高，其前提是要有谦虚的态度和批判反思的意识，要能够在沟通中敏感地感悟和发现重要的信息或深层次的问题。

协调意识主要是指教学管理者要善于在教师个体目标、群体目标和学校组织目标之间实现协同。在教师个体目标、群体目标和组织目标不一致的学校，要想建设积极的文化制度，基本上是不可能的。作为管理者来讲，要想建设积极的文化制度，需要具备协调意识。这里的协调意识包括协调教师个体利益和组织目标之间的关系；协调教师群体利益和组织利益之间的关系；协调管理者以身作则遵守制度和要求教师遵守制度之间的关系等。

引导意识是指在教学制度建设过程中，教学管理者要清晰地认识到其角色的多重性——即不仅仅是管理者，更应该是领导者，要善于运用拥有合法化的权力——即权威，与教师群体开展积极的互动和沟通，从而引导教师对学校的教学管理制度有效理解、自觉贯彻，并对制度效果进行合理性的反思，以最终促使积极的教学文化制度得以形成。

2. 转变管理方式：集权到分权

学校领导和教学管理者除了要转变管理理念以外，还要转变管理方

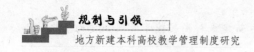

式，从行政控制式的集权管理逐渐转变为参与式的民主管理。

不可否认，行政控制式的集权管理在教学管理中确实产生了一定的正面效应，但是，它也明显助长了学校文化中的"官僚习气"。教师普遍感觉到：他们的主要任务就是完成必要的教学工作量和科研任务，教学管理中的事情不归他们管，他们也无权去管；甚至有部分教师认为，教学管理者制订的制度，其对付上级检查的应景作用远大于实质的指导作用，更导致教师在教学管理制度的实施中，出现了执行受阻问题。而解决这一问题的关键就在于从行政控制式的集权管理向参与式的民主管理转变。

在管理方式实现变革的情况下，教师会有更多的机会参与教学管理制度的制订，会在主人翁责任感的驱使下对教学管理制度的变革更为关心。学校领导和教学管理者在让渡部分教学管理的权力时，也让渡了相应的义务和责任，这些责任规范会在教师那里引发认同和接受，从而促进教学管理规制性制度要素与规范性制度要素的结合，同时，在教学管理者和教师互动的民主氛围下，进一步形成积极的共同体文化制度。

（三）管理对象——教师逐渐增强制度共建意识和能力

为了保证共同体文化的有效建设，教师也必须提高自身的共建意识和能力——主要有参与意识、沟通意识、自主意识、学习意识[1]，另外还要提高责任意识。

参与意识是指教师要打破"制度建设是管理者的事情，与我无关"这样一种传统的认知瓶颈，要认识到教师不仅有权利去参与教学制度建设，而且也有义务去遵守教学制度要求。教师一方面应利用教学管理制度维护自身的权益，另一方面应自觉承担制度执行的责任。

沟通意识是指教师在制度形成和执行的过程中，要有与他人尤其是与教学管理者借助一定的平台进行对话、沟通的意识。要公开、合理地表达个体和群体的意见和要求，而不是"口服心不服"，背地里表达对制度的不满和怨言。那种"当面一套、背后一套"的表现不仅对完善

---

① 李伟涛：《从制度占有走向制度共建》，华东师范大学硕士论文，2003 年，第 58 页。

教学管理制度无益，而且对于教师学术权威的发挥也是一种浪费。

自主意识是指教师对于群体认可的制度和责任规范应该自觉地执行，主动地为自己的行为承担责任，而不是因督导专家的督导检查或领导检查，甚至是因害怕遭遇惩罚而遵守制度。那样的话，教师永远都是制度的奴隶而不会成为制度的主人。

学习意识是指教师要有团队学习和主动学习的意识，要对新的教育理念和管理理念能够主动地学习，并围绕学校教学管理中存在的实际问题，从制度的视角对制度本身的合理性和合法性、制度背后的价值取向以及执行者的行为动机等进行反思，在团队内部就大家共同关心的问题与其他成员进行沟通和互动，积极促进问题的解决和共同体文化的形成，使教学管理制度所蕴含的价值理念自由地流淌进制度环境下的每一个人的心中。

责任意识是指教师对内心认可的职业责任的坚守和自觉履行的信念。这种信念的形成对于共同体文化的重塑非常重要。共同体文化实质就是一种关系文化，而良好的关系文化的形成又离不开教师群体内部每个个体内在责任意识的认同与坚守。所以，对于教学管理制度体系中规制性制度要素和规范性制度要素来说，无论外在的法律约束和责任要求多么强烈，只有在转化为主体自身内在的责任信念和责任意识时，才能真正成为约束和指导制度主体行为的伦理标尺，才能使主体真正有效地履行责任。[1] 这和教师作为行为者的素质有关，更和学校的文化氛围有关。

总之，在管理双方的意识均有所转变，能力有所提升的情况下，积极的、共建的教学管理文化制度就会逐渐沉淀下来，进而促使环境中不断发生交互影响的个体和群体一起形成共享的文化认知和行为模板，并促使教师个体和群体自觉地实现制度化。

---

① 刘国娟：《大学制度伦理反思》，北京：中国社会科学出版社2012年版，第172页。

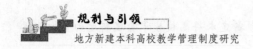

本章小结

教学管理制度的重构，首先取决于对教师人性和院校组织属性以及制度本质的综合认识。本研究以"制度化—利益人"作为教学管理制度的逻辑起点，进而分析了这一人性假设对人性认识的特点以及在教学管理制度重构中的适用性。

在此基础上，本研究借鉴制度三要素理论观点对教学管理制度的多维构成进行解析，分别探讨了教学管理规制性制度要素、规范性制度要素以及文化—认知性制度要素各自的内涵、表现维度以及作用机理，并对三者之间的相互独立与相互强化的关系进行了全面分析。

在对教学管理制度进行理论建构的基础上，本研究又对在制度三要素视角下所构建的教学管理制度的价值进行了分析，主要包括两个方面：即重构能否克服当前制度设计的缺陷，如何提高制度的执行力。之后，针对不同层面制度要素的优化建设提出了完善的建议。

总之，在制度三要素视角下对教学管理制度的重构，只是我们在面对当前制度设计的缺陷和制度执行受阻问题时的一种策略构想，它不是解决问题的唯一办法。但是这种构想却能给我们从多学科视角来反思当前教学管理制度的完善提供一种思路。

第六章　研究总结和展望

随着人们对高等学校教学质量关注程度的逐渐提高，加强教学管理、优化教学环境已经成为学校管理的重要方面。而教学管理制度的完善，作为教学质量提升的重要保障，已经得到越来越多的实践者和研究者的关注。综观目前对教学管理制度的研究，不管是在实践者那里，还是在理论研究者那里，由于管理范式的惯性思维的影响，人们一直在关注正式制度的建设和理论研究，没有跳出管理学科工具理性思维的圈子来看待这一问题。在实践中，我们总是围绕正式制度本身存在的问题，在数量上做着增减、在内容上做着完善，竭尽全力地试图编织出一张"规则之网"，以此来规约教学行为。可这样做真的能实现管理效率和教学质量同步提高的目的吗？也许此处无需多言，因为教学管理制度执行现状以及存在的问题本身已经不言自明。为此，我们需要转换对教学管理制度认识的视角，跳出管理学的学科视阈，站在管理之外，来看制度的内涵和本质，努力去探讨如何完善制度并弥补以往的缺憾。基于这样的研究思想，本研究以地方新建本科高校为分析对象，开展了对于教学管理制度的研究。

第一节　研究结论

通过本研究的分析和探索，我们将研究发现和基本观点总结如下：

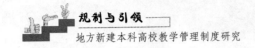

一 线性思维下教学管理制度存在设计缺陷并面临执行受阻的困境

为了充分地验证当前地方新建本科高校教学管理制度的设计缺陷和执行困境，我们采用文本分析、问卷、访谈等方法，对几所此类高校进行了调查，调查发现，现行教学管理制度在文本设计和结构搭建上呈现趋同的现象，显示出四大缺陷，同时，在制度执行中也存在不同程度的受阻情况。

（一）现行教学管理制度的设计缺陷及价值取向偏差

受科层化管理思维影响，地方新建本科高校教学管理制度的理性设计大都是围绕"效率"这一中心，把建章立制延伸到教学管理的各项任务中，包括日常教学管理、教学质量监督与评价管理、教研和课程建设管理等。这种基于任务模块的教学管理制度设计存在四个主要缺陷：即以成文制度为主，缺乏非文本性制度的建设；以工具理性为主，价值理性不足；以管理者为本位，管理对象利益不彰；以结果导向为主，过程思维不足等。这些制度设计的缺陷与制度设计价值取向偏差有直接的关系。而制度设计者的价值取向又体现在对管理对象的人性认识、对高校组织属性的定位以及对制度本质的认识三个方面。因此，本研究从制度设计者对教师群体人性假设的偏差、对高校组织属性认识的偏差以及对制度本质认识的局限角度出发，对当前教学管理制度设计的缺陷进行了阐释。

（二）现行教学管理制度的执行受阻问题及关键因素分析

在现实中，通过实证调研发现，管理者理性化的制度设计在实际执行过程中并没有如事前所假设的那般：只要制度建立起来，教师就会自觉地遵规守制，教学质量自然就得到保障；反而，在实际执行过程中，教师存在执行阻抗，出现制度执行受阻问题——如权宜执行、打"擦边球"、虚化执行、抵制执行等，这使得现行教学管理制度设计遭遇实践困境。同时，这也说明，在教学管理过程中，教学管理者单向的、刚性的外控式管理是不足取的。教学管理需要刚柔相济，以刚性管理为基础，以柔性管理为润滑剂。

　　这样的问题之所以出现，一方面与制度执行者有关，另一方面与制度本身有关。因此，本研究分别从制度执行主体的个体视角、制度合理性和合法性失衡的制度视角分析了导致制度执行受阻的原因。

　　关于个体视角的分析。从委托—代理关系看，教师是代理人，这种代理问题的出现主要是由于教师作为"有限理性人"，在未获得充分激励或者有效激励的情况下，其基于成本与收益的考量而做出这种选择。

　　关于制度视角的分析。不完整的教学管理制度基础会导致制度的合理性和合法性不足，而合法性和合理性的缺失则是影响制度有效执行的关键因素。本研究从合理性的失衡、合法性的失衡、合理性与合法性的不良结合三个方面来分析。其中，教学管理制度的合理性失衡，主要体现为：重工具合理性，轻价值合理性和规范合理性；正是因为制度存在合理性的失衡而导致制度执行受阻。教学管理制度合法性失衡，主要指：外部合法性的拥有和内部合法性的危机——即制度在组织内部认同度低，或者不为群体成员所认同与支持；由于制度执行主体不愿接纳，或消极接受，这种制度虽在现实中存在且运行，但是效果差强人意。①同时，教学管理制度的合理性和合法性的不良结合也会导致执行受阻：对外部合法性的强烈关注会导致其内部工具合理性的强化；价值合理性的缺失会加快其内部合法性危机的显现。

二　制度三要素视角下教学管理制度具有三维构成且互相依存

　　借鉴制度三要素理论对制度内涵的定义，结合对教师群体人性和高校组织属性的合理认识，本研究提出了"制度化—利益人"的人性假设，并对教学管理制度的多维构成进行了阐释。

　　其中，教学管理规制性制度要素主要体现为正式规则的制订、组织机构的设置和监督奖惩活动的开展。它们对教学行为发挥规约作用主要依靠的是强制机制和奖惩机制。教学管理规范性制度要素集中体现了在

---

　　①　房敏：《组织合法性理论视阈下高校教学管理制度的合法性——以 D 大学为例》，《现代教育管理》2014 年第 3 期，第 56—60 页。

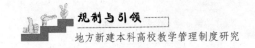

教学管理场域中主要利益相关者对教师的角色期待，大致有以下三个维度：教师"应该为学生负责的价值观"；教师"应该为学校负责的价值观"；教师"应该为学科负责的价值观"。这些价值期待对教学规约作用的发挥主要依靠规范机制和身份承诺递增机制。教学管理文化—认知性制度要素主要指受特定文化环境影响，在教师群体内部形成的对教学行为产生影响的意义图式认知和行为习惯，本研究总结为教学图式、身份图式和管理图式。以这些图式为"分析软件"，地方新建本科高校内部大部分教师对教学工作的价值、地位等做出了类似的理解，这些理解又影响到他们的教学行为选择。这些图式对教学发挥作用主要依靠客观化机制和模仿机制。

这三种形态的教学管理制度在学校教学管理场域中共同制约着教学行为。三者虽然在作用机制、秩序基础、系列指标、遵守逻辑等诸多方面存在差异，但是在作用效果方面却有着相互依赖、相互强化的关系。三者可以看成是构成教学管理制度的三根支柱，它们的有机结合和协调作用是教学质量提高的有力保证。

三 教学管理制度的重构能有效克服当前制度设计的缺陷

在制度三要素理论观点的启发下，本研究对教学管理制度的重构在克服当前制度设计缺陷问题上所具有的优势做了归纳。

首先，三个维度的共同关注能够促进教学管理制度的刚柔相济。本研究在阐明教师"制度化—利益人"的人性本质以及尊重高校双重系统组织属性的基础上，对教学管理规制性制度要素的重新肯定和构建，体现了成文规则对教学行为的刚性约束。同时对规范性制度要素和文化—认知性制度要素的重新认识和强调，也体现了价值观或共享范畴等非成文制度对教学行为的柔性引导和塑造。

其次，对教学管理规范性制度要素和文化—认知性制度要素的关注，体现了对教师作为行为者的主体关照和对教师作为对象主体的认可及尊重，能够促进制度的主体建构。具体来说，对教学管理规范性制度要素和文化—认知性制度要素的关注，之所以较之单一的规制性制度要素能够促进主体对制度的建构，是因为它肯定了教师的主观能动性在作为外界刺激的教学管理制度与教学行为反映之间的中介作用。对教师作为中介因素的关注，有利于促进教学管理制度的主体建构。同时，对文化—认知性制度要素的关注，更是体现了对教师生活世界的关照，因为，文化—认知性制度要素强调了在教学管理场域中共享的概念范畴和意义范畴对教学行为的影响。而这些共享范畴的形成离不开管理双方或者管理对象之间的反复互动实践，这有利于促进制度的主体建构。

最后，对教学管理规范性制度要素和文化—认知性制度要素的关注能够促进主体的利益均衡。这主要体现在教学管理者看重的管理效率和管理对象看重的人文关怀的兼顾，以及行政主体权威和学术主体权威的兼顾两个方面。

四　教学管理制度的重构能在一定范围内提高制度的执行力

首先，教学管理规范性制度要素的构建，在一定范围内有利于规避当前的制度执行受阻。因为规范性制度要素能够对教学行为进行价值引导，通过道德权威的内化和感召使教师能够主动地接受和遵守教学管理规制性制度要素的规定。通过实证发现，教师对"应该为学生负责的价值观"和"应该为学科负责的价值观"的接受程度较高，对"应该为学校负责的价值观"受群体差异的影响则存在不同表现，因此，在提高制度执行力和缓解执行受阻问题上也相对复杂。在强化教学管理规范性制度要素建设的过程中，需要加强利益激励机制的建设，增强主流价值观的渗透，推进规范性制度要素的正式化，并且努力开辟多元化的传递渠道。

其次，受现行学校教学文化和管理文化中负面因素的影响，教学管理文化—认知性制度要素在规避当前制度执行受阻问题时具有两面性。为了扬长避短，本研究认为，教学管理者对教师的教学管理应该向文化管理转变，应积极营造教学文化和共同体文化，使管理双方的关系从管理转向服务，从控制转向合作，促使教师形成共享的、积极的认知范畴，从而提高制度执行力，达到"无为而无不为"的效果。

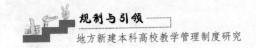

第二节　研究创新点、不足与展望

一　研究创新点

最后，本研究的创新点，可以归纳为以下几点：

第一，本研究借鉴制度三要素理论关于制度内涵和外延的认识，尝试对地方新建本科高校教学管理制度的内涵和构成进行了新的探索，为教学管理制度研究提供了新的研究视角，同时也拓宽了制度理论应用的范围。

第二，针对教学管理制度执行受阻问题，本研究不仅从制度执行者的角度寻找原因，而且从制度本身的合理性和合法性角度进行深入分析，增加了问题分析的深度和广度，有利于加深实践者对这方面研究的兴趣。

第三，本研究提出了"制度化—利益人"这一人性假设，并以此作为教学管理制度的逻辑起点，这能够促使学校教学管理者对教师群体的人性进行正确、合理的定位，并在此基础上开展科学、有效的管理。

第四，本研究对教学管理规范性制度要素和文化—认知性制度要素进行了完善路径的研究，虽然观点的提出还比较粗糙，但是，这的确弥补了以往研究的不足，有利于引起学校管理者从价值引导和文化建设角度来提高教学管理制度成效的兴趣。

二　研究不足和展望

地方本科新建高校教学管理制度及其改革的内涵比较丰富，外延也比较广泛。它不仅涉及地方本科新建高校内部教学管理制度的改革，还涉及外部教育行政部门的教学管理体制改革。由于研究者的精力、能力有限，本研究对宏观的国家层面上的教学管理体制的改革没有涉及，仅就学校内部的教学管理制度的结构构成及作用机制进行了探索。但是探索的深度还很不够，尤其是对价值规范性制度要素和文化—认知性制度要素的探讨才刚刚起步，对于一些问题，如在实践中该如何建设具体的规范性制度和文化—认知性制度，如何将建设思路转化成可操作的实施步骤，在建设中如何处理好教学管理者与教师之间、职能部门之间、职能部门与教学单位之间等的关系等还缺乏细致、深刻的研究。因此，本研究只算是做了个开头，后续大量的问题还有待于深入研究和探索。

另外，本研究是基于地方新建本科高校这样一个群体进行的分析，缺乏与老牌本科高校作为研究样本的比较分析。这一问题需要在今后的研究中继续关注。

总之，从"大制度"视角对高校教学管理制度进行探索，可能还有这样或那样的不足，但是笔者将在已有的研究基础上，继续开展"大教学管理制度"方面的研究，这既是为自己的专业发展开辟新的研究方向，也是为提高教学管理的有效性做出一点微薄的努力。

参考文献

一　中文

（一）著作

1. ［德］柯武刚、史漫飞：《制度经济学——社会秩序与公共政策》，韩朝华译，北京：商务印书馆 2000 年版。
2. ［美］道格拉斯·C. 诺思：《制度、制度变迁与经济绩效》，杭行译，韦森译审，上海：上海三联书店 1994 年版。
3. ［美］道格拉斯·C. 诺思：《经济史中的结构与变迁》，陈郁等译，上海：上海三联书店 1994 年版。
4. ［美］R. 科斯等：《财产权利与制度变迁》，刘守英等译，上海：上海三联书店 1994 年版。
5. ［德］马克斯·韦伯：《经济与社会（上卷）》，北京：商务印书馆 1997 年版。
6. ［美］约翰·罗尔斯：《正义论》，何怀宏等译，北京：中国社会科学出版社 1988 年版。
7. ［美］R. 科斯等：《财产权利与制度变迁》，刘守英等译，上海：上海三联书店 1994 年版。
8. ［美］凡勃仑：《有闲阶级论——关于制度的经济研究》，蔡受百译，北京：商务印书馆 1997 年版。
9. ［美］约翰·康芒斯：《制度经济学》，于树生译，北京：商务印书馆 1962 年版。

10. ［日］青木昌彦：《比较制度分析》，周黎安译，上海：上海远东出版社 2001 年版。

11. ［美］W. 理查德·斯科特：《制度与组织——思想观念与物质利益》（第 3 版），姚伟、王黎芳译，北京：中国人民大学出版社 2010 年版。

12. ［英］哈耶克：《自由秩序原理》，邓正来译，上海：上海三联书店 1997 年版。

13. ［美］贝塔朗菲：《一般系统论——基础、发展、应用》，北京：社会科学文献出版社 1987 年版。

14. ［英］麦考密克、魏因·贝格尔：《制度法论》，周叶谦译，北京：中国政法大学出版社 1994 年版。

15. ［美］罗伯特·伯恩鲍姆：《大学运行模式——大学组织与领导的控制系统》，别敦荣主译，青岛：中国海洋大学出版社 2002 年版。

16. ［美］W. 理查德·斯科特、杰拉尔德·F. 戴维斯：《组织理论：理性、自然与开放系统的视角》，高俊山译，北京：中国人民大学出版社 2011 年版。

17. ［美］道格拉斯·麦格雷戈：《企业的人性面》，韩卉译，北京：中国人民大学出版社 2008 年版。

18. ［英］亚当·斯密：《道德情操理念》，北京：商务印书馆 1997 年版。

19. ［美］埃德加·沙因：《组织心理学》，马红宇、王斌译，北京：中国人民大学出版社 2009 年版。

20. ［德］恩斯特·卡西尔：《人论》，甘阳译，上海：上海译文出版社 2004 年版。

21. ［美］威廉·大内：《Z 理论——美国企业界怎样迎接日本的挑战》，孙翅君等译，北京：中国社会科学出版社 1984 年版。

22. ［美］罗伯特·G. 欧文斯：《教育组织行为学（第七版）》，窦卫霖

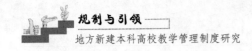
等译，上海：华东师范大学出版社 2001 年版。

23. ［美］弗莱蒙特·E. 卡斯特、詹姆斯·E. 罗森茨韦克：《组织与管理》，李注流等译，北京：中国社会科学出版社 1985 年版。

24. ［美］彼得·布劳、马歇尔·梅耶：《现代社会中的科层制》，马戎、时宪民等译，上海：学林出版社 2001 年版。

25. ［英］安东尼·吉登斯：《社会学（第四版）》，赵旭东译，北京：北京大学出版社 2003 年版。

26. ［美］E. 马克·汉森：《教育管理与组织行为》，冯大鸣译，上海：上海教育出版社 2005 年版。

27. ［英］托尼·布什：《当代西方教育管理模式》，张海燕主译，南京：南京师范大学出版社 1998 年版。

28. ［美］杰姆斯·布雷克利等：《管理经济学与组织架构》，张志强、王春香译，北京：华夏出版社 2001 年版。

29. ［法］爱弥尔·涂尔干：《道德教育》，陈光金等译，上海：上海人民出版社 2001 年版。

30. ［美］爱德华·希尔斯：《教师的道与德》，徐弢、李思凡、姚丹等译，北京：北京大学出版社 2010 年版。

31. ［美］克拉克·克尔：《大学的功用》，陈学飞等译，南昌：江西教育出版社 1993 年版。

32. ［美］刘易斯·科塞：《理念人——一项社会学的考察》，郭芳等译，北京：中央编译出版社 2004 年版。

33. ［美］詹姆斯·E. 安德森：《公共决策》，唐亮译，北京：华夏出版社 1990 年版。

34. ［英］齐格曼·鲍曼：《现代性与大屠杀》，杨渝动、史建华译，南京：译林出版社 2011 年版。

35. ［美］托马斯·J. 萨乔万尼：《道德领导——抵及学校改善的核心》，冯大鸣译，上海：上海教育出版社 2002 年版。

36. ［美］韦恩·K. 霍伊、塞西尔·G. 米斯克尔：《教育管理学：理论·研究·实践（第七版）》，范国睿主译，北京：教育科学出版社 2007 年版。

37. ［美］唐纳德·肯尼迪：《学术责任》，闫凤桥等译，北京：新华出版社 2002 年版，第 170 页。

38. ［美］彼得·M. 布劳、W. 理查德·斯科特：《正规组织——一种比较方法》，夏明忠译，上海：东方出版社 2006 年版。

39. ［英］戴维·毕塞姆：《官僚制（第二版）》，韩志明、张毅译，吉林：吉林人民出版社 2005 年版。

40. ［美］迈克尔·罗斯金：《政治科学（第六版）》，林震等译，北京：华夏出版社 2001 年版。

41. ［法］让—马克·夸克：《合法性与政治》，佟心平等译，北京：中央编译出版社 2002，中译本序言年版。

42. ［美］特伦斯·E. 迪尔、肯特·D. 彼德森：《校长在塑造学校文化中的角色》，北京：中国青年出版社 2006 年版。

43. ［美］欧内斯特·博耶：《学术水平反思——教授工作的重点》，《发达国家教育改革的动向和趋势（第五集）》，北京：人民教育出版社 1994 年版。

44. ［美］克拉克·克尔：《大学的功用》，陈学飞等译，南昌：江西教育出版社 1993 年版。

45. ［德］斐迪南·滕尼斯：《共同体与社会——纯粹社会学的基本概念》，林远荣译，北京：北京大学出版社 2010 年版。

46. ［德］马克斯·韦伯：《社会学的基本概念》，胡景北译，上海：上海人民出版社 2000 年版。

47. ［美］詹姆斯·马奇、马丁·舒尔茨、周雪光等：《规则的动态演变——成文组织规则的变化》，上海：上海人民出版社 2005 年版。

48. ［美］莱利斯·P. 斯特弗、杰里·盖尔主编：《教育中的建构主义》，高文、徐斌艳、程可拉等译，上海：华东师范大学出版社 2002 年版。

49. ［法］布尔迪厄：《文化资本与社会炼金术——布尔迪厄访谈录》，包亚明译，上海：上海人民出版社 1997 年版。

50. ［美］伯顿·克拉克：《高等教育新论——多学科的研究》，杭州：浙江教育出版社 2003 年版。

51. ［美］沃尔特·W. 鲍威尔、保罗·J. 迪马吉奥：《组织分析的新制度主义》，姚伟译，上海：上海人民出版社 2008 年版。

52. ［美］彼得·布劳：《社会生活中的交换与权力》，孙非、张黎勤译，北京：华夏出版社 1988 年版。

53. ［美］琳达·兰伯特等：《教育领导：建构论的观点》，叶淑仪译，台北：林冠图书股份有限公司 2000 年版。

54. ［美］欧文·戈夫曼：《日常生活中的自我呈现》，冯刚译，北京：北京大学出版社 2008 年版。

55. ［英］安东尼·吉登斯：《社会学（原书第四版）》，赵东旭译，北京：北京大学出版社 2003 年版。

56. 张新平等：《教育管理学的方法体系》，北京：科学出版社 2012 年版。

57. 陈厚丰：《中国高等学校分类与定位问题研究》，长沙：湖南大学出版社 2004 年版。

58. 马陆亭：《高等学校的分层与管理》，广州：广东教育出版社 2004 年版。

59. 21 世纪的中国高等教育课题组：《21 世纪初中国高等教育的发展战略及结构布局》，沈阳：辽宁大学出版社 1997 年版。

60. 卢鸿德：《高等学校教学管理理论与实务》，沈阳：辽宁大学出版社 1991 年版。

61. 刘茗：《当代教学管理引论》，北京：教育科学出版社 1997 年版。

62. 吴志宏等：《新编教育管理学》，上海：华东师范大学出版社 2000 年版。

63. 辛鸣：《制度论：关于制度哲学的理论建构》，北京：人民出版社 2005 年版。

64. 许和隆：《冲突与互动——转型社会政治发展中的制度与文化》，广州：中山大学出版社 2007 年版。

65. 贺培育：《制度学：走向文明与理性的必然审视》，长沙：湖南人民出版社2004年版。

66. 郭冬升：《大学教学管理制度论》，北京：高等教育出版社2005年版。

67. 刘根厚：《基于制度分析理论的高校教学管理制度研究》，徐州：中国矿业大学出版社2012年版。

68. 周兴国、李子华：《高校教学管理机制研究》，合肥：安徽人民出版社2008年版。

69. 时伟、吴立保：《现代大学教学管理制度研究》，合肥：安徽大学出版社2006年版。

70. 孙绵涛：《教育管理学》，北京：人民教育出版社2006年版。

71. 谢维和：《教育活动的社会学分析——一种教育社会学的研究》，北京：教育科学出版社2000年版。

72. 陈超：《中国重点大学制度建设中的政府干预研究》，广州：广东高等教育出版社2009年版。

73. 杨明宏：《教育管理的人性逻辑》，北京：中国社会科学出版社2013年版。

74. 孙鹤娟：《学校文化管理》，北京：教育科学出版社2004年版。

75. 程正方：《现代管理心理学（第四版）》，北京：北京师范大学出版社2004年版。

76. 苏东水：《管理心理学（第四版）》，上海：复旦大学出版社2002年版。

77. 戴木才：《管理的伦理法则》，南昌：江西人民出版社2001年版。

78. 曾晓东：《中小学教师管理的制度分析》，北京：北京师范大学出版社2005年版。

79. 周彬：《决策与执行：制度视野下的学校变革》，北京：教育科学出版社2005年版。

80. 吴国娟：《大学制度伦理反思》，北京：中国社会科学出版社2012年版。

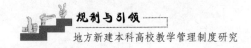
81. 朱国云：《组织理论：历史与流派》，南京：南京大学出版社1997年版。

82. 黄巍：《教育管理学：概念与原理》，广州：广东高等教育出版社2002年版。

83. 檀传宝：《教师伦理学专题——教育伦理范畴研究》，北京：北京师范大学出版社2000年版。

84. 张东娇、徐志勇、赵树贤：《教育管理学》，北京：高等教育出版社2011年版。

85. 谢炜：《中国公共政策执行中的利益关系研究》，上海：学林出版社2009年版。

86. 周雪光：《组织社会学十讲》，北京：社会科学文献出版社2003年版。

87. 鲁洁：《教育社会学》，北京：人民教育出版社2007年版。

88. 陈宁等：《师德建设新维度——组织文化的视角》，北京：首都师范大学出版社2011年版。

89. 吴苾雯：《"逃离"大学》，南宁：接力出版社2002年版。

90. 孟繁华：《学校发展论》，北京：教育科学出版社2011年版。

91. 于显洋：《组织社会学》，北京：中国人民大学出版社2001年版。

92. 刘复兴：《教育政策的价值分析》，北京：教育科学出版社2003年版。

93. 安文铸：《现代教育管理学引论》，北京：北京师范大学出版社1995年版。

94. 祁型雨：《利益表达与整合——教育政策的决策模式研究》，北京：人民教育出版社2006年版。

95. 李仁武：《制度伦理研究——探寻公共道德理性的生成路径》，北京：人民出版社2009年版。

96. 程晋宽：《西方教育管理理论新视野——一种批判的后现代视角》，北京：教育科学出版社2012年版。

97. 柯政：《理解困境：课程改革实施行为的新制度主义分析》，北京：

教育科学出版社 2011 年版。

98. 刘国娟：《大学制度伦理反思》，北京：中国社会科学出版社 2012 年版。

99. 陈向明：《质的研究方法与社会科学研究》，北京：教育科学出版社 2000 年版。

100. 阎光才：《识读大学：组织文化的视角》，北京：教育科学出版社 2002 年版。

101. 别敦荣：《中美大学学术管理》，武汉：华中理工大学出版社 2000 年版。

102. 李怀祖：《管理研究方法论（第二版）》，西安：西安交通大学出版社 2004 年版。

103. 张永宏：《组织社会学的新制度主义学派》，上海：上海人民出版社 2007 年版。

104. 许和隆：《冲突与互动——转型社会政治发展中的制度与文化》，广州：中山大学出版社 2007 年版。

105. 贺培育：《制度学：走向文明与理性的必然审视》，长沙：湖南人民出版社 2004 年版。

（二）学术期刊

106. 戴井冈：《我国普通高等学校布局结构的现状分析》，《教育发展研究》2000 年第 3 期，第 20—25 页。

107. 张爱龙：《我国高等学校的一种分类法》，《中国高等教育》2001 年第 3、4 期，第 62 页。

108. 刘献君：《论高等学校定位》，《高等教育研究》2003 年第 1 期，第 24—28 页。

109. 陈学飞：《高等教育系统的重构及其前景——1990 年代以来中国高等教育管理体制的改革》，《高等教育研究》2003 年第 17 期，第 9—12 页。

110. 陈厚丰：《中国高校分类标准及指标体系设计》，《高等教育研究》2008 年第 6 期，第 8—14 页。

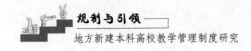
111. 王桂林：《大学教学管理的本质是一个交往实践过程》，《教育评论》2008 年第 6 期，第 32—34 页。

112. 李巧林：《我国高校几种教学管理制度演变与比较》，《机械工业高教研究》1996 年第 3 期，第 48—51 页。

113. 张波：《大学教学管理制度结构性失衡的社会学分析》，《高等教育研究》2008 年第 12 期，第 78—83 页。

114. 吉标：《教学制度的结构考察》，《教育理论与实践》2012 年第 6 期，第 57—60 页。

115. 时伟：《现代大学教学管理制度的缺失与构建》，《中国高教研究》2006 年第 9 期，第 70—71 页。

116. 苏雷、陈立中：《高校内部规章制度建设：实践与思考》，《中山大学学报论丛》2005 年第 4 期，第 453—455 页。

117. 郭冬生：《我国大学教学管理制度的三个缺陷及改革》，《现代大学教育》2004 年第 5 期，第 45—49 页。

118. 郭冬生：《我国大学本科教学管理制度的反思与重建》，《清华大学教育研究》2004 年第 3 期，第 65—70、83 页。

119. 郭冬生：《平等与维权：大学教学管理制度改革的两个新视角》，《江苏高教》2005 年第 3 期，第 56—58 页。

120. 王向东：《大学教师教学管理制度的反思与完善——基于教学行为与制度关系的视角》，《现代大学教育》2011 年第 3 期，第 97—102 页。

121. 陈新民：《新建本科院校教学管理制度改革的思考与实践》，《中国大学教学》2005 年第 12 期，第 47—49 页。

122. 刘根厚：《刚柔相济之高校教学管理制度的创新建构》，《科技管理研究》2009 年第 7 期，第 257—259 页。

123. 刘根厚：《三权统筹：创新高校教学管理制度的新举措》，《现代教育管理》2009 年第 10 期，第 53—56 页。

124. 马廷奇：《教学自由与大学教学管理制度创新》，《现代教育管理》2009 年第 1 期，第 68—71 页。

125. 谭秀森：《高校内部管理制度建设存在的问题、成因及对策分析》，《教育发展研究》2006 年第 10 期，第 65—68 页。

126. 韦巧燕、李瑞贵：《高校教学管理制度人性化问题探讨》，《黑龙江高教研究》2009 年第 6 期，第 32—34 页。

127. 项金枝：《高校教学管理执行力的缺失与建设》，《教育探索》2008 年第 1 期，第 72—73 页。

128. 别敦荣：《以现代理念改革高校教学管理制度》，《中国高等教育》2007 年第 20 期，第 44—46 页。

129. 胡建华：《论高校教学管理制度改革的价值取向》，《中国高等教育研究》2007 年第 20 期，第 47—49 页。

130. 张芊、刘海燕：《论高校教学管理制度设计中的缺失》，《江苏高教》2006 年第 6 期，第 57—59 页。

131. 张波：《重构与再建：大学本科教学管理制度略论》，《国家教育行政学院学报》2009 年第 9 期，第 61—64 页。

132. 颜蕾：《从制度经济性角度认识高校教学管理制度的合理性》，《重庆工学院学报》2005 年第 9 期，第 140—142 页。

133. 王中华：《高校教学管理制度创新的文化障碍分析》，《当代教育科学》2008 年第 1 期，第 11—15 页。

134. 姜凌：《学校教学管理制度文化的构建》，《教学与管理》2009 年第 2 期，第 20—21 页。

135. 傅瑜慧：《当前高校教学管理的社会学反思：问题与对策》，《高教研究与实践》2012 年第 4 期，第 40—43 页。

136. 石利萍：《高等学校教学管理制度创新的特殊性、主体和路径》，《现代教育管理》2010 年第 4 期，第 71—73 页。

137. 龙跃君、隋旺枚、翁秀珍：《制度分析视角下我国高校教学工作长效机制探讨》，《中国大学教学》2012 年第 2 期，第 63—65 页。

138. 罗儒国、王姗姗：《本科教学管理制度建设的探索与思考——以武汉大学为例》，《黑龙江高教研究》2011 年第 3 期，第 13—16 页。

139. 唐点权：《关于大学生对当前高校教学管理现状满意度的调查》，

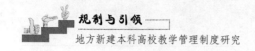

《现代教育科学》2002 年第 5 期，第 62—63 页。

140. 劳凯声：《人文社会科学研究的问题意识、学理意识与方法意识》，《北京师范大学学报》2009 年第 1 期，第 5—15 页。

141. 肖川：《人文—社会学术研究中的感悟、思辨与实证》，《北京师范大学学报》（社会科学版）2009 年第 1 期，第 29—37 页。

142. 陈武元、洪真裁：《关于中国高校分类与定位问题的思考》，《现代大学教育》2007 年第 2 期，第 56—59 页。

143. 理查德·斯科特：《比较制度分析的若干要素》，《北京大学教育评论》2007 年第 1 期，第 2—14 页。

144. 罗燕：《教育的新制度主义分析——一种教育社会学理论和实践》，《清华大学教育研究》2003 年第 6 期，第 28—34、72 页。

145. 金美福：《知识人：教师角色的知识社会学研究视角——知识人的社会角色分类方法及其应用价值》，《外国教育研究》2003 年第 4 期，第 19—23 页。

146. 邱鸣、芮国强：《激励机制设计原则：基于对高校教师人性假设新认识的研究》，《苏州大学学报（哲学社会科学版)》2004 年第 6 期，第 103—106 页。

147. 张秉福：《能动生存人：教学管理逻辑起点》，《社会科学战线》2006 年第 2 期，第 219—223 页。

148. 彭虹斌：《文化人假设与教育管理理念的变革》，《教育研究与实验》2012 年第 2 期，第 6—10 页。

149. 阎凤桥：《"铁笼"是如何建造的——国际学校认证制度在中国建立过程的案例分析》，《北京大学教育评论》2007 年第 1 期，第 25—41 页。

150. 安云凤、田国秀：《当代学校组织的科层特征分析》，《当代教育科学》2010 年第 22 期，第 8—10 页。

151. 张云昊：《规则、权力与行动：韦伯经典科层制模型的三大假设及其内在张力》，《上海行政学院学报》2011 年第 2 期，第 49—59 页。

152. 阎光才：《大学组织的管理特征探析》，《高等教育研究》2000 年第 4 期，第 53—57 页。

153. 谢芳：《高校管理部门与教师的委托——代理问题》，《天津大学学报（社会科学版）》2010 年第 6 期，第 527—529 页。

154. 刘有贵，蒋年云：《委托代理理论述评》，《学术界》2006 年第 1 期，第 69—78 页。

155. 张应强：《大学教师的社会角色及责任与使命》，《清华大学教育研究》2009 年第 1 期，第 8—16 页。

156. 项贤明：《中国西部农村教师社会责任的功能性扩展》，《教育研究》2004 年第 10 期，第 11—16 页。

157. 房敏：《高校教师教学管理制度执行中"梗阻"问题的反思》，《现代教育科学·高教研究》2014 年第 1 期，第 46—50 页。

158. 阎光才：《"要么发表，要么出局"，研究型大学内部的潜规则?》，《比较教育研究》2009 年第 2 期，第 1—7 页。

159. 康翠萍、黄瞳山：《现代大学管理制度取向研究——基于大学组织特性及人性的思考》，《教育研究》2012 年第 5 期，第 59—63 页。

160. 梁红梅、王景英：《20 世纪西方教育组织理论视阈下学校观的嬗变》，《外国教育研究》2007 年第 6 期，第 35—39 页。

161. 张波：《高校教学质量保障体系构建中应予关注的几个问题》，《高教发展与评估》2009 年第 1 期，第 8—10 页。

162. 葛新斌：《试析西方管理理论中"人性假设"的基本形态及其关系》，《华南师范大学学报（社会科学版）》1999 年第 2 期，第 115—120 页。

163. 孙绵涛：《非理性管理：现代教师管理的新视点》，《教育理论与实践》2003 年第 2 期，第 27—30 页。

164. 安云凤、田国秀：《当代学校组织的科层特征分析》，《当代教育科学》2010 年第 22 期，第 8—10 页。

165. 陆江兵：《非人的"人"：从"组织图"到科层制》，《学海》2005 年第 2 期，第 93—98 页。

166. 张新平：《对学校科层制的批判与反思》，《教育探索》2003 年第 8 期，第 29—31 页。

167. 廖辉：《合理性和合法性：学校课程制度生成与变革的基础》，《中国教育学刊》2014 年第 4 期，第 59—63 页。

168. 王树松、陈凡：《合理性视阈中的技术创新》，《科技导报》2006 年第 2 期，第 84—86 页。

169. 周群英：《合理性与合法性：中国公立高校董事会的实践与争议》，《现代教育管理》2009 年第 8 期，第 41—43 页。

170. 戴鑫：《政治合法性与组织合法性理论比较研究》，《北京理工大学学报》（社会科学版）2010 年第 6 期，第 96—101 页。

171. 赵孟营：《组织合法性：在组织理性和事实的社会组织之间》，《北京师范大学学报》（社会科学版）2005 年第 2 期，第 119—125 页。

172. 程晋宽：《建构主义学校教育领导观述评》，《外国教育研究》2006 年第 4 期，第 48—52 页。

173. 王俊华：《新型农村合作医疗制度的合法性和合理性研究》，《江苏社会科学》2006 年第 5 期，第 89—93 页。

174. 房敏：《组织合法性理论视阈下高校教学管理制度的合法性——以 D 大学为例》，《现代教育管理》2014 年第 3 期，第 40—46 页。

175. 房敏、傅树京：《新制度主义理论对学校组织发展的启示》，《教学与管理》2014 年第 6 期，第 1—4 页。

（三）硕博学位论文

176. 梅小珊：《大学教学管理制度公正性研究——基于罗尔斯的公正观》，山东师范大学，2012 年。

177. 杨盛花：《制度分析理论视角下我国高校教学管理制度研究》，湖南大学，2008 年。

178. 尤伟：《大学本科教学管理制度审视：以 W 大学为例》，汕头大学，2007 年。

179. 秦小云：《大学教学管理制度的人性化问题研究》，华中科技大学，

2005 年。

180. 尹岳：《伦理视角下的大学教学管理研究》，湖南大学，2006 年。

181. 张波：《我国大学本科教学管理制度问题研究》，华中科技大学，2009 年。

182. 吉标：《规范与自由——教学制度价值研究》，山东师范大学，2008 年。

183. 曹晓寒：《高校教师教学评价制度的人性分析》，首都师范大学，2012 年。

184. 张伟：《学术组织中的成文规则——基于 A 大学的个案研究》，华东师范大学，2012 年。

185. 方明军：《大学隐性激励》，华中科技大学，2008 年。

186. 李伟涛：《从制度占有走向制度共建》，华东师范大学，2003 年。

187. 王中华：《高校教学管理制度创新的文化障碍》，湖南师范大学，2007 年。

188. 刘国艳：《制度分析视野中的学校变革》，山东师范大学，2007 年。

189. 刘鲁庆：《高等学校教学管理规章实施效果分析》，苏州大学，2006 年。

190. 张云霞：《我国高校内部教学管理规定实施效果研究》，苏州大学，2008 年。

191. 马志忠：《高校规章制度建设的合法性探析》，山东大学，2007 年。

192. 金顶兵：《大学组织结构及其对行为模式的影响》，北京大学，2002 年。

193. 李明忠：《论高深知识与大学制度安排——大学制度的合法性分析》，华中科技大学，2008 年。

194. 宋增伟：《制度公正问题研究——从人的发展视角分析》，山东大学，2006 年。

195. 金顶兵：《大学组织结构及其对行为模式的影响》，北京大学，

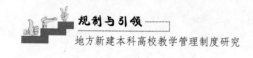

2002 年。

196. 陈海燕：《学校制度文化建设的个案研究》，浙江师范大学，2009 年。

（四）辞书

197. 《辞海（第六版彩图本）》，上海：上海辞书出版社 2009 年版。

198. 顾明远主编：《教育大辞典》，上海：上海教育出版社 1990 年版。

199. 张念宏：《中国教育百科全书》，青岛：海洋出版社 1991 年版。

200. 王焕勋主编：《实用教育大辞典》，北京：北京师范大学出版社 1995 年版。

201. 《简明国际教育百科全书·教育管理》，北京：教育科学出版社 1992 年版。

202. 中华人民共和国教育部发展规划司：《2005 中国高等学校大全》，北京：新华出版社 2005 年版。

203. 张耀源、蒋长好主编：《现代学校管理实务全书》，北京：企业管理出版社 1996 年版。

（五）政策文件

204. 教育部高教司：《高等学校教学管理要点》〔教高（1998）33 号〕，http：//wenku. baidu. com/view/6cca34210722192e453 6f6e1. html。

205. 国务院：《高等教育管理职责暂行规定》（1986 年 3 月 12 日国务院发布），http：//www. law-lib. com/law/law_ view. asp？id＝3565。

206. 国务院：《教学成果奖励条例》（1994 年 3 月 14 日国务院令第 151 号发布），http：//www. moe. edu. cn/publicfiles/business/htmlfiles/moe/moe_ 620/200408/1382. html。

207. 教育部：《高等教育面向 21 世纪教学内容和课程体系改革计划》（1995 年 7 月 5 日发布），http：//www. hust. edu. cn/chinese/administration/teach_ aff_ office/wjhb/4. htm。

208. 教育部：《关于积极推进"高等教育面向 21 世纪教学内容和课程体系改革计划"实施工作的若干意见》〔教高（1997）2 号文件〕，http：//www. hust. edu. cn/chinese/administration/teach _ aff_ office/

wjhb/5. htm。

209. 《中华人民共和国高等教育法》（1998 年 8 月 29 日中华人民共和国主席令第七号），http：//www. gov. cn/banshi/2005 – 05/25/content_ 927. htm。

210. 教育部：《关于加强高等学校本科教学工作提高教学质量的若干意见》（2001 年 8 月 28 日印发），http：//www. moe. edu. cn/publicfiles/business/htmlfiles/moe/moe_ 18/200108/241. html。

211. 教育部：《关于进一步加强高等学校本科教学工作的若干意见和周济部长在第二次全国普通高等学校本科教学工作会议上的讲话》〔教高（2005）1 号〕，http：//www. moe. gov. cn/publicfiles/business/htmlfiles/moe/moe_ 1623/201001/xxgk_ 80315. html。

212. 教育部：《关于进一步深化本科教学改革全面提高教学质量的若干意见》〔教高（2007）2 号〕，http：//wenku. baidu. com/view/2485fc23aaea998fcc220e5f. html。

213. 国务院：《国家中长期教育改革和发展规划纲要（2010—2020 年)》，http：//www. china. com. cn/policy/txt/2010—03/01/content_ 19492625_ 3. htm。

二 外文

（一）著作

214. Campbell，J. L. ，*Institutional Change and Globalization*，Princeton：Princeton University Press，2004.

215. Scott，W. Richard，*Institutions and Organizations*，California：Sage publication，2001.

216. Sotten K. ，Uslaner E. M. ，Hauler，V. ，*Institutions and Social Order*，Ann Arbor：The University of Michigan Press，1998.

217. Jay M. Shafritz，Albert C. Hyde，*Classics of Public Administration*（the 2nd)，Chicago：The Dorsey Press，1987.

218. F. M. Cornford. Microsmograghica Academic, *Being a Guide for the Young Academic Politician*, London: Bowes and Bowes, 1964.

219. Clark Burton R., *The Higher Education System (Academic Organization in Cross-National Perspective)*, London: University of California press, 1983.

220. Clark Kerr, *The Uses of the University*, London: Harvard University Press, 1995.

221. Clark Kerr, *Higher Education Cannot Escape History*; *Issues for the Twenty-first Century*, New York: State University of New York press, 1994.

222. Hofstadter, Richard, *Academic Freedom: in the Age of the College*, Columbia: Columbia University Press, 1969.

223. Clark Burton R., *The Research Foundations of Graduate Education in Modern Universities*, California: University of California Press, 1995.

224. Powell W. W. and DiMaggio P. J., *The New Institutionalism in Organizational Analysis*, Chicago: The University of Chicago Press, 1991.

225. Scott W. Richard, Davis Gerald F., *Organizations and Organizing: Rational, Natural, and Open System Perspectives* (1Edition), Nj: Prentice-Hall, 2007.

226. Meyer H. D., Rowan B., *The New Institutionalism in Education*, New York: State University of New York Press, 2006.

227. Cornford F. M., *Microcosmographica Academica: Being a Guide for the Young Academic Politiciain*, London: Bowes and Bowes Press, 1964.

（二）期刊

228. J. V. Singh, D. J. Tucker and R. J. House, Organizational legitimacy and the liability of newness, *Administrative science quarterly*, 1986 (31): 171 – 193.

229. Heckman, P. E., School Restructuring in Practice: Reckoning with the Culture of school, *International journal of educational reform*, 1993 (3): 263 – 272.

230. Hall P. , Taylor R. , Political Science and Three Institutionalism, *Political Studies*, 1996 (44): 936 – 957

231. DiMaggio P. J. , Powell W. W. , The Iron Cage Revisited: Institutional Isomorphism and Collective Rationality in Organizational Fields, *American Sociology review*, 1983 (48): 147 – 160.

232. Weick K. E. , Educational Organizations as Loosely Coupled System, *Administrative Science Quarterly*, 1976, 21 (1): 1 – 19.

233. Hanson M. , Institutional Theory and Educational Change, *Educational Administration Quarterly*, 2001 (5): 637 – 661.

234. Stoll L. , The Future of Educational Change: System Thinkers in Action: Response to Michael Fullan, *Journal of Educational Change*, 2006 (7): 123 – 127.

235. Lewis B. , Western Culture must Go, *Wall Street Journal*, 1998, 5 (2): 24 – 35.

236. Smeenk S. , Teelken C. , Eisinga R. , Dooreward, H. Managerialism, Organizational Commitment and Quality of Job Performances amoung Europenan University Employees, *Research in Higher education*, 2009, 50 (6): 589 – 607.

237. Duk, Chris. University Engagement: Avoidable Confusion and Inescapable Contradicition, *Higher Education Management and Policy*, 2008, 20 (2): 63 – 73.

后　记

　　本书是在我的博士论文基础上修改完成的。虽然毕业已经近三年，但是，每每修改书稿，触碰其中的字、词、句时，我仍然感觉到，它还是像毕业论文完成时那样的沉甸甸的。因为，这部书稿对我的意义，已经不仅仅是一本学术著作，还是我求学、求知心路历程的最美写照。在书稿成型付梓之际，唯有想念和感谢！

　　想念首都师范大学！在学校的三年，弹指一挥，但是，那里的一草一木、一砖一瓦、一人一景都深深地刻在我的脑子里。

　　想念我的导师傅树京教授！傅老师以其严肃认真的治学态度和雷厉风行的工作作风感染着我，让我时刻有一种"只争朝夕"的紧迫感。在三年里，与傅老师每一次的交流都给我留下了深刻的印象。学业上的交流，傅老师一般采用引导式的方法，对我的观点不会直接给予否定，而是循循善诱的引导我，通过思考找出不足。正是有了傅老师耐心的指导和点拨，我在首都师范大学学习的日子里，才感受到无比的充实。如果没有导师对我学业的宽容与关爱，我不可能积极地面对这样一段刻骨铭心的学习经历，并坚持下来。回想读博的日子，我心里烦躁、焦虑、郁闷，甚至几乎想要放弃，傅老师总是一次次的鼓励我要坚持下去，坚持才能胜利！因此，在与傅老师相处的三年里，我学到的不仅是专业知识、研究方法，还有导师治学的严谨、求学的热情，更为可贵的是，傅老师对待生活、对待人生的达观心态。这些经历对我来说是无价的，是珍贵的，将会让我受用一生。

想念首都师范大学的老师们！老师们的精彩的学术报告以及颇具见解的讲授，开阔了我的学术视野，增强了我的学术敏感。感谢劳凯声教授、孟繁华教授、邢永富教授、张景斌教授、刘晓玫教授对我论文开题给予的高屋建瓴的指导。感谢康丽颖教授在课后闲暇之余对我论文的点拨。感谢劳凯声教授、朱旭东教授、张东娇教授、蔡春教授、刘晓玫教授、田汉族教授以及张景斌教授在我论文答辩之际给予的宝贵建议。导师们严谨的治学精神、精深的学术造诣让我受益匪浅，终生难忘！

想念师门的师兄妹和同专业的同学们！我们强大的傅师门，就像一个温馨的大家庭，其乐融融。现在，我们虽天各一方，但是我们的心不曾分开。

想念我的好友凤英和洪翠！在三年里，我们共同走过的日子，历历在目。如今，由于工作的原因，我们聚少离多，但是我们的感情依然那么深厚。偶尔网络上的问候，还是那样的充满真情！

回想读书学习的点点滴滴，我的收获满满。这收获的背后，充满着家人、朋友、亲人、领导、同事坚定地支持、深深地理解和博大地宽容。所以，在书稿付梓之际，我要真诚的感谢那些为我无私付出、全心支持的人们！

感谢我挚爱的家人，是他们默默地奉献和支持，才能使我顺利完成学业。特别感谢我的爱人朱先生，是他给予我精神上和情感上的无限支持，让我能潜心学术。感谢爱子哲哲，正是有了他的陪伴，才让我在书稿修改校正的过程中感受到了更多的快乐和轻松！还要感谢我的双方父母。没有老人们在后方的支持与帮助，就没有我安心学习的机会。

感谢德州学院各级领导以及各位同事的大力鼓励和支持。感谢调研学校的老师们，谢谢你们的支持与配合！写作中还参考和引用了先辈们的相关研究成果，没有他们的成果，我将无法更好地完成这份答卷，在此对他们致以衷心的感谢！

感谢中国社会科学出版社的领导和郭老师在著作出版过程中给予的

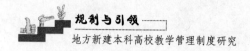

大力支持和耐心编辑工作。

著作的出版不是终点，而是一个崭新的起点。我将以此为契机，奔走在教育管理研究的漫漫长路上。路在脚下，吾将上下而求索！

房　敏

2017 年 6 月